21世纪汽车专业工学结合一体化系列教材

汽车辅助电气及设备检修

QICHE 及

FUZHUDIANQI JI SHEBEIJIANXIU

主 编◎钟少健 王光林

主 审◎梁 登

汕头大学出版社

图书在版编目（CIP）数据

汽车辅助电气及设备检修/钟少健，王光林 主编．—汕头：汕头大学出版社，2014.9
ISBN 978 - 7 - 5658 - 1436 - 5

Ⅰ．①汽… Ⅱ．①钟…②王… Ⅲ．①汽车—电气设备—车辆检修 Ⅳ．①U472.41

中国版本图书馆 CIP 数据核字（2014）第 207583 号

汽车辅助电气及设备检修

主　　编：	钟少健　王光林
责任编辑：	邹　峰
封面设计：	友间文化
责任技编：	黄东生
出版发行：	汕头大学出版社
	广东省汕头市汕头大学内　邮　编：515063
电　　话：	0754 - 82904613
印　　刷：	广州家联印刷有限公司
开　　本：	787mm×1092mm　1/16
印　　张：	14.25
字　　数：	250 千字
版　　次：	2014 年 9 月第 1 版
印　　次：	2014 年 9 月第 1 次印刷
定　　价：	30.00 元

ISBN 978 - 7 - 5658 - 1436 - 5

发行/广州发行中心　邮购地址/广州市越秀区水荫路 56 号 3 栋 9A 室　邮编/ 510075
电话/020 - 37613848　传真/020 - 37637050

前言

本书引入学习领域先进的课程理念，创设学习与工作一体化的工作情境，以完成任务为行为导向，引导学生学会汽车电气设备的检测与维修方法，进而能够按照汽车维修企业工作规范完成相应的工作任务。各个学习项目是以项目驱动法教学模式开展教学，以学生为主体，以行动导向教学为模式，学生学习从收集信息、制定计划、决策、实施、检查到评估总结的完整的工作过程，使学生在工作中发挥主观能动性，积极思考，不仅让学生动手，更要其动脑；不仅会做，而且知道为什么这样做，教学方法更具科学性。学生通过每个学习项目的学习，可以提高独立思考、综合分析、解决实际问题的能力，能够更加接近企业实际，更好地提高独立工作能力和专业技能水平，达到事半功倍的效果。

本书的项目学习内容丰富，文字简洁，图文并茂，直观生动，以实施汽车辅助电气设备岗位能力的培养为核心开展教学活动，体现了以学生为中心的理念。

本书共有 9 个项目，主要内容包括：电动车窗（驾驶侧）不能升降故障检修；电动车窗（副驾驶侧）不能升降故障检修；两侧电动后视镜不能工作故障检修；电动天窗不能工作故障检修；电动前刮水器在所有挡位不工作故障检修；音响静音（听不到扬声器的声音）故障检修；电动座椅（驾驶侧）不能工作故障检修；防盗系统不能工作故障检修和安全气囊（SRS）系统警告灯亮故障检修。

本书适合作为中等职业学校汽车维修类专业工学结合一体化教材，也可作为中职技工院校的汽车检测与维修、汽车电气及其相关专业的参考用书。

本书由广州市交通技师学院（即广州市交通高级技工学校）的钟少健、王光林老师担任主编，参加编写的人员有：李淑军、蔡戴忆、曾国文、梁家荣和谭佳庆老师。全书由梁登主审。同时也感谢汕头大学出版社的大力支持。

由于编者水平有限，书中难免存在缺点、错误，恳请读者批评指正。

编　者

编　委　会

目录
Contents

项目一
电动车窗（驾驶侧）不能升降故障检修

项目描述

　　汽车电动车窗系统是汽车车身电气系统的重要组成部分。检修电动车窗系统发生的各种故障是汽车维修企业经常处理的工作之一，规范地完成故障的检修是每个汽车维修中、高级工的主要工作。本项目是以一个电动车窗系统典型故障的检修为主线，指引汽车维修中、高级工学习接收顾客报修、收集信息、制订检修工作计划、实施维修作业、检查工作质量等故障检修的工作过程，并在此基础上进行项目学习总结、项目考核及相关知识的拓展。

项目目标

一、专业能力

1. 能够熟练规范地诊断与排除汽车电动车窗（驾驶侧）不能升降的故障。
2. 能够熟练使用汽车电动车窗系统故障诊断与检测设备。
3. 学会诊断与检测汽车电动车窗系统故障的方法。
4. 在实施过程中培养 6S 管理的工作意识。

二、方法能力

1. 具有根据工作任务制定工作计划的能力。
2. 具有实施、控制、评价和反馈工作计划的能力。
3. 培养查阅网上资料、原厂维修资料、汽车维修资料资源库等自主学习的能力。

三、社会能力

1. 培养学生分工合作和互相协助的团队精神。
2. 培养学生与他人交流沟通、表达意见的语言能力。
3. 培养对社会负责、对企业负责、对顾客负责的良好职业道德。

1

项目学时

建议学时：10 学时。

项目实施

从本项目实施开始，同学应分好组，确定好不同阶段各自的角色，比如：顾客、服务顾问、车间主任、维修工、质检等。

一、接待

1. 顾客报修

一辆丰田卡罗拉轿车电动车窗（驾驶侧）不能升降。

2. 迎接顾客

服务顾问按规定整理仪容仪表着装，出门迎接顾客入厂。

3. 问诊一：听取顾客要求，记录委托事项

服务顾问以亲切礼貌的态度认真听取顾客的描述，并在施工单（表1-1）上记录委托事项。

4. 问诊二：讨论确定维修内容，填写施工单（R/O）上的内容

同学们分组学习相关知识，如有技术问题不明白或解决不了的，可以请老师参与进来一起学习、讨论，然后填写施工单（R/O）上维修内容项、必要零件项及交车时间。

解释确定每项维修内容的理由：_____

_____

表1-1　施工单

工单号		接待时间	
车牌号		接待员名	
车型		顾客姓名	
邮政编码		地址	
电话1		电话2	
发动机		识别代号	
上次行驶公里		入厂预定	
入厂履历			

续上表

入厂日	代表维修内容	入厂日	代表维修内容
此次入厂情况		交车预定时间	
此次行驶公里		下次入厂预定	

委托事项	维修内容	必要的零件

开始时间	完成时间	主修签字	主任签字	检验员签字

保险公司：

5. 实车检查

顾客在签订施工单后，服务顾问应尽快与顾客办理交车手续：接收顾客随车证件（特别是二保、年审车）并审验其证件有效性、完整性、完好性，如有差异应当时与顾客说明，并作相应处理。接收送修车时，应对所接车的外观、内饰表层、仪表、座椅等作一次视检，以确认有无异常，与顾客一起对表 1 – 2 中各事项进行确认，并记录在表中，将记录结果交与顾客签字确认。

6. 办理交车手续

根据项目实际维修工作量估价，如果不能保证质量，应事先向顾客作必要的说明。维修估价洽谈中，应明确维修配件是由维修厂还是由顾客方供应，用正厂件还是副厂件。把工具与物品装入为该车用户专门提供的存物箱内，车钥匙（总开关钥匙）要登记、编号并放在统一规定的车钥匙柜内。对当时油表、里程表标示的数字登记入表。

确定好维修任务的工时费、零件费用，进行报价，然后顾客在施工单上签字确认，即表示车辆进入车间维修环节。车辆送入车间时，车间接车人要办理接车签字手续。顾客办完一切送修手续后，接待员应礼貌告知顾客手续全部办完，礼貌暗示可以离去。如顾客离去，接待员应起身致意送客，或送顾客至业务厅门口，致意："请走好，恕不远送"。

7. 办理进车间手续

顾客离去后，迅速处理"施工单"。接待员通知清洗车辆，然后将送修车送入车间，交车间主管或调度，并同时交随车的"施工单"，请接车人在"施工单"指定栏签名，并写明接车时间。

表1-2 实车核对表

承修环形检查							
车牌号		车型		行驶里程		维修日期	
随车附件： 良好（ ） 有问题（ ） 并注明	前后标		车内物品				
	点烟器		备胎				
	音响		随车工具				
	内饰划痕		贵重物品				
	升降器						
备注							
仪表板备注							
外观备注							
顾客描述							
接车时用户签名				接车时业务员签名			
用户电话				业务电话			
交车时用户签名				交车时业务员签名			

仪表板备注区符号：F E（燃油表），H C（水温表），VSC TRC，VSC OFF，O/D OFF

二、车间维修

1．制订维修计划

根据施工单上的维修内容，按照原厂的维修资料和维修厂的要求，制订出规范的维修计划。

（1）分组学习相关知识，请各组同学根据丰田卡罗拉原厂维修资料提供的检修步骤，在下面空白处绘制出丰田卡罗拉轿车电动车窗（驾驶侧）不能升降的诊断流程图。

（2）派工，安排施工人数和场地，确定所需施工设备。

2．实施维修作业

表1-3为丰田卡罗拉轿车电动车窗（驾驶侧）故障诊断数据记录表，请各组同学根据图1-9的丰田卡罗拉轿车电动车窗（驾驶侧）不能升降的故障诊断流程图，规范地实施维修作业，并将检测数据记录在相应的表格内。

表 1-3 丰田卡罗拉轿车电动车窗（驾驶侧）不能升降的故障诊断数据记录表

流程	维修内容	维修技术要求		实施情况	技术要求标准
1	检查维修前准备工作	（1）整理仪容仪表		实施情况：	规定状态： 按规范穿着工作服，遵守仪容仪表的规范要求
		（2）准备仪表、仪器、设备、工具、量具		实施情况：	规定状态： 本项目需要用到的仪表、仪器、设备、工具、量具
		（3）准备材料、资料		实施情况：	规定状态： 本项目需要用到的材料、资料
2	检查安全防护工作	（1）安装五件套		实施情况：	规定状态： 按规定安装
		（2）安放三角木		实施情况：	规定状态： 按规定安放
		（3）视情况需要，安装抽排气管		实施情况：	规定状态： 视情况需要，按规定安装
3	检查蓄电池电压	（1）无负载电压测量：用万用表测量蓄电池的两端桩头的电压		实施情况：	规定状态： 11～14V
		（2）对亏电的蓄电池进行充电，对电容量不够的蓄电池进行修复或更换		实施情况：	规定状态： 11～14V

续上表

流程	维修内容	维修技术要求		实施情况	技术要求标准
4	检查电动车窗 FR DOOR 保险丝	（1） 在蓄电池电压正常的情况下：用塑料钳取出 FR DOOR 保险丝进行目视检查，看有无被烧毁的现象；或者测量电阻值		实施情况：	规定状态： 良好或者小于1Ω
		（2） 如有烧毁，用万用表电阻档检查保险丝线路与车身之间是否短路		实施情况：	规定状态： 10kΩ 或更大
5	读取故障码	使用手持式智能检测仪，对电动车窗系统进行故障码检测		实施情况：	规定状态： 查阅维修手册的内容
6	检查电动车窗主开关电源电路		测量： I3 – 6 （B） —车身搭铁	实施情况：	规定状态： 点火开关 “ON” 位置，11 ~ 14V
			I3 – 1 （E） —车身搭铁		点火开关 “OFF” 位置，始终小于1Ω
7	检查电动车窗主开关与车窗升降器 ECU 之间线路	线束连接器前视图：（至电动车窗主开关） LED　A　D　U 线束连接器前视图：（至电动车窗 ECU） AUTO　　　LED DONN　　　UF	测量： I3 – 8 （U） —I6 – 10 （UP）	实施情况：	规定状态： 始终小于1Ω
			I3 – 3 （LED） —I6 – 5 （LED）		始终小于1Ω
			I3 – 4 （A） —I6 – 4 （AUTO）		始终小于1Ω
			I3 – 5 （D） —I6 – 7 （DOWN）		始终小于1Ω
			I3 – 8 （U） —车身搭铁		始终 10kΩ 或更大

续上表

流程	维修内容	维修技术要求		实施情况	技术要求标准
7	检查电动车窗主开关与车窗升降器ECU之间线路	测量：		实施情况：	规定状态：
		I3-3（LED）—车身搭铁			始终10kΩ或更大
		I3-4（A）—车身搭铁			始终10kΩ或更大
		I3-5（D）—车身搭铁			始终10kΩ或更大
8	检查电动车窗主开关	I3电动车窗主开关 	测量：	实施情况：	规定状态：
			8（U）-1（E）-4（A）		自动上升，小于1Ω
			8（U）-1（E）		手动上升，小于1Ω
			5（D）-1（E）		手动下降，小于1Ω
			4（A）-5（D）-1（E）		自动下降，小于1Ω
9	检查电动车窗升降器电动机（驾驶侧）	线束连接器前视图：（至电动车窗ECU） 	操作：	实施情况：	规定状态：
			蓄电池正极（+）→端子2（B） 蓄电池负极（-）→端子1（GND），7（DOWN）		手动操作 电动机齿轮逆时针旋转
			蓄电池正极（+）→端子2（B） 蓄电池负极（-）→端子1（GND），10（UP）		手动操作 电动机齿轮顺时针旋转
			蓄电池正极（+）→端子2（B） 蓄电池负极（-）→端子1（GND），4（AUTO），7（DOWN）		自动操作 电动机齿轮逆时针旋转

续上表

流程	维修内容	维修技术要求		实施情况	技术要求标准
9	检查电动车窗升降器电动机（驾驶侧）		操作： 蓄电池正极（＋）→端子2（B） 蓄电池负极（－）→端子1（GND），4（AUTO），10（UP）	实施情况：	规定状态： 自动操作 电动机齿轮顺时针旋转
10	系统初始化和功能操作确认	（1）视情况是否需要进行电动车窗系统初始化		实施情况：	规定状态： 如果更换了电动车窗电动机或电动车窗升降器，则需要进行系统初始化
		（2）功能操作确认	操作： 检查手动上升/下降功能 检查自动上升/下降功能 	实施情况：	规定状态： 良好
11	质检	自检和互检	操作： 检查本系统和相关的车身系统是否正常工作	实施情况：	规定状态： 良好
12	故障排除和结束	操作： （1）是否装回所拆的零部件和附件，装回原位 （2）是否收拾好所用的仪器、仪表、工具、量具、材料、资料等，物归原位 （3）是否打扫、清洁好实操场地		实施情况：	规定状态： 按照6S管理的要求：整理、整顿、清扫、清洁、素养、安全

三、完工检查

维修工维修完工后，在施工单上签字，交给车间主任；车间主任确认施工单，向检查人员明确需修理的内容，确认没问题后，由检查人员在施工单（R/O）上签字；检查人员指示维修工在车辆维修之后把车辆清洗干净。

四、车辆检查

服务顾问从车间主任处收到施工单（R/O）、更换的零件及钥匙后，开始检查车辆。这是最后一次检查确认顾客所提出的检修部位，因此在检查时一定要注意以下几点：

1. 完工车辆是否干净、整洁。
2. 顾客的车辆是否受到损坏或划伤。
3. 修理中使用的工具、量具或其他维修设备是否遗忘在车上。

五、结算交车

项目评价与控制

一、接待环节评价内容

根据接待情况，在表1-4中打勾。

表1-4 接待评价表

编号	评价内容	完全符合	基本符合	不符合
1	仪容仪表符合厂家要求			
2	认真听取顾客要求			
3	认真填写施工单			
4	维修内容是否简单、清楚，便于与顾客沟通			
5	维修内容是否简单、清楚，维修人员易于看明白			
6	是否合理解释确定维修内容的理由			
7	施工单上内容是否填写完整			
8	施工单有无顾客签名确认			
9	报价单有无得到顾客签名确认			
10	是否使用实车核对表对表中的实车确认项目进行判断			

二、车间维修环节内容

根据车间维修情况，在表1-5中打勾。

表 1 – 5 车间维修评价表

编号	评价内容	完全符合	基本符合	不符合
1	修理前, 根据维修内容制订的诊断流程是否可以解决顾客报修的故障			
2	工衣着装符合厂家要求			
3	准备好工量具、检测设备、零件材料等, 摆放整齐			
4	所使用的工量具、检测设备是否代表行业标准			
5	所使用的零件材料是否为原厂件			
6	派工是否合理 (包括人员、场地、工时等)			
7	安装 5 件套、三角木、抽排气系统等防护、安全、环保措施			
8	故障诊断流程是否按照所制订的诊断流程进行			
9	正确使用工量具、检测设备			
10	维修结束, 顾客报修故障是否排除			
11	在维修过程中是否充分查阅维修资料			
12	维修流程是否适应企业的生产流程和组织结构			
13	维修过程是否充分体现出良好的人机工程			
14	维修过程做好健康防护、安全和事故的防范			
15	修理完工后, 整理、整顿、清扫、清洁			
16	组员之间配合是否和谐, 气氛是否融洽			

注: 接待评价和车间维修环节评价为过程性评价: 完全符合为 4 分, 基本符合为 3 分, 不符合为 2 分。总分等级分三级: 80 分以上获得者为熟练工人, 80 ~ 60 分为初学者, 60 分以下为风险人群。

本项目: 接待评价和车间维修环节评价总分_____ , 属于_____等级。

项目总结与反馈

一、学生总结

1. 本项目学到的知识、技能、素养有: _____

_____

_____

2. 尚需提高的有: _____

_____

_____

3. 具体的建议: _____

_____

_____

二、教师总结

1. 本项目教学的知识、技能、素养有：_____

_____

_____

2. 尚需提高的有：_____

_____

_____

3. 具体的建议：_____

_____

_____

项目相关知识

一、注意事项

1. 当测量线路时，首先关闭点火开关（"OFF"位置），然后拔开或者插回线束连接器。

2. 当测量电脑线路时，首先关闭点火开关（"OFF"位置），必要时断开蓄电池负极；然后拔开或者插回电脑连接器。

3. 当测量线路是否导通或者搭铁时，应关闭点火开关（"OFF"位置）。

4. 当打开点火开关（"ON（IG）"位置）和发动机运转期间，不能拔开或者插回线束连接器、电脑连接器、保险丝、继电器等部件。

5. 按照相关资料的指引，正确使用所需要的仪表、仪器、设备、工具、量具等。

6. 按照维修手册的指引，正确操作相关的系统。

二、电动车窗系统组成、功能、工作原理和系统电路

1. 电动车窗系统的组成、功能和工作原理

电动车窗系统主要由电动车窗升降器电动机、电动车窗 ECU、电动车窗主开关和电动车窗开关等组成。

（1）电动车窗单触式自动开关功能

1）单触式自动开关功能概述。电动车窗通过开关操作开/闭各车门的车窗。当操作电动车窗开关时，电动车窗电动机旋转，车窗升降器把电动机的旋转运动转换成上下运动，打开或关闭车窗。普通车型的电动车窗只有手动开/闭功能，即电动车窗开关被拉起或压

下时，车窗玻璃升起或降下；停止拉起或压下时，车窗玻璃也停止运动。

随着电控技术在汽车上的广泛应用，目前的汽车或多或少都具有单触式自动开关功能。当电动车窗开关被压下或拉起到底，即单触一下后松开，对应的车窗玻璃就可自动地降下或升起。根据配置不同，

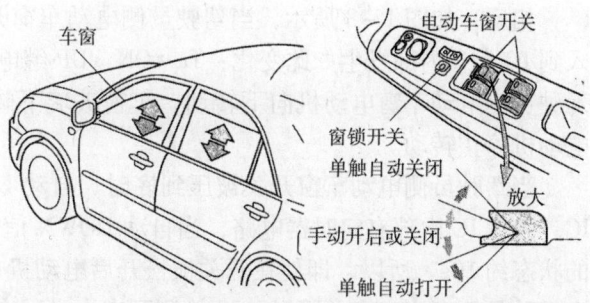

图 1-1　电动车窗单触式自动开关功能操作示意图

有的车型只有自动开启的功能，有的车型只有驾驶员侧车窗具有自动开启和关闭功能，也有的车型四个车门都设有自动开启和关闭功能。电动车窗自动开闭的操作如图 1-1 所示。

2）单触式自动开关功能的原理。如图 1-2 所示，当点火开关处于"ON"位置，并且驾驶员侧电动车窗开关拉起一半，手动的 UP 信号被输入到 IC，IC 内部发生如下变化：Tr-ON，UP 继电器-ON，DOWN 继电器-接地。结果，驾驶员侧电动车窗电动机向上转动，车窗玻璃上升。当开关被松开时，UP 继电器断开，电动机停止转动。

当驾驶员侧电动车窗开关被拉到底时，一个自动的 UP 信号（UP + AUTO）被输入到IC。因为 IC 内部有定时器电路，当自动 UP 信号输入时，此定时器电路将保持 ON 的状态约 10s，所以，即使在开关被松开后电动机也继续转动，推动车窗玻璃上升到顶为止。在驾驶员侧车窗完全关闭时，IC 检测到来自电动车窗电动机的速度传感器和限位开关的信号，控制电动车窗电动机停止转动。

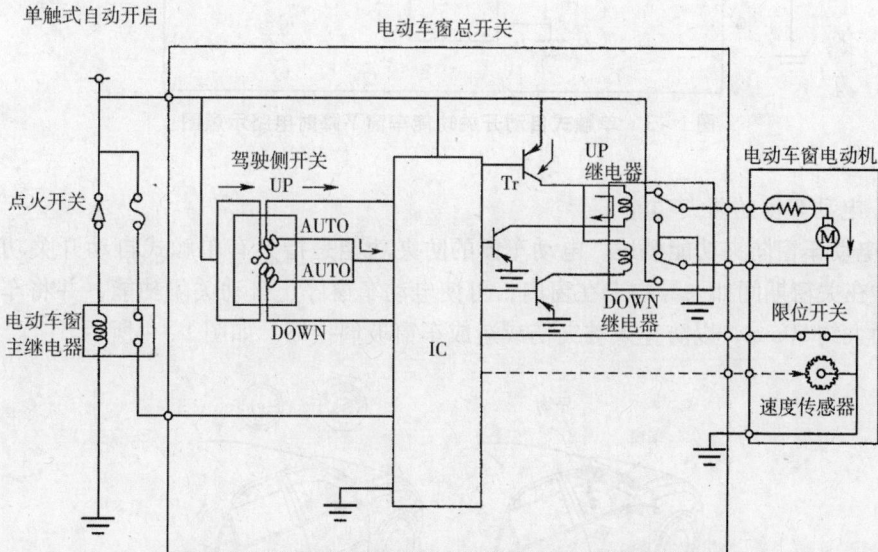

图 1-2　单触式自动开关功能车窗上升时电路示意图

13

相反，如图 1 - 3 所示，当驾驶员侧电动车窗开关被压下一半，手动 DOWN 信号被输入到 IC，IC 内部发生如此变化：Tr - ON，UP 继电器 - 接地，DOWN 继电器 - ON。结果，驾驶员侧电动车窗电动机向下转动，车窗玻璃下降。当松开开关时，DOWN 继电器断开，电动机停止转动。

当驾驶员侧电动车窗开关被压到底时，自动 DOWN 信号（DOWN + AUTO）被输入到 IC。因为 IC 内部有定时器电路，当自动 DOWN 信号输入时，此定时器电路将保持 DOWN 的状态约 10s。所以，即使在开关被松开后电动机也继续转动，直到车窗玻璃降到底为止。在驾驶员侧车窗完全关闭时，IC 检测到来自电动车窗电动机的速度传感器和限位开关的信号，控制电动车窗电动机停止转动。

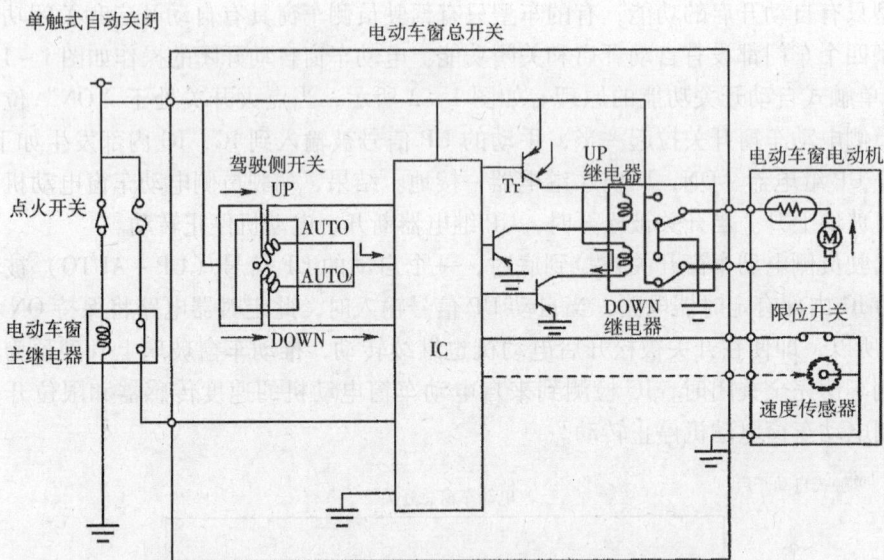

图 1 - 3   单触式自动开关功能车窗下降时电路示意图

（2）电动车窗的防夹功能

1）电动车窗防夹功能概述。电动车窗的防夹功能是指具有单触式自动开关功能的电动车窗，在关窗期间如果异物卡在窗内，可使电动车窗停止自动关闭功能，并将车窗玻璃向下移动大约 50mm，以防止人被夹伤或造成车窗玻璃损坏，如图 1 - 4 所示。

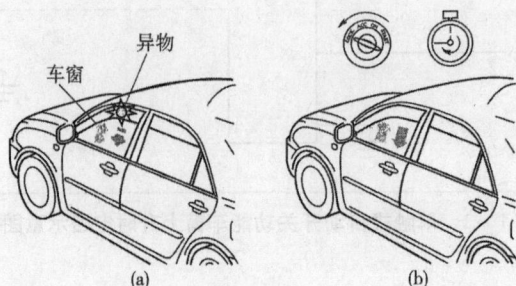

图 1 - 4   防夹功能示意图

2）防夹功能的工作原理。电动车窗的防夹功能是通过两个元件检测车窗是否卡住来实现的，一为车窗速度传感器，二为电动车窗电动机中的限位开关。速度传感器是根据电动机转速发出一个脉冲信号，从脉冲波长的变化检测出车窗是否卡住。限位开关根据齿圈的空段来判别脉冲信号波长发生改变的原因、进而判别出是车窗卡住还是车窗已经完全关闭。如图 1 - 5 所示。

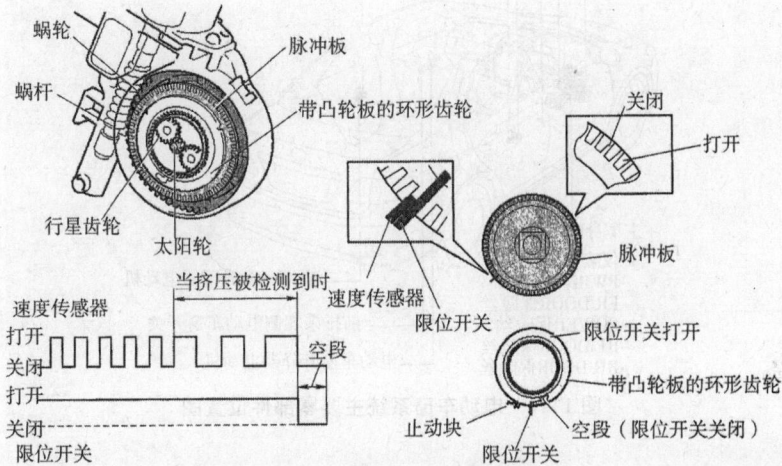

图 1 - 5　防夹功能工作原理图

当电动车窗总开关从电动车窗电动机收到卡住信号时，自动关掉 UP 继电器，打开 DOWN 继电器，时间大约 1s，以退回车窗玻璃大约 50mm，防止车窗玻璃进一步关闭。

3）带防夹功能电动车窗电动机的重置。带防夹功能电动车窗电动机的重置是指在维修过程中发生了改变车窗关闭位置的操作，电动车窗电动机需要重置限位开关的初始位置。例如，车窗升降器和电动车窗电动机断开、车窗没有装上时触发了车窗升降器、更换了车门玻璃槽等情况。

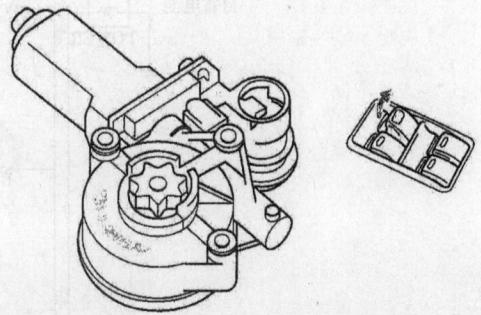

图 1 - 6　卡罗拉（Corolla）电动机重置示意图

下面以卡罗拉（Corolla）（NZE12#）为例说明重置的方法。将电动车窗电动机和电动车窗总开关连接到车辆的线束，把点火开关旋到"ON"位置，操作电动车窗总开关，让电动车窗电动机在 UP 方向空转 4s 以上（旋转 6 ~ 10 圈），再进行车窗机构的装配即可，如图 1 - 6 所示。重置过程应参考修理手册，因为操作步骤因车型不同而有差异。

2. 电动车窗系统主要零部件位置，如图1-7所示。

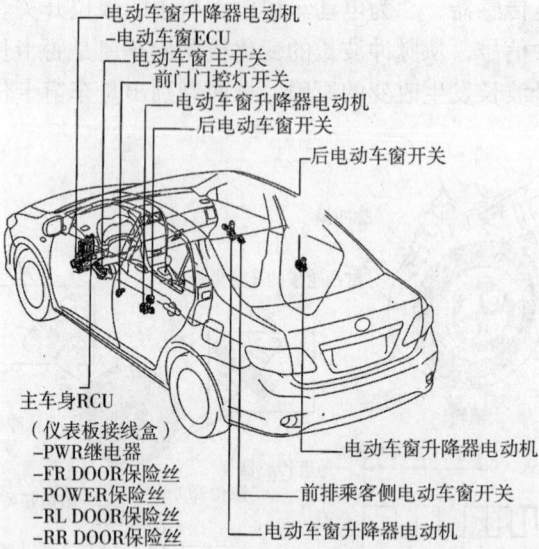

图1-7 电动车窗系统主要零部件位置图

3. 电动车窗系统电路，如图1-8所示。

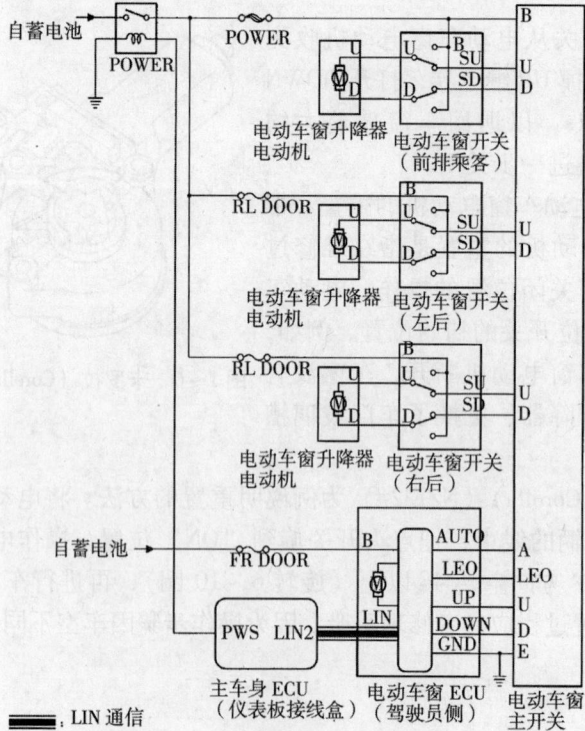

图1-8 电动车窗系统电路图

4．车窗系统功能描述

电动车窗控制系统使用电动车窗升降器电动机来控制电动车窗操作。该系统主要的控制装置包括：电动车窗主开关（安装在驾驶员侧车门上）和电动车窗开关（安装在乘客侧车门和后门上）。操作电动车窗开关后，相应的电动车窗升降器电动机随即通电。

电动车窗控制系统具有下列功能，如表 1-6 所示。

表 1-6　电动车窗控制系统功能表

功　能	概　要
手动上升和下降功能	当将电动车窗开关向上拉到中途时，使车窗上升；当将开关向下推到中途时，使车窗下降；开关一松开，车窗运动就会停止
驾驶员侧车窗自动上升和下降功能	通过按下一次电动车窗开关，使驾驶员侧车窗完全打开或关闭
防夹功能	自动上升操作（驾驶员侧车门）期间，如果有异物卡滞在门窗内，可使电动车窗自动上升停止并向下移动
遥控功能	可让电动车窗主开关控制前排乘员侧门窗和后门窗的手动上升和下降操作
Key-Off 操作功能	在将点火开关置于"ON"或"OFF"位置后大约 45s 内，如果任一前门未打开，则该功能可使得电动车窗仍可以工作
诊断	在电动车窗开关检测到电动车窗系统故障时，可让电动车窗主开关进行故障部位的诊断。电动车窗主开关灯亮起或闪烁，以通知驾驶员
失效保护	如果电动车窗电动机内的脉冲传感器出现故障，失效保护功能能够禁用部分电动车窗功能。驾驶员侧车窗的自动上升和下降功能以及遥控功能被禁用

三、故障诊断

根据故障诊断流程图 1-9 进行实际操作。

视实际情况需要，选择诊断流程。但是，检查维修前准备工作、检查安全防护工作、检查蓄电池电压项、功能操作确认项、质检项、故障排除和结束项一定要完成。

1．检查维修前准备工作

（1）检查仪容仪表是否符合要求。例如是否穿好工作服等。

（2）准备好本项目需要用到的仪表、仪器、设备、工具、量具。例如数字万用表、电脑检测仪、常用工具等。

（3）准备好本项目需要用到的材料、资料。例如抹布、维修手册、相关资料等。

检查结果：维修前准备工作是否完成，把实施情况填写在表 1-3 的第 1 项处。

2．检查安全防护工作

（1）按规定安装好五件套，即方向盘套、挂档杆套、手刹杆套、椅套、脚垫等。

（2）按规定安放好三角木。

（3）视情况需要，按规定安装好抽排气管。

检查结果：检查安全防护工作是否完成，把实施情况填写在表 1-3 的第 2 项处。

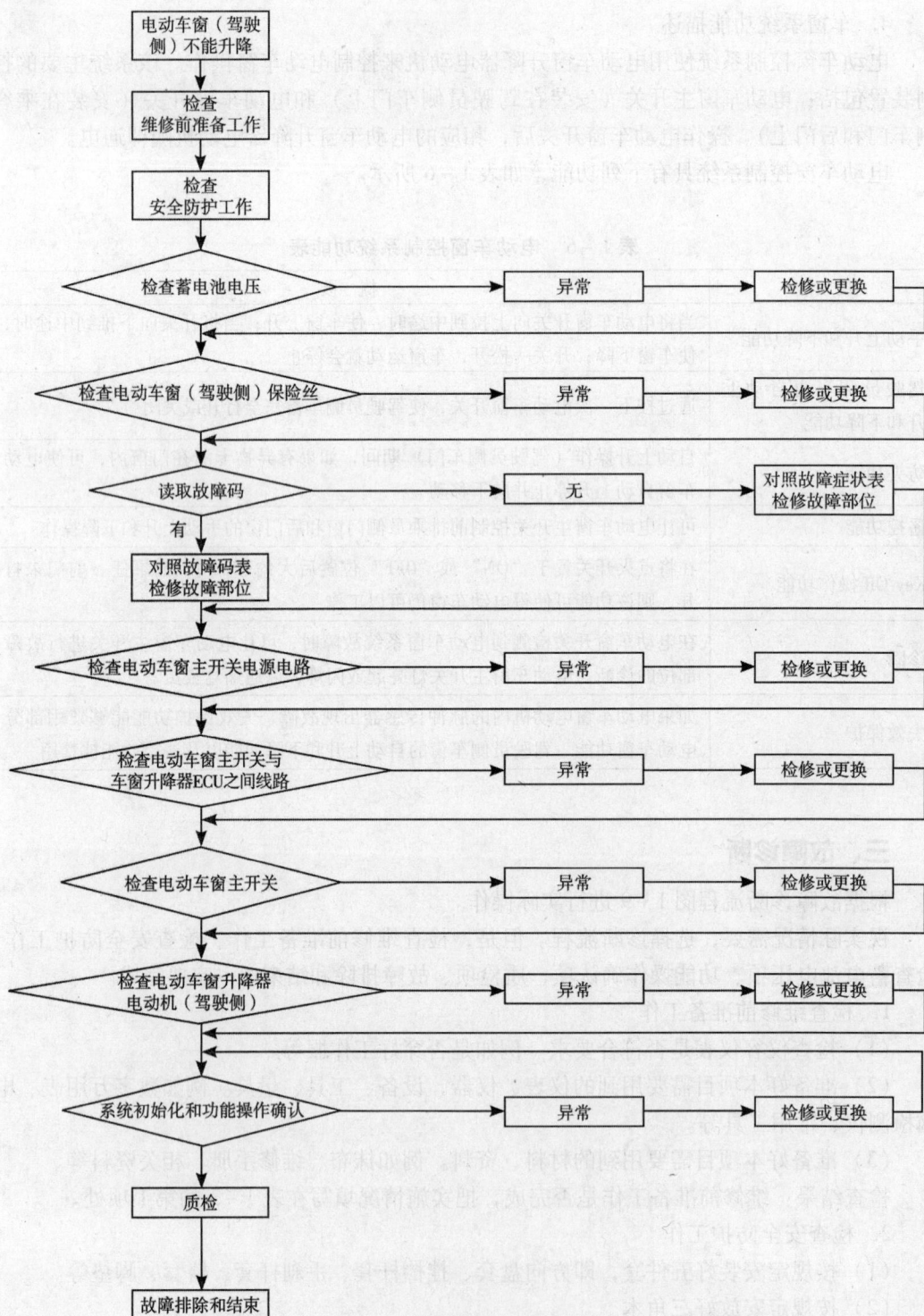

图 1 - 9　丰田卡罗拉轿车电动车窗（驾驶侧）不能升降的故障诊断流程图

3. 检查蓄电池电压

检查蓄电池电压一般采用电压表测量蓄电池的两端桩头，进行无负载电压的检测，如果电压在 11V 以上即可认为蓄电池电压足够。若更准确地测量蓄电池的电压和容量，则要进行有负载蓄电池电压测量。这是因为蓄电池有负载时，电流消耗增加，当静态时处于 11V 电压状态，有负载时电压则会下降，因此可根据电压下降幅度判断电池容量的大小。

蓄电池的负载检测一般采用边起动发动机、边测量蓄电池两端电压的方法来进行。当通过电路的电流数值大约达到蓄电池容量数值的 4 倍时（例如以 50Ah 的蓄电池为例，有 200A 的电流通过电路），如果此时电压表显示电压为 9V 以上，可以判断蓄电池的电压正常，如图 1 -10 所示。

检查结果：检查蓄电池电压是否正常，把实测数据填写在表 1 -3 的第 3 项处，视情况检修或更换。

此外，可通过一些简单的方法来判断蓄电池是否够电，例如是否能够起动发动机运转、大灯是否光亮等都可以判断蓄电池是否够电。

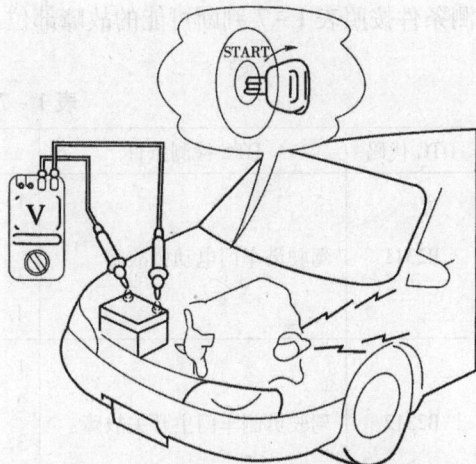

图 1 -10　蓄电池电压负载检测图

4. 检查电动车窗（驾驶侧）保险丝

参阅电路图和维修手册，查找保险丝位置，电动车窗 FR DOOR 保险丝一般安装在转向盘下仪表板接线盒内。取下保险丝盒，对照盒上所标注的位置，使用塑料钳取出 FR DOOR 保险丝进行目视检查和测量。保险丝位置如图 1 -11 所示。PWR 继电器在转向盘下仪表板接线盒内的主车身 ECU 旁边。

检测结果：检查 FR DOOR 保险丝是否正常，把实测数据填写在表 1 -3 的第 4 项处，视情况检修或更换。

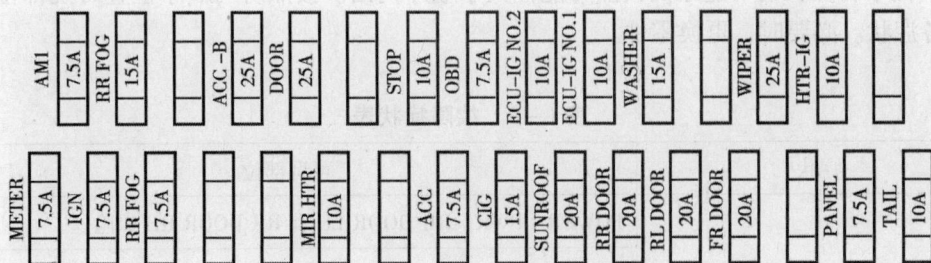

AMI 7.5A	RR FOG 15A		ACC-B 25A	DOOR 25A		STOP 10A	OBD 7.5A	ECU-IG NO.2 10A	ECU-IG NO.1 10A	WASHER 15A		WIPER 25A	HTR-IG 10A	
METER 7.5A	IGN 7.5A	RR FOG 7.5A		MIR HTR 10A		ACC 7.5A	CIG 15A	SUNROOF 20A	RR DOOR 20A	RL DOOR 20A	FR DOOR 20A		PANEL 7.5A	TAIL 10A

图 1 -11　FR DOOR 保险丝位置图

5. 读取故障码

使用智能测试仪读取故障码。例如连接型号为 KT600 手持式智能检测仪，对电动车窗 ECU 进行故障码检测。操作步骤按照手册资料指引（略）。

有故障码，按照表1-7诊断故障码表检修故障部位；没有故障码，按照表1-8故障症状表检修故障部位。

检查结果：检查是否有故障码，把实施情况填写在表1-3的第5项处。

提示：电动车窗控制系统使用串行通信协议（LIN）与主车身ECU进行通信，确认通信系统工作正常后对电动车窗控制系统进行故障排除。对于检测出来的故障代码可根据检测条件按照表1-7判断可能的故障部位。

表1-7　诊断故障码表

DTC 代码	DTC 检测条件	故障部位
B2311	驾驶员车门电动机故障	1. 当点火开关置于"ON（IG）"位置时蓄电池断开 2. 电动车窗升降器电动机（驾驶员侧） 3. 电动车窗零部件安装错误 4. 电动车窗升降器电动机（驾驶员侧）过热
B2312	驾驶员侧车门主开关故障	1. 电动车窗升降器电动机（驾驶员侧） 2. 电动车窗主开关 3. 线束或连接器 4. 在同一位置按住电动车窗主开关超过20s
B2313	玻璃位置初始化未完成	1. 电动车窗升降器电动机（驾驶员侧） 2. 电动车窗升降器电动机（驾驶员侧）未初始化
B2321	驾驶员侧车门ECU通信终止	1. 电动车窗升降器电动机（驾驶员侧） 2. 主车身ECU（仪表板接线盒） 3. 线束或连接器

提示：使用表1-8可帮助诊断故障原因。如果列出多个可疑部位，则在表中"可疑部位"栏中将症状的可能原因按照可能性大小顺序列出。按照所列顺序检查可疑部位，以检查各症状。必要时，更换零件。

表1-8　故障症状表

症状	可疑部位
用电动车窗主开关无法操作电动车窗	POWER、PWR、RR DOOR LH 和 RR DOOR RH 保险丝
	数据表/主动测试
	电动车窗主开关电路（电源）
	电动车窗升降器电动机电路
	电动车窗主开关

续上表

症状	可疑部位
用电动车窗开关无法操作前排乘客侧电动车窗	电动车窗开关电路 （电源）
	电动车窗升降器电动机电路 （前排乘客侧）
	电动车窗开关 （前排乘客侧）
	线束或连接器
用电动车窗开关无法操作左后侧电动车窗	电动车窗开关电路 （电源）
	电动车窗升降器电动机电路 （左后侧）
	电动车窗开关 （左后侧）
	线束或连接器
用电动车窗开关无法操作右后侧电动车窗	电动车窗开关电路 （电源）
	电动车窗升降器电动机电路 （右后侧）
	电动车窗开关 （右后侧）
	线束或连接器
驾驶员侧自动上升/下降功能不起作用（仅防夹辅助功能）	诊断检查
	电动车窗升降器电动机重置
	电动车窗主开关
	线束或连接器
遥控上升/下降功能不起作用	电动车窗主开关
	线束或连接器
将点火开关置于 "OFF" 位置后，即使不满足工作条件，电动车窗仍然可以工作	前门门控灯开关
	线束或连接器 （LIN 通信线路）
自动操作不能完全关闭驾驶员侧电动车窗 （防夹功能被触发）	电动车窗升降器电动机重置
	检查和清洁车窗玻璃升降槽
	电动车窗主开关
驾驶员侧自动下降功能不起作用（仅自动下降）	电动车窗主开关
	电动车窗升降器电动机电路 （驾驶员侧）
	线束或连接器
乘客侧 PTC 功能不起作用	电动车窗升降器电动机 （前排乘客侧）
左后侧 PTC 功能不起作用	电动车窗升降器电动机 （左后侧）
右后侧 PTC 功能不起作用	电动车窗升降器电动机 （右后侧）

6. 检查电动车窗主开关电源电路

（1）断开电动车窗主开关 I3，如图 1－12 所示。

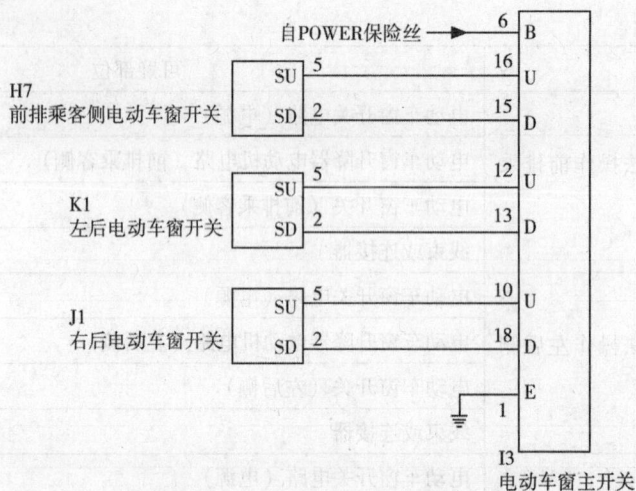

图 1-12　电动车窗主开关电源电路

（2）根据表 1-9 测量线路的电阻值和电压值。

表 1-9　标准电阻和电压

检测仪连接	条件	规定状态
I3-6（B）—车身搭铁	点火开关"ON"位置	11～14V
I3-1（E）—车身搭铁	点火开关"OFF"位置	始终小于1Ω

检查结果：检查电阻值和电压值是否正常，把实测数据填写在表 1-3 的第 6 项处，视情况检修或更换。

7. 检查电动车窗主开关与车窗升降器 ECU 之间线路

驾驶员侧电动车窗电路如图 1-13 和图 1-14 所示。

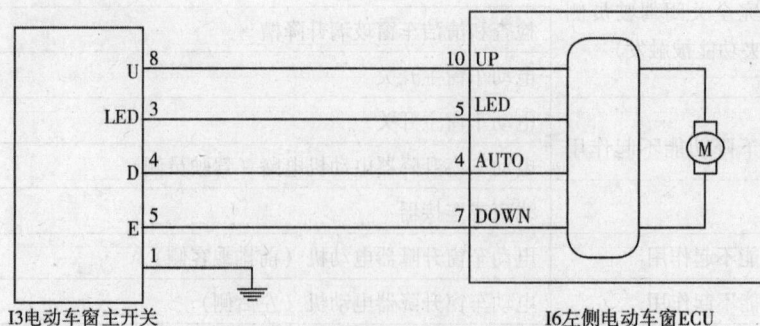

图 1-13　驾驶员侧电动车窗电路图

线束连接器前视图：（至电动车窗主开关）　　　线束连接器前视图：（至电动车窗 ECU）

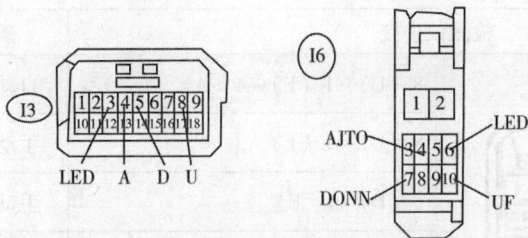

图 1 - 14 线路两端连接器管脚示意图

根据表 1 - 10 的数据测量线路的电阻值。

表 1 - 10 电动车窗主开关与车窗升降器电动机之间线路的标准电阻

检测仪连接	条件	规定状态
I3 - 8（U）—I6 - 10（UP）	始终	小于 1Ω
I3 - 3（LED）—I6 - 5（LED）	始终	小于 1Ω
I3 - 4（A）—I6 - 4（AUTO）	始终	小于 1Ω
I3 - 5（D）—I6 - 7（DOWN）	始终	小于 1Ω
I3 - 8（U）—车身搭铁	始终	10kΩ 或更大
I3 - 3（LED）—车身搭铁	始终	10kΩ 或更大
I3 - 4（A）—车身搭铁	始终	10kΩ 或更大
I3 - 5（D）—车身搭铁	始终	10kΩ 或更大

检查结果：检查电动车窗主开关与车窗升降器电动机之间线路是否正常，把实测数据填写在表 1 - 3 的第 7 项处，视情况检修或更换。

8. 检查电动车窗主开关

（1）从车门上拆下电动车窗主开关。

驾驶员侧电动车窗电路，如图 1 - 15 所示。根据表 1 - 11 的数据，测量电动车窗主开关端子的电阻值。

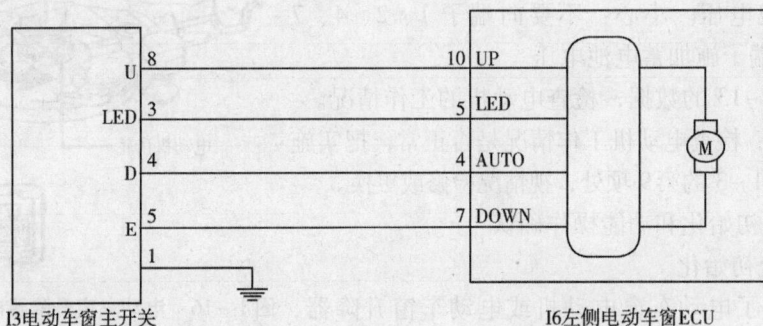

图 1 - 15 驾驶员侧电动车窗电路

23

表 1 - 11　电动车窗主开关标准电阻

检测仪连接		条件	规定状态
I3 电动车窗主开关	8 (U) - 1 (E) - 4 (A)	自动上升	小于 1Ω
	8 (U) - 1 (E)	手动上升	小于 1Ω
	5 (D) - 1 (E)	手动下降	小于 1Ω
	4 (A) - 5 (D) - 1 (E)	自动下降	小于 1Ω

检查结果：检查电动车窗主开关端子电阻值是否正常，把实测数据填写在表 1 - 3 的第 8 项处，视情况检修或更换。

（2）视情况需要，可用智能检测仪读取电动车窗驾驶员侧车门电动机数据流，对照数据表来判断故障。结果如表 1 - 12 所示。

表 1 - 12　驾驶员侧车门电动机数据检测结果

检测仪显示	测量项目/范围	正常状态
D Door P/W Auto SW	驾驶员车门电动车窗自动开关信号 ON 或 OFF	ON：驾驶员车门电动车窗自动开关工作；OFF：驾驶员车门电动车窗自动开关不工作
D Door P/W Up SW	驾驶员车门电动车窗手动上升开关信号 ON 或 OFF	ON：驾驶员车门电动车窗手动上升开关工作；OFF：驾驶员车门电动车窗手动上升开关不工作
D Door P/W Down SW	驾驶员车门电动车窗手动下降开关信号 ON 或 OFF	ON：驾驶员车门电动车窗手动下降开关工作；OFF：驾驶员车门电动车窗手动下降开关不工作

9. 检查电动车窗升降器电动机（驾驶侧）

如图 1 - 16 所示。根据表 1 - 13，向电动机连接器施加蓄电池电压。小心：不要向端子 1、2、4、7 和 10 以外的端子施加蓄电池电压。

根据表 1 - 13 的数据，检查电动机的工作情况。

检查结果：检查电动机工作情况是否正常，把实施情况填写在表 1 - 3 的第 9 项处，视情况检修或更换。

10. 系统初始化和功能操作确认

（1）系统初始化

如果更换了电动车窗电动机或电动车窗升降器，则需要进行初始化（蓄电池负极端子断开并重新连接

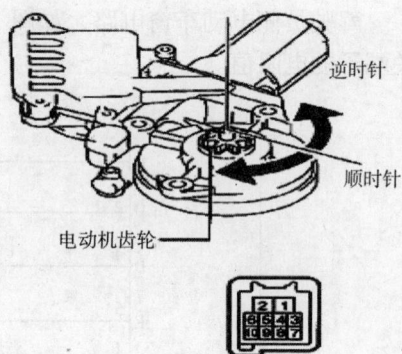

图 1 - 16　电动车窗升降器电动机（驾驶侧）图

表1-13　电动机正常工作情况

开关条件	测量条件	规定状态
手动操作	蓄电池正极（+）→端子2（B） 蓄电池负极（-）→端子1（GND），7（DOWN）	电动机齿轮逆时针旋转
	蓄电池正极（+）→端子2（B） 蓄电池负极（-）→端子1（GND），10（UP）	电动机齿轮顺时针旋转
自动操作	蓄电池正极（+）→端子2（B） 蓄电池负极（-）→端子1（GND），4（AUTO），7（DOWN）	电动机齿轮逆时针旋转
	蓄电池正极（+）→端子2（B） 蓄电池负极（-）→端子1（GND），4（AUTO），10（UP）	电动机齿轮顺时针旋转

后，没有必要进行初始化）。初始化期间不应操作其他电气系统。如果电动车窗电动机的电源电压出现下降，则初始化将中断。

更换车门玻璃或车门玻璃升降槽，可能导致当前车门玻璃位置与ECU中存储的位置之间产生差异。在这种情况下，防夹功能将无法正常工作，需使系统返回到初始化前的状态并对系统重新进行初始化。只有初始化完成后，自动上升功能才起作用。

点火开关置于"ON"（IG）位置时，电动车窗主开关指示灯将开始闪烁，并且持续闪烁至初始化完成，成功完成初始化后指示灯一直点亮。完成电动车窗系统的初始化工作步骤如下：

1）连接蓄电池负极端子。

2）将点火开关置于"ON"（IG）位置，电动车窗主开关指示灯将闪烁。

3）通过操作电动车窗主开关完全关闭车门玻璃。车门玻璃停止后，将电动车窗主开关保持在AUTO UP位置至少1s。

4）检查并确认电动车窗主开关指示灯是否一直点亮。如果指示灯不是一直点亮，则意味着初始化未成功完成。这种情况下，降下车门玻璃至少50mm，并在车窗全关后，将电动车窗主开关保持在AUTO UP位置1s。

检查结果：检查是否需要系统初始化，把实施情况填写在表1-3的第10项处，视情况检修或更换。

（2）功能操作确认

维修完成后，确认电动车窗系统各功能是否正常运行，如图1-17所示。

电动车窗工作状况检查：

1）检查车窗锁止开关

①检查当电动车窗主开关的车窗锁止开关按下时，前排乘员侧电动车窗和后电动车窗的操作是否被禁用。正常情况下前排乘员侧电动车窗和后电动车窗操作被禁用。

图 1 – 17　功能操作确认

②检查并确认当再次按下车窗锁止开关时，前排乘员侧电动车窗和后电动车窗可以操作。正常情况下前排乘员侧电动车窗和后电动车窗均可以操作。

2）检查手动上升/下降功能

①检查并确认驾驶员侧电动车窗在开关半拉起或半压下时，电动车窗的升降。

②检查并确认电动车窗主开关和各车门上的电动车窗开关拉起或压下时，各车门电动车窗的升降。

3）检查自动上升/下降功能

检查并确认驾驶员侧电动车窗在主开关拉起或压下时，驾驶员侧电动车窗自动升降。

4）检查点火开关置于"OFF"位置后电动车窗的操作功能

①检查并确认将点火开关置于"OFF"位置后，电动车窗主开关可以操作所有电动车窗。

②检查并确认驾驶员侧或前排乘员侧车门打开后，Key—Off 操作功能不可用。

③检查并确认将点火开关置于"OFF"位置大约 45s 后，所有电动车窗不能操作。

5）检查防夹功能（驾驶员侧车门电动车窗）

提示：使用自动上升功能或手动上升功能时，可激活防夹功能。不要用四肢、手指或身体其他部位来测试防夹功能，不要让移动的车窗或升降器卡住身体的任何部位。点火开关置于"ON"（IG）位置时，使用自动上升功能或手动上升功能可激活防夹功能。将点火开关置于"OFF"位置 45s 内，只要驾驶员侧车门处于关闭状态，防夹功能也可激活。

①检查车窗倒退距离方式一

完全打开车门玻璃，在车窗全关位置附近放置 4 ~ 10mm 厚的检查夹具，通过自动或手动操作关闭车门玻璃，检查并确认车门玻璃在接触检查夹具后降下。车门玻璃应下降至距离检查夹具 200 ~ 240mm 处，车门玻璃下降，验证不能用电动车窗主开关使玻璃升起。

②检查车窗倒退距离方式二

完全打开车门玻璃，在车窗全关位置附近放置 200 ~ 250mm 厚的检查夹具，自动或手动操作关闭车门玻璃时，检查并确认车门玻璃在接触检查夹具后降下。车门玻璃应下降至距离检查夹具 80 ~ 100mm 处，车门玻璃下降，验证不能用电动车窗主开关使玻璃升起。

检查防夹功能的方法如图 1 - 18 所示。

6) 检查 PTC 操作

PTC 操作的功能是通过停止电动机以防止电动车窗升降器过载。当电动车窗开关操作超过预定时间时，PTC 操作激活。

① 拉起并拉住电动车窗开关超过 90s，然后松开开关。

② 检查并确认按下开关不能移动车窗。

③ 从第一步松开开关后等待 60s。检查并确认按下开关可正常移动车窗。

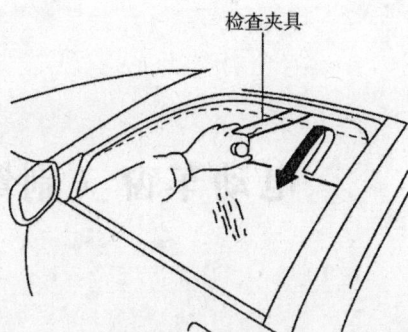

检查夹具

图 1 - 18 检查防夹功能

检查结果：检查电动车窗功能操作是否正常，把实施情况填写在表 1 - 3 的第 10 项处，视情况检修或更换。

11. 质检

自检和互检。在排除故障后，各小组同学之间互相检查一下本系统和相关的车身系统有没有受到检修过程中的影响，导致不能正常工作。

检查结果：检查本系统和相关的车身系统是否正常工作，把实施情况填写在表 1 - 3 的第 11 项处。

12. 故障排除和结束

（1）装回所拆的零部件和附件，装回原位。

（2）收拾好所用的仪表、仪器、工具、量具、材料、资料等，物归原位。

（3）打扫、清洁实操场地。

检查结果：检查整理、清洁等工作是否完成，把实施情况填写在表 1 - 3 的第 12 项处。

项目拓展练习

请同学们自行根据某一车型轿车的电动车窗（驾驶侧）不能升降的故障，制定一份完整而详细的解决方案，并对其进行全面而细致的说明。

_____

_____

_____

_____

_____

_____

_____

项目二
电动车窗（副驾驶侧）不能升降故障检修

项目描述

汽车电动车窗系统是汽车车身电气系统的重要组成部分。检修电动车窗系统发生的各种故障是汽车维修企业经常处理的工作之一，规范地完成故障的检修是每个汽车维修中、高级工的主要工作。本项目是以一个电动车窗系统典型故障的检修为主线，指引汽车维修中、高级工学习接收顾客报修、收集信息、制订检修工作计划、实施维修作业、检查工作质量等故障检修的工作过程，并在此基础上进行项目学习总结、项目考核及相关知识的拓展。

项目目标

一、专业能力

1. 能够熟练规范地诊断与排除汽车电动车窗（副驾驶侧）不能升降的故障。
2. 能够熟练使用汽车电动车窗系统故障诊断与检测设备。
3. 学会诊断与检测汽车电动车窗系统故障的方法。
4. 在实施过程中培养 6S 管理的工作意识。

二、方法能力

1. 具有根据工作任务制定工作计划的能力。
2. 具有实施、控制、评价和反馈工作计划的能力。
3. 培养查阅网上资料、原厂维修资料、汽车维修资料资源库等自主学习的能力。

三、社会能力

1. 培养学生分工合作和互相协助的团队精神。
2. 培养学生与他人交流沟通、表达意见的语言能力。
3. 培养对社会负责、对企业负责、对顾客负责的良好职业道德。

项目学时

建议学时：10 学时。

项目实施

从本项目实施开始，同学应分好组，确定好不同阶段各自的角色，比如：顾客、服务顾问、车间主任、维修工、质检等。

一、接待

1. 顾客报修

一辆丰田卡罗拉轿车电动车窗（副驾驶侧）不能升降。

2. 迎接顾客

服务顾问按规定整顿仪容仪表着装，出门迎接顾客入厂。

3. 问诊一：听取顾客要求，记录委托事项

服务顾问以亲切礼貌的态度认真听取顾客的描述，并在施工单上记录委托事项，见表1－1。

4. 问诊二：讨论确定维修内容，填写施工单（R/O）上的内容

同学们分组学习相关知识，如有技术问题不明白或解决不了的，可以请老师参与进来一起学习、讨论，然后填写施工单（R/O）上维修内容项、必要零件项及交车时间。

见项目一的相关内容。

5. 实车检查

顾客在签订施工单后，服务顾问应尽快与顾客办理交车手续：接收顾客随车证件（特别是二保、年审车）并审验其证件有效性、完整性、完好性，如有差异应当时与顾客说明，并作相应处理。接收送修车时，应对所接车的外观、内饰表层、仪表、座椅等作一次视检，以确认有无异常，与顾客一起对表1－2中各事项进行确认，并记录在表中，将记录结果交与顾客签字确认。

6. 办理交车手续

根据项目实际维修工作量估价，如果不能保证质量，应事先向顾客作必要的说明。维修估价洽谈中，应明确维修配件是由维修厂还是由顾客方供应，用正厂件还是副厂件。把工具与物品装入为该车用户专门提供的存物箱内，车钥匙（总开关钥匙）要登记、编号并放在统一规定的车钥匙柜内。对当时油表、里程表标示的数字登记入表。

确定好维修任务的工时费、零件费用，进行报价，然后顾客在施工单上签字确认，即表示车辆进入车间维修环节。车辆送入车间时，车间接车人要办理接车签字手续。顾客办

完一切送修手续后，接待员应礼貌告知顾客手续全部办完，礼貌暗示可以离去。如顾客离去，接待员应起身致意送客，或送顾客至业务厅门口，致意："请走好，恕不远送"。

7. 办理进车间手续

顾客离去后，迅速处理"施工单"。接待员通知清洗车辆，然后将送修车送入车间，交车间主管或调度，并同时交随车的"施工单"，请接车人在"施工单"指定栏签名，并写明接车时间。

二、车间维修

1. 制订维修计划

根据施工单上的维修内容，按照原厂的维修资料和维修厂的要求，制订出规范的维修计划。

（1）分组学习相关知识，请各组同学根据丰田卡罗拉原厂维修资料提供的检修步骤，在下面空白处绘制出丰田卡罗拉轿车电动车窗（副驾驶侧）不能升降的诊断流程图。

（2）派工，安排施工人数和场地，确定所需施工设备。

2. 实施维修作业

表 2 - 1 为丰田卡罗拉轿车电动车窗（副驾驶侧）故障诊断数据记录表，请各组同学根据图 2 - 12 丰田卡罗拉轿车电动车窗（副驾驶侧）不能升降的故障诊断流程图，规范地实施维修作业，并将检测数据记录在相应的表格内。

表 2-1 丰田卡罗拉轿车电动车窗（副驾驶侧）不能升降的故障诊断数据记录表

流程	维修内容	维修技术要求		实施情况	技术要求标准
1	检查维修前准备工作	（1）整理仪容仪表		实施情况：	规定状态： 按规范穿着工作服，遵守仪容仪表的规范要求
		（2）准备仪表、仪器、设备、工具、量具		实施情况：	规定状态： 本项目需要用到的仪表、仪器、设备、工具、量具
		（3）准备材料、资料		实施情况：	规定状态： 本项目需要用到的材料、资料
2	检查安全防护工作	（1）安装五件套		实施情况：	规定状态： 按规定安装
		（2）安放三角木		实施情况：	规定状态： 按规定安放
		（3）视情况需要，安装抽排气管		实施情况：	规定状态： 视情况需要，按规定安装
3	检查蓄电池电压	（1）无负载电压测量：用万用表测量蓄电池的两端桩头的电压		实施情况：	规定状态： 11～14V
		（2）对亏电的蓄电池进行充电，对电容量不够的蓄电池进行修复或更换		实施情况：	规定状态： 11～14V

续上表

流程	维修内容	维修技术要求	实施情况	技术要求标准
4	检查电动车窗 POWER 保险丝	（1）在蓄电池电压正常的情况下：用塑料钳取出 POWER 保险丝进行目视检查，看有无被烧毁的现象；或者测量电阻值	实施情况：	规定状态： 良好或者小于1Ω
		（2）如有烧毁，用万用表电阻档检查保险丝线路与车身之间是否短路	实施情况：	规定状态： 10kΩ 或更大
5	检查前排乘客侧电动车窗开关电源电路	检查线束和连接器（电动车窗开关－蓄电池） 测量： H7－3（B）—车身搭铁电压	实施情况：	规定状态： 点火开关置于"ON（IG）"位置，11～14V
6	检查线束或连接器	（1）检查（车窗升降器电动机－乘客侧电动车窗开关）线束或连接器 测量： H7－4（U）— H8－2（U）		始终小于1Ω
		H7－1（D）— H8－1（D）		始终小于1Ω
		H7－4（U）—车身搭铁		始终 10kΩ 或更大
		H7－1（D）—车身搭铁		始终 10kΩ 或更大
		（2）检查（乘客侧电动车窗开关－电动车窗主开关）线束或连接器 测量： I3－16（U）— H7－5（SU）	实施情况：	规定状态： 始终小于1Ω
		I3－15（U）— H7－2（SD）		始终小于1Ω

续上表

流程	维修内容	维修技术要求		实施情况	技术要求标准
6	检查线束或连接器	线束连续器前视图： （至电动车窗主开关） 线束连续器前视图： （至电动车窗开关）	I3－16（U）—车身搭铁		始终 10kΩ 或更大
			I3－15（D）—车身搭铁		始终 10kΩ 或更大
7	检查前排乘客侧电动车窗开关	H7	测量：	实施情况：	规定状态：
			1（D）—2（SD）		UP，始终小于 1Ω
			3（B）—4（U）		UP，始终小于 1Ω
			1（D）—2（SD）		OFF，始终小于 1Ω
			4（U）—5（SU）		OFF，始终小于 1Ω
			4（U）—5（SU）		DOWN，始终小于 1Ω
			1（D）—3（B）		DOWN，始终小于 1Ω
8	检查电动车窗主开关	I3	测量：	实施情况：	规定状态：
			6（B）—16（U） 15（D）—1（E）		UP（乘客侧） 小于 1Ω
			6（B）—15（D） 16（U）—1（E）		DOWN（乘客侧） 小于 1Ω

续上表

流程	维修内容	维修技术要求		实施情况	技术要求标准
9	检查前排乘客侧电动车窗升降器电动机		操作：	实施情况：	规定状态：
			蓄电池负极（−）→端子2 蓄电池正极（＋）→端子1		电动机齿轮顺时针旋转
			蓄电池负极（−）→端子1 蓄电池正极（＋）→端子2		电动机齿轮逆时针旋转
10	功能操作确认	检查乘客侧电动车窗工作状况	操作：	实施情况：	规定状态：
			1）检查手动上升/下降功能		良好
			2）检查自动上升/下降功能		良好
11	质检	自检和互检	操作：	实施情况：	规定状态：
			检查本系统和相关的车身系统是否正常工作		良好
12	故障排除和结束		操作：	实施情况：	规定状态：
			（1）是否装回所拆的零部件和附件，装回原位		按照6S管理的要求：整理、整顿、清扫、清洁、素养、安全
			（2）是否收拾好所用的仪器、仪表、工具、量具、材料、资料等，物归原位		
			（3）是否打扫、清洁好实操场地		

三、完工检查

维修工维修完工后，在施工单上签字，交给车间主任；车间主任确认施工单，向检查人员明确需修理的内容，确认没问题后，由检查人员在施工单（R/O）上签字；检查人员指示维修工在车辆维修之后把车辆清洗干净。

四、车辆检查

服务顾问从车间主任处收到施工单（R/O）、更换的零件及钥匙后，开始检查车辆。这是最后一次检查确认顾客所提出的检修部位，因此在检查时一定要注意以下几点：

1. 完工车辆是否干净、整洁。
2. 顾客的车辆是否受到损坏或划伤。
3. 修理中使用的工具、量具或其他维修设备是否遗忘在车上。

五、结算交车

项目评价与控制

一、接待环节评价内容

根据接待情况，在接待评价表1-4中打勾。

二、车间维修环节内容

根据车间维修情况，在车间维修评价表1-5中打勾。

项目总结与反馈

见项目一的相关内容。

项目相关知识

一、注意事项

见项目一的相关内容。

二、电动车窗系统组成、功能、工作原理和控制电路

1. 电动车窗系统的组成和功能

现代轿车中普遍安装了电动车窗，以使车窗的升降更加方便。电动车窗主要由车窗玻

璃、车窗玻璃升降器、电动机和控制开关等组成。车窗电动机、控制开关及车窗继电器在车上的布置如图2-1、图2-2所示。

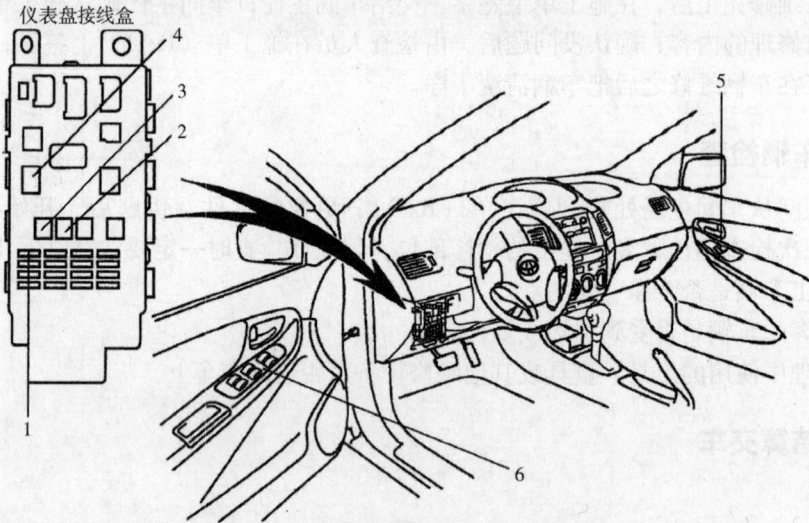

图2-1　电动车窗控制开关的安装位置

1-仪表熔断丝；2-POWER H-熔断丝；3-AM1 H-熔断丝；4-电源继电器；
5-电动车窗调节器开关（前乘客侧）；6-电动车窗调节器主开关

图2-2　电动车窗电动机安装位置

1-电动车窗驱动电动机（右后）；2-电动车窗驱动电动机（左后）；3-电动车窗开关（左后）；
4-驾驶员侧电动车窗驱动电动机；5-乘客侧电动车窗驱动电动机；6-电动车窗开关（右后）

　　电动车窗上的电动机的作用是为车窗玻璃的升降提供动力。它是双向的，有永磁型和双绕组型两种。每个车门各有一个电动机，通过开关控制电动机中的电流方向从而控制玻璃的升降。控制开关一般有两套，一套为总开关，装在仪表盘或驾驶员侧的车门上，这样，驾驶员就可以控制每个车窗玻璃的升降；另一套为分开关，分别安装在每个车窗上，这样，乘客也可以对各个车窗进行升降控制。由于所有车窗的电动机都要通过总开关搭铁，所以如果总开关断开，分开关就不能起作用。

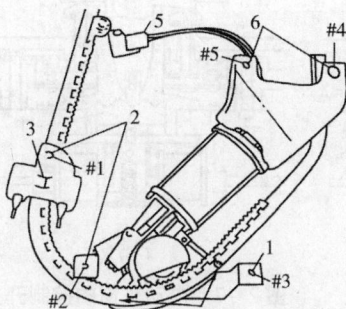

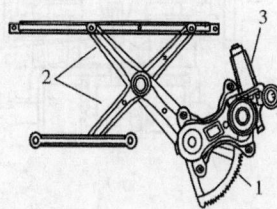

常见的电动车窗升降机机构有绳轮式、交臂式和软轴式等几种。如图 2-3 所示为绳轮式升降机构，如图 2-4 所示为软轴式玻璃升降机构，如图 2-5 所示为交臂式升降机构，其中绳轮式和交臂式电动车窗升降机构使用较为广泛。

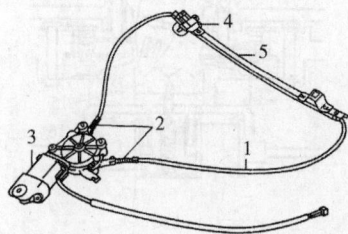

图 2-3　绳轮式电动车窗的基本结构　　图 2-4　软轴式玻璃升降机构　　图 2-5　交臂式升降机构
1-绳索；2-减振弹簧；3-蜗轮机构和　　　1，2，4，6-铆接处；3-贴条；　　1-齿扇；2-交叉臂；3-电动机
电动机；4-夹持器；5-玻璃升降导轨　　　　5-插头

2. 电动车窗的工作原理和控制电路

驾驶员对电动车窗系统进行总操纵，总控开关一般安装在左前车门控制台上或变速杆附近。分控开关安装在每个车门的中部或车门把手上，用于乘客对车窗进行操纵。电动车窗系统电路的基本电路组成如图 2-6 所示。

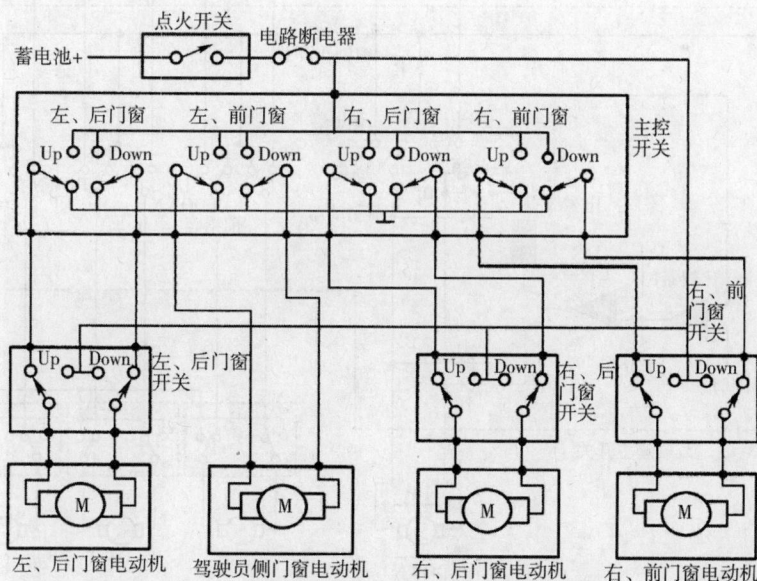

图 2-6　电动车窗系统电路的基本电路组成

丰田车四车门电动车窗的主控制按钮如图 2-7 所示：该控制电路可以实现手动控制和自动控制，所谓的手动控制是指按着相应的手动按钮，车窗可以上升或下降，若中途松

开按钮，上升或下降的动作即停止；而自动控制是指按下自动按钮，松开手后车窗会一直上升至最高或下降至最低。下面分别分析手动控制和自动控制过程。

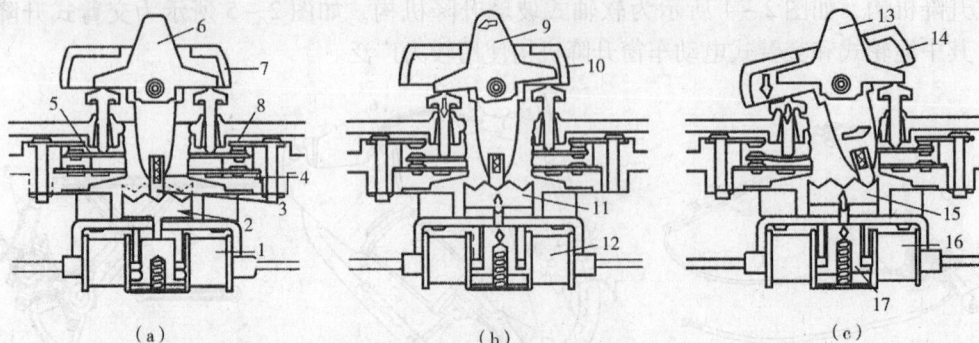

图 2 - 7　电动车窗的控制开关

（a）关闭；（b）手动升降；（c）自动升降

1，12，16 - 螺线管；2，11，15 - 止板；3 - 滑销；4 - 弹簧；5 - 触点 A；6，9，13 - 手动旋钮；7，10，14 - 自动旋钮；8 - 触点 B；17 - 柱塞

（1）手动控制玻璃升降

以驾驶员侧的玻璃升降开关为例，如图 2 - 7 所示。向前按下手动旋钮后，触点 A 与开关的 "UP" 相连，其电路如图 2 - 8 所示。

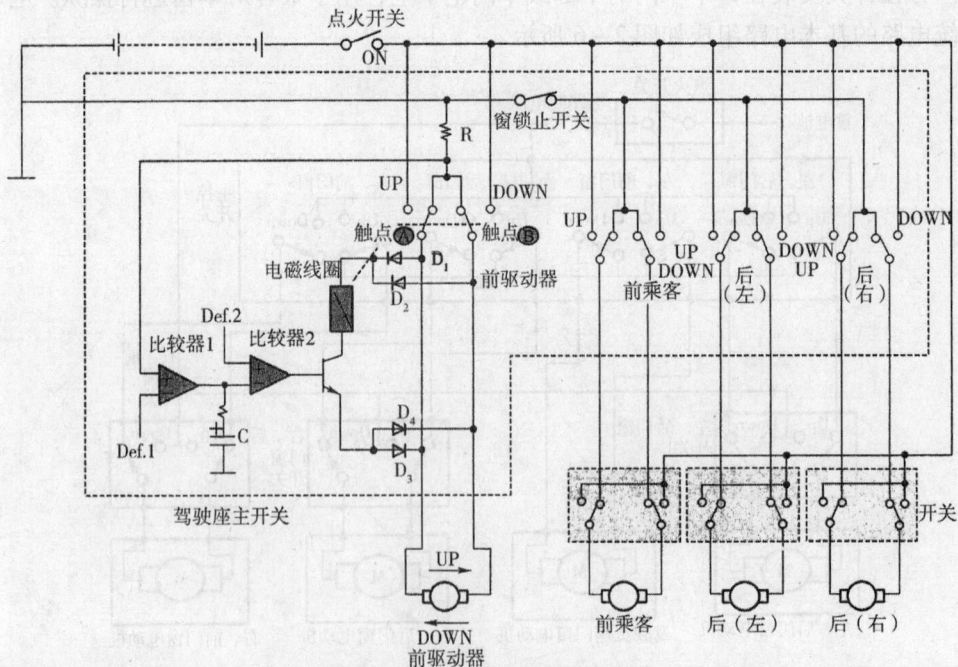

图 2 - 8　电动车窗控制电路图

当把手动旋扭推向 UP 方向，车窗玻璃即上升。此时，触点 A 与 UP（向上）接点相

连，触点 B 处于原来状态，电动机按 UP 箭头方向通过电流，车窗玻璃上升至关闭；当把手离开旋钮时，利用开关自身的回复力，开关即回到中间位置。若把手动旋钮推向车辆后方，触点 A 保持原位不动，而触点 B 则与 DOWN（向下）侧相连，电动机按 DOWN 箭头所示的方向通过电流，电动机反转，车窗玻璃向下移动，直至下降到底。

（2）自动控制玻璃升降

在自动上升过程中，若想中途停止，则向反方向扳手动旋钮，然后立刻放开。这样，触点 B 将短暂脱离搭铁，使电动机因回路被切断而自动停转。同时，通过电磁线圈的电流被切断，止板弹簧通过滑销压下，自动旋钮自动回复到中间位置，触点 A、B 均搭铁，电动机停转。车窗玻璃自动下降的工作情况与上述情况相反，操作时只需将自动旋钮压向车辆后方即可。

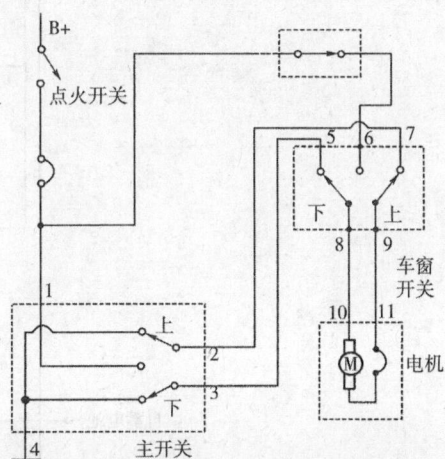

图 2-9 简化的电动门窗控制电路图

为防止电动机过载，在电路或电动机内装有一个或多个热敏开关，即 PTC 元件开关，用来控制电流。当车窗玻璃上升到极限位置或由于结冰而使车窗玻璃不能自由移动时，即使操纵控制开关，热敏开关也会自动断路，避免电动机通电时间过长而烧坏。

电动升降窗系统电路通常由以下几部分组成：车窗控制、失效或锁定功能的主控开关（通常位于驾驶员一侧）；各车窗控制开关、各车窗的驱动电机等，有时还包括齿轮齿条副。

图 2-9 是一个简化的电动门窗控制电路。当点火开关闭合时，电动门窗即可被门窗开关或主开关所控制。在使用永磁电机的电路中，永磁电机本身是没电的，一般通过主控开关供电。电动机内部还安装有正温度系数电路断路保护器，如果负载过大，电机温度过高将自动断开电机电路，防止电路烧坏。

3．电动车窗系统主要零部件位置

电动车窗系统主要零部件位置如图 2-10 所示。

4．电动车窗系统电路

电动车窗系统电路如图 2-11 所示。

5．车窗系统功能描述

电动车窗控制系统使用电动车窗升降器电动机来控制电动车窗操作。该系统主要的控制装置包括：电动车窗主开关（安装在驾驶员侧车门上）和电动车窗开关（安装在乘客侧车门和后门上）。操作电动

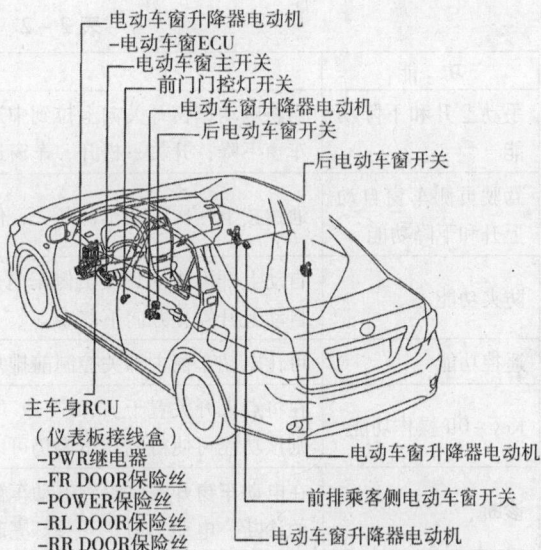

图 2-10 电动车窗系统主要零部件位置图

车窗开关后，相应的电动车窗升降器电动机随即通电。

电动车窗控制系统具有的功能，如表 2 - 2 所示。

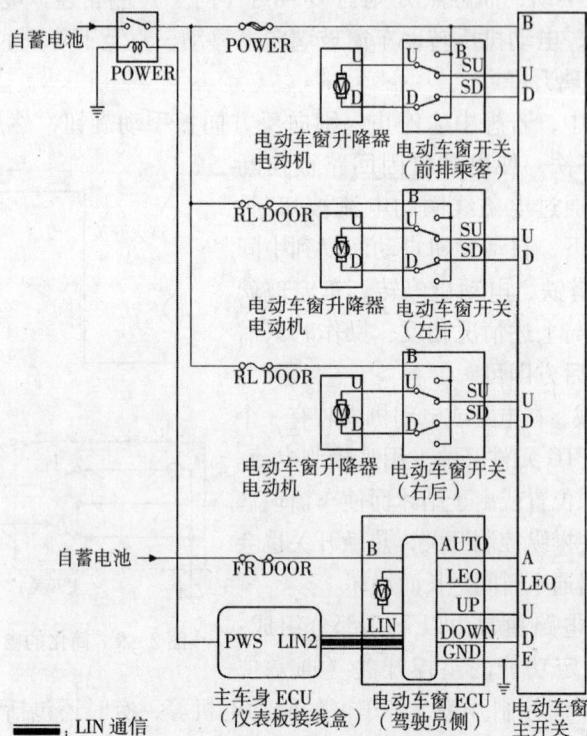

图 2 - 11　电动车窗系统电路图

表 2 - 2　功能表

功　能	概　要
手动上升和下降功能	当将电动车窗开关向上拉到中途时，使车窗上升；当将开关向下推到中途时，使车窗下降；开关一松开，车窗运动就会停止。
驾驶员侧车窗自动上升和下降功能	通过按下一次电动车窗开关，使驾驶员侧车窗完全打开或关闭。
防夹功能	自动上升操作（驾驶员侧车门）期间，如果有异物卡滞在门窗内，可使电动车窗自动上升停止并向下移动。
遥控功能	可让电动车窗主开关控制前排乘员侧门窗和后门窗的手动上升和下降操作。
Key - 0ff 操作功能	在将点火开关置于“ON”或“OFF”位置后大约45 s内，如果任一前门未打开，则该功能可使得电动车窗仍可以工作。
诊断	在电动车窗开关检测到电动车窗系统故障时，可让电动车窗主开关进行故障部位的诊断。电动车窗主开关灯亮起或闪烁，以通知驾驶员。
失效保护	如果电动车窗电动机内的脉冲传感器出现故障，失效保护功能能够禁用部分电动车窗功能。驾驶员侧车窗的自动上升和下降功能以及遥控功能被禁用。

三、故障诊断

根据故障诊断流程图 2 – 12 进行实际操作。

视实际情况需要，选择诊断流程。但是，检查维修前准备工作、检查安全防护工作、检查蓄电池电压项、功能操作确认项、质检项、故障排除和结束项一定要完成。

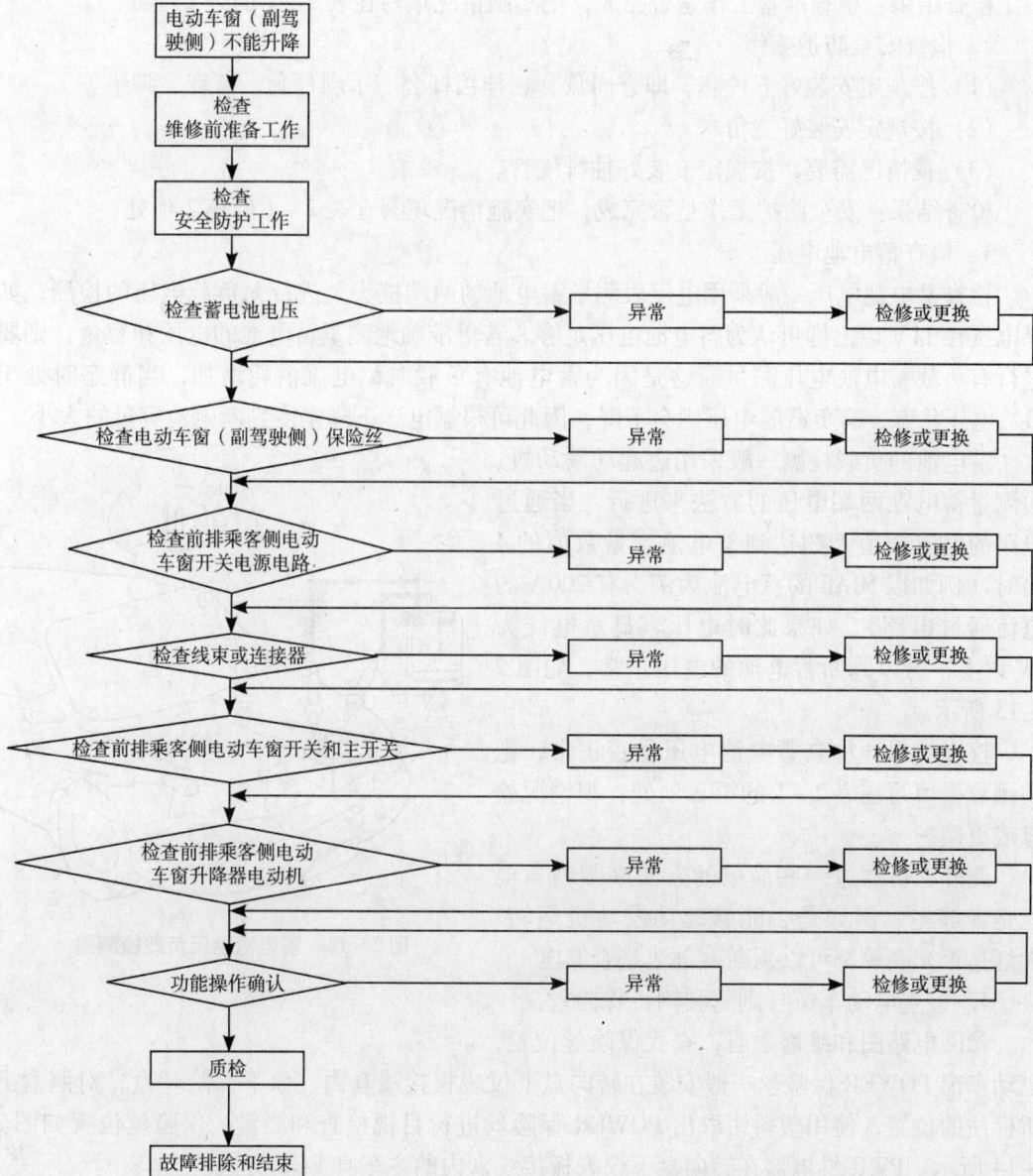

图 2 – 12　丰田卡罗拉轿车电动车窗（副驾驶侧）不能升降的故障诊断流程图

1. 检查维修前准备工作

（1）检查仪容仪表是否符合要求。例如是否穿好工作服等。

（2）准备好本项目需要用到的仪表、仪器、设备、工具、量具。例如数字万用表、电脑检测仪、常用工具等。

（3）准备好本项目需要用到的材料、资料。例如抹布、维修手册、相关资料等。

检查结果：检查准备工作是否完成，把实施情况填写在表 2 - 1 的第 1 项处。

2. 检查安全防护工作

（1）按规定安装好五件套，即方向盘套、挂档杆套、手刹杆套、椅套、脚垫等。

（2）按规定安装好三角木。

（3）视情况需要，按规定安装好抽排气管。

检查结果：安全防护工作是否完成，把实施情况填写在表 2 - 1 的第 2 项处。

3. 检查蓄电池电压

检查蓄电池电压一般采用电压表测量蓄电池的两端桩头，进行无负载电压的检测，如果电压在 11V 以上即可认为蓄电池电压足够。若更准确地测量蓄电池的电压和容量，则要进行有负载蓄电池电压测量。这是因为蓄电池有负载时，电流消耗增加，当静态时处于 11V 电压状态，有负载时电压则会下降，因此可根据电压下降幅度判断电池容量的大小。

蓄电池的负载检测一般采用边起动发动机、边测量蓄电池两端电压的方法来进行。当通过电路的电流数值大约达到蓄电池容量数值的 4 倍时（例如以 50Ah 的蓄电池为例，有 200A 的电流通过电路），如果此时电压表显示电压为 9V 以上，可以判断蓄电池的电压正常，如图 2 - 13 所示。

检查结果：检查蓄电池电压是否正常，把实测数据填写在表 2 - 1 的第 3 项处，视情况检修或更换。

此外，可通过一些简单的方法来判断蓄电池是否够电，例如是否能够起动发动机运转、大灯是否光亮等都可以判断蓄电池是否够电。

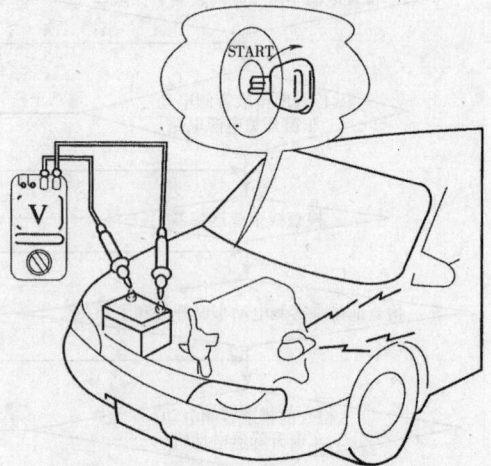

图 2 - 13　蓄电池电压负载检测图

4. 检查电动车窗（副驾驶侧）保险丝

参阅电路图和维修手册，查找保险丝位置，电动车窗 POWER 保险丝一般安装在转向盘下仪表板接线盒内。取下保险丝盒，对照盒上所标注的位置，使用塑料钳取出 POWER 保险丝进行目视检查和测量。保险丝位置如图 2 - 14 所示。PWR 继电器在转向盘下仪表板接线盒内的主车身 ECU 旁边。

检查结果：检查 POWER 保险丝是否正常，把实测数据填写在表 2 - 1 的第 4 项处，视情况检修或更换。

电动车窗升降器电动机

–电动车窗ECU

电动车窗主开关

前门门控灯开关

电动车窗升降器电动机

后电动车窗开关

后电动车窗开关

主车身ECU
（仪表板接线盒）

–PWR继电器

–FR DOOR保险丝

–POWER保险丝

–RL DOOR保险丝

–RR DOOR保险丝

电动车窗升降器电动机

前排乘客侧电动车窗开关

电动车窗升降器电动机

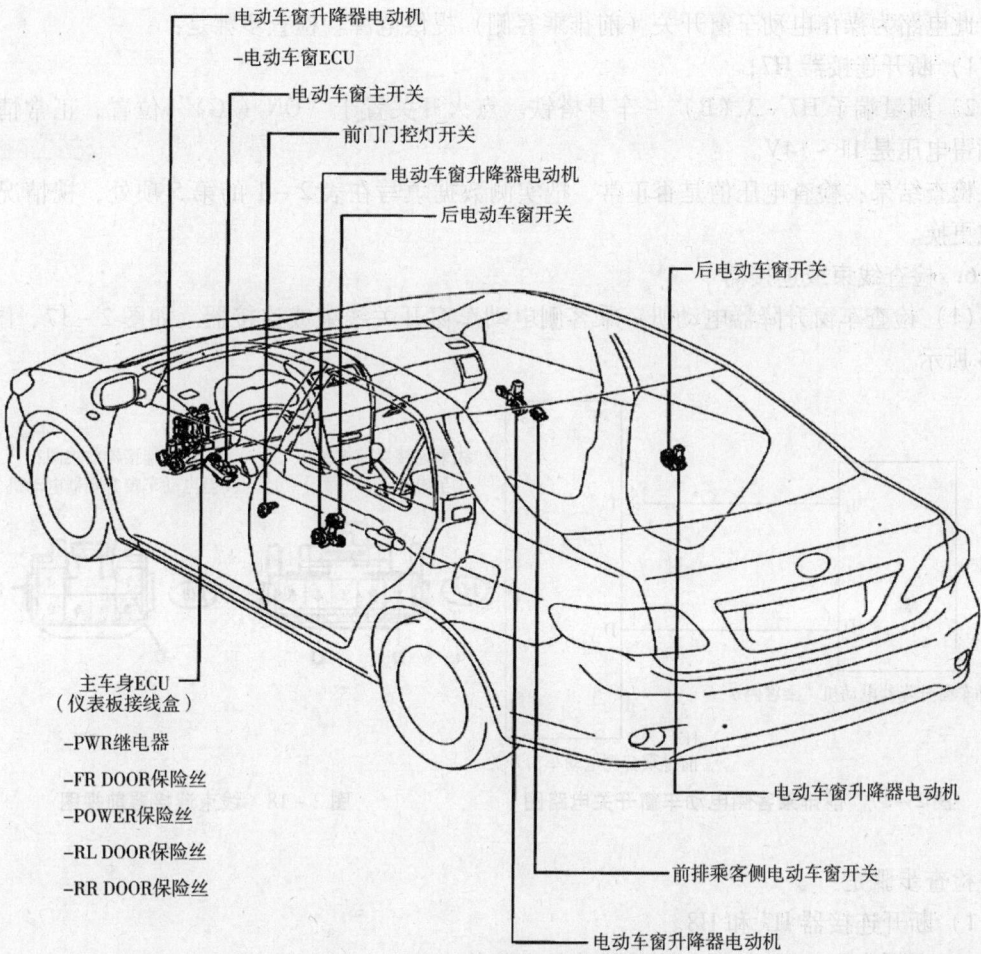

图 2 – 14　POWER 保险丝位置图

5. 检查前排乘客侧电动车窗开关电源电路

（1）检查线束和连接器（电动车窗开关 – 蓄电池）。如图 2 – 15、图 2 – 16 所示。

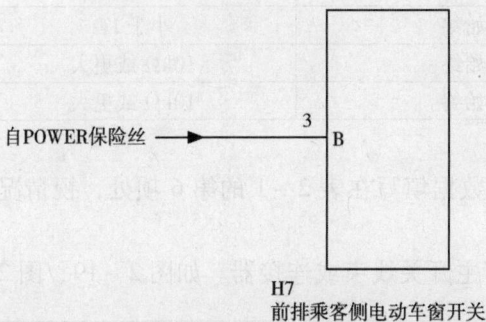

自POWER保险丝 →

3

B

H7
前排乘客侧电动车窗开关

H7

| 1 | 2 | 3 | 4 | 5 |

B

图 2 – 15　乘客侧电动车窗开关电源电路图

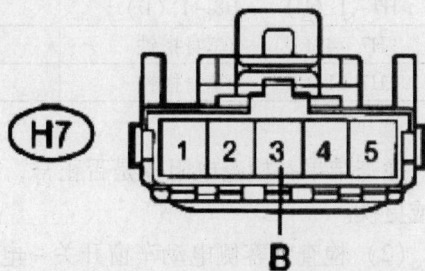

图 2 – 16　线束连接器前视图
（乘客侧电动车窗开关）

此电路为操作电动车窗开关（前排乘客侧）提供电源。检查步骤是：

1）断开连接器 H7；

2）测量端子 H7-3（B）-车身搭铁。点火开关置于"ON（IG）"位置，正常情况下测得电压是 11~14V。

检查结果：检查电压值是否正常，把实测数据填写在表 2-1 的第 5 项处，视情况检修或更换。

6. 检查线束或连接器

（1）检查车窗升降器电动机-乘客侧电动车窗开关线束或连接器。如图 2-17、图 2-18 所示。

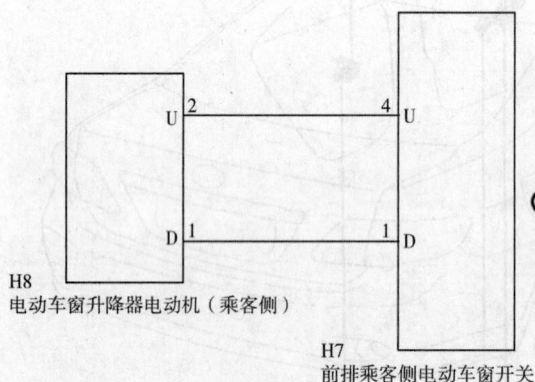

图 2-17　前排乘客侧电动车窗开关电路图　　　图 2-18　线束连接器前视图

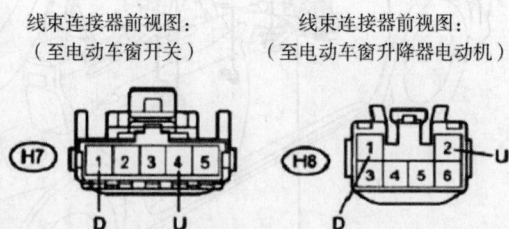

检查步骤是：

1）断开连接器 H7 和 H8。

2）根据表 2-3 的数据，测量线路的电阻值。

表 2-3　标准电阻

检测仪连接	条件	规定状态
H7-4（U）—H8-2（U）	始终	小于 1Ω
H7-1（D）—H8-1（D）	始终	小于 1Ω
H7-4（U）—车身搭铁	始终	10kΩ 或更大
H7-1（D）—车身搭铁	始终	10kΩ 或更大

检查结果：检查电阻值是否正常，把实测数据填写在表 2-1 的第 6 项处，视情况检修或更换。

（2）检查乘客侧电动车窗开关-电动车窗主开关线束或连接器。如图 2-19、图 2-20 所示。

1）断开连接器 I3 和 H7。

2）根据表 2-4 的数据，测量线路的电阻值。

表 2 - 4　标准电阻

检测仪连接	条件	规定状态
I3 - 16（U）— H7 - 5（SU）	始终	小于 1Ω
I3 - 15（U）—H7 - 2（SD）	始终	小于 1Ω
I3 - 16（U）— 车身搭铁	始终	10kΩ 或更大
I3 - 15（D）— 车身搭铁	始终	10kΩ 或更大

检查结果：检查电阻值是否正常，把实测数据填写在表 2 - 1 的第 6 项处，视情况检修或更换。

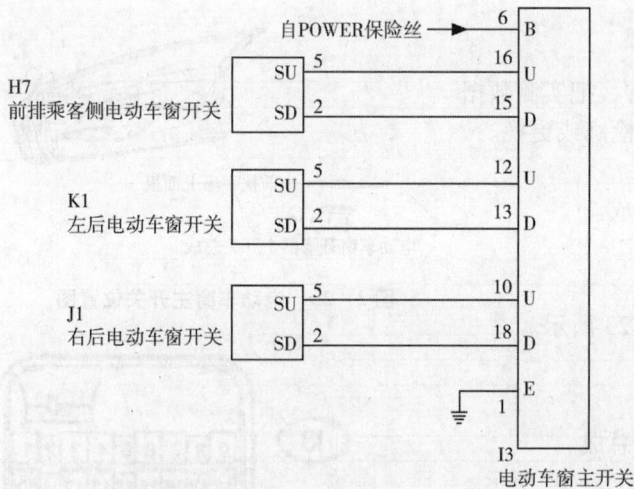

图 2 - 19　电动车窗主开关电路

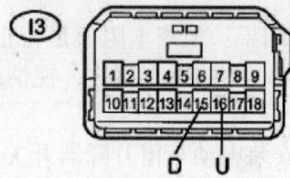

线束连接器前视图（至电动车窗主开关）

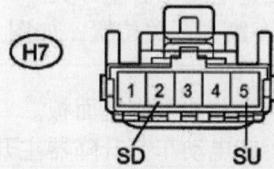

线束连接器前视图（至电动车窗开关）

图 2 - 20　线束连接器前视图

7. 检查前排乘客侧电动车窗开关

前排乘客侧电动车窗开关位置，如图 2 - 21 所示。

（1）拆卸

1）拆卸前扶手座上面板。

2）拆卸电动车窗升降器开关总成。

（2）检查电动车窗开关（前排乘客侧），如图 2 - 22 所示。

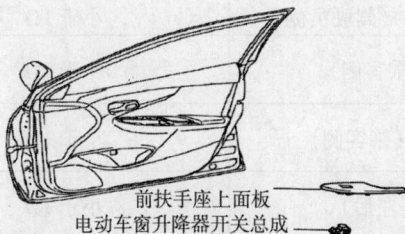

图 2 - 21　前排乘客侧电动车窗开关位置图

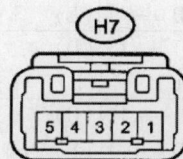

图 2 - 22　前视图（前排乘客侧电动车窗开关）

根据表 2-5 中的数据。操作开关时，测量电阻值。

表 2-5 标准电阻

检测仪连接	开关状态	规定状态
1（D）—2（SD）	UP	小于 1Ω
3（B）—4（U）		小于 1Ω
1（D）—2（SD）	OFF	小于 1Ω
4（U）—5（SU）		小于 1Ω
4（U）—5（SU）	DOWN	小于 1Ω
1（D）—3（B）		小于 1Ω

检查结果：检查电阻值是否正常，把实测数据填写在表 2-1 的第 7 项处，视情况检修或更换。

（3）安装

1）安装电动车窗升降器开关总成。

2）安装前扶手座上板。

8．检查电动车窗主开关

电动车窗主开关位置，如图 2-23 所示。

（1）拆卸

1）拆卸前扶手座上面板。

2）拆卸电动车窗升降器主开关总成。

（2）检查电动车窗主开关，如图 2-24 所示。

1）检查并确认开关功能。

根据表 2-6 中的数值来进行检查。操作开关时，测量电阻值。

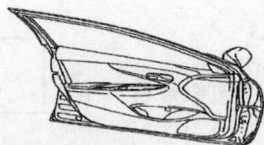

前扶手座上面板

电动车窗升降器主开关总成

图 2-23 电动车窗主开关位置图

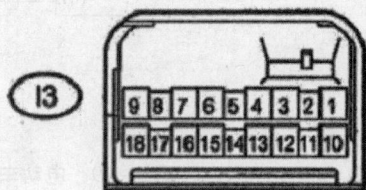

图 2-24 前视图（电动车窗主开关）

表 2-6 标准电阻

检测仪连接	开关状态	规定状态
8（U）—1（E）—4（A）	自动 UP（驾驶员侧）	小于 1Ω
8（U）—1（E）	手动 UP（驾驶员侧）	小于 1Ω
5（D）—1（E）	手动 DOWN（驾驶员侧）	小于 1Ω
4（A）—5（D）—1（E）	自动 DOWN（驾驶员侧）	小于 1Ω
6（B）—16（U） 15（D）—1（E）	UP（乘客侧）	小于 1Ω
6（B）—15（D） 16（U）—1（E）	DOWN（乘客侧）	小于 1Ω
6（B）—12（U） 13（D）—1（E）	UP（左后）	小于 1Ω
6（B）—13（D） 12（U）—1（E）	DOWN（左后）	小于 1Ω

续上表

检测仪连接	开关状态	规定状态
6 (B) — 10 (U) 18 (D) — 1 (E)	UP （右后）	小于 1Ω
6 (B) — 18 (D) 10 (U) — 1 (E)	DOWN （右后）	小于 1Ω

检查结果：检查电阻值是否正常，把实测数据填写在表 2-1 的第 8 项处，视情况检修或更换。

2）视情况需要，检查并确认 LED 亮起。

向主开关施加蓄电池电压，检查并确认 LED 亮起。正常情况如表 2-7 所示。

表 2-7 LED 灯亮表

测量条件	规定状态
蓄电池正极 （+）→端子 3 （LED） 蓄电池负极 （-）→端子 1 （E）	LED 亮起

(3) 安装

1）安装电动车窗升降器主开关总成。

2）安装前扶手座上板。

9. 检查前排乘客侧电动车窗升降器电动机

前排乘客侧电动车窗升降器电动机，如图 2-25 所示。

(1) 检查电动车窗升降器电动机工作情况。

1）拆下电动车窗升降器电动机。

2）根据表 2-8，向电动机连接器施加蓄电池电压。

注意：不要向除端子 1 和 2 外的任何端子施加蓄电池电压。正常情况如表 2-8 所示。

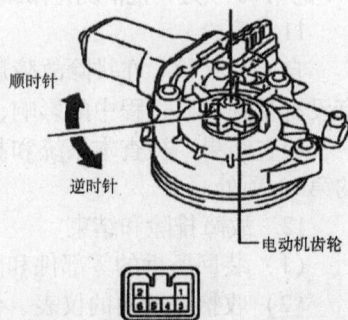

图 2-25 乘客侧电动车窗升降器电动机

表 2-8 车窗电动机检查表

测量条件	规定状态
蓄电池负极 （-）→端子 2 蓄电池正极 （+）→端子 1	电动机齿轮顺时针旋转
蓄电池负极 （-）→端子 1 蓄电池正极 （+）→端子 2	电动机齿轮逆时针旋转

检查结果：检查电动机旋转是否正常，把实施情况填写在表 2-1 的第 9 项处，视情况检修或更换。

10. 功能操作确认

(1) 功能操作确认

维修完成后，确认电动车窗系统各功能是否正常运行，如图 2-26 所示。

检查乘客侧电动车窗工作状况：

1）检查手动上升/下降功能

检查并确认乘客侧电动车窗在开关半拉起或半压下时，电动车窗的升降。

2）检查自动上升/下降功能

检查并确认乘客侧电动车窗在开关拉起或压下时，电动车窗自动升降。

图 2-26　功能操作确认

3）检查 PTC 操作

PTC 操作的功能是通过停止电动机以防止电动车窗升降器过载。当电动车窗开关操作超过预定时间时，PTC 操作激活。

①拉起并拉住电动车窗开关超过 90s，然后松开开关。

②检查并确认按下开关不能移动车窗。

③从第一步松开开关后等待 60s。检查并确认按下开关可正常移动车窗。

检查结果：检查电动车窗（副驾驶侧）系统各功能是否正常工作，把实施情况填写在表 2-1 的第 10 项处，视情况检修或更换。

11．质检

自检和互检。在排除故障后，各小组同学之间互相检查一下本系统和相关的车身系统有没有受到检修过程中的影响，导致不能正常工作。

检查结果：检查本系统和相关的车身系统是否正常工作，把实施情况填写在表 2-1 的第 11 项处。

12．故障排除和结束

（1）装回所拆的零部件和附件，装回原位。

（2）收拾好所用的仪表、仪器、工具、量具、材料、资料等，物归原位。

（3）打扫、清洁实操场地。

检查结果：检查整理、清洁等工作是否正常完成，把实施情况填写在表 2-1 的第 12 项处。

项目拓展练习

请同学们自行根据某一车型轿车的电动车窗（副驾驶侧）不能升降的故障，制定一份完整而详细的解决方案，并对其进行全面而细致的说明。

_____

_____

_____

_____

_____

_____

项目三
两侧电动后视镜不能工作故障检修

项目描述

　　汽车电动后视镜系统是汽车车身电气系统的重要组成部分。检修电动后视镜系统发生的各种故障是汽车维修企业经常处理的工作之一，规范地完成故障的检修是每个汽车维修中、高级工的主要工作。本项目是以汽车电动后视镜系统典型故障的检修为主线，指引汽车维修中、高级工学习接收顾客报修、收集信息、制订检修工作计划、实施维修作业、检查工作质量等故障检修的工作过程，并在此基础上进行项目学习总结、项目考核及相关知识的拓展。

项目目标

一、专业能力

1. 能够熟练规范地诊断与排除汽车两侧电动后视镜不能工作的故障。
2. 能够熟练使用汽车电动后视镜系统故障诊断与检测设备。
3. 学会诊断与检测汽车电动后视镜系统故障的方法。
4. 在实施过程中培养 6S 管理的工作意识。

二、方法能力

1. 具有根据工作任务制定工作计划的能力。
2. 具有实施、控制、评价和反馈工作计划的能力。
3. 培养查阅网上资料、原厂维修资料、汽车维修资料资源库等自主学习的能力。

三、社会能力

1. 培养学生分工合作和互相协助的团队精神。
2. 培养学生与他人交流沟通、表达意见的语言能力。
3. 培养对社会负责、对企业负责、对顾客负责的良好职业道德。

项目学时

建议学时：10 学时。

项目实施

从本项目实施开始，同学应分好组，确定好不同阶段各自的角色，比如：顾客、服务顾问、车间主任、维修工、质检等。

一、接待

1. 顾客报修

一辆丰田卡罗拉轿车两侧电动后视镜不能工作。

2. 迎接顾客

服务顾问按规定整理仪容仪表着装，出门迎接顾客入厂。

3. 问诊一：听取顾客要求，记录委托事项

服务顾问以亲切礼貌的态度认真听取顾客的描述，并在施工单上记录委托事项，见表1－1。

4. 问诊二：讨论确定维修内容，填写施工单（R/O）上的内容

同学们分组学习相关知识，如有技术问题不明白或解决不了的，可以请老师参与进来一起学习、讨论，然后填写施工单（R/O）上维修内容项、必要零件项及交车时间。

见项目一的相关内容。

5. 实车检查

顾客在签订施工单后，服务顾客应尽快与顾客办理交车手续：接收顾客随车证件（特别是二保、年审车）并审验其证件有效性、完整性、完好性，如有差异应当时与顾客说明，并作相应处理。接收送修车时，应对所接车的外观、内饰表层、仪表、座椅等作一次视检，以确认有无异常，与顾客一起对表1－2中各事项进行确认，并记录在表中，将记录结果交与顾客签字确认。

6. 办理交车手续

根据项目定价即按实际维修工作量收费，如果不能保证质量，应事先向顾客作必要的说明。维修估价洽谈中，应明确维修配件是由维修厂还是由顾客方供应，用正厂件还是副厂件。把工具与物品装入为该车用户专门提供的存物箱内，车钥匙（总开关钥匙）要登记、编号并放在统一规定的车钥匙柜内。对当时油表、里程表标示的数字登记入表。

确定好维修任务的工时费、零件费用，进行报价，然后顾客在施工单上签字确认，即表示车辆进入车间维修环节。车辆送入车间时，车间接车人要办理接车签字手续。顾客办

完一切送修手续后，接待员应礼貌告知顾客手续全部办完，礼貌暗示可以离去。如顾客离去，接待员应起身致意送客，或送顾客至业务厅门口，致意："请走好，恕不远送"。

7. 办理进车间手续

顾客离去后，迅速处理"施工单"。接待员通知清洗车辆，然后将送修车送入车间，交车间主管或调度，并同时交随车的"施工单"，请接车人在"施工单"指定栏签名，并写明接车时间。

二、车间维修

1. 制订维修计划

根据施工单上的维修内容、按照原厂的维修资料和维修厂的要求，制订出规范的维修计划。

（1）分组学习相关知识，请各组同学根据丰田卡罗拉原厂维修资料提供的检修步骤，在下面空白中绘制出丰田卡罗拉轿车两侧电动后视镜不能工作的诊断流程图。

（2）派工，安排施工人数和场地，确定所需施工设备。

2. 实施维修作业

表3-1为丰田卡罗拉轿车两侧电动后视镜不能工作故障诊断数据记录表，请各组同学根据图3-8丰田卡罗拉轿车两侧电动后视镜不能工作的故障诊断流程图，规范地实施维修作业，并将检测数据记录在相应的表格内。

表 3 – 1　丰田卡罗拉轿车两侧电动后视镜不能工作的故障诊断数据记录表

流程	维修内容	维修技术要求		实施情况	技术要求标准
1	检查维修前准备工作	（1）整理仪容仪表		实施情况：	规定状态： 按规范穿着工作服，遵守仪容仪表的规范要求
		（2）准备仪表、仪器、设备、工具、量具		实施情况：	规定状态： 本项目需要用到的仪表、仪器、设备、工具、量具
		（3）准备材料、资料		实施情况：	规定状态： 本项目需要用到的材料、资料
2	检查安全防护工作	（1）安装五件套		实施情况：	规定状态： 按规定安装
		（2）安放三角木		实施情况：	规定状态： 按规定安放
		（3）视情况需要，安装抽排气管		实施情况：	规定状态： 视情况需要，按规定安装
3	检查蓄电池电压	（1）无负载电压测量：用万用表测量蓄电池的两端桩头的电压		实施情况：	规定状态： 11～14V
		（2）对亏电的蓄电池进行充电，对电容量不够的蓄电池进行修复或更换		实施情况：	规定状态： 11～14V

续上表

流程	维修内容	维修技术要求		实施情况	技术要求标准
4	检查 ACC 7.5A 保险丝	（1）在蓄电池电压正常的情况下：用塑料钳取出 ACC7.5A 保险丝进行目视检查，看有无被烧毁的现象；或者测量电阻值		实施情况：	规定状态： 良好或者小于1Ω
		（2）如有烧毁，用万用表电阻档检查保险丝线路与车身之间是否短路		实施情况：	规定状态： 10kΩ 或更大
5	检查车外后视镜开关线束或连接器	（1）检查车外后视镜开关电源线、搭铁线连接情况	测量： E17－8（B）—车身搭铁	实施情况：	规定状态： 点火开关"ON"位置，12V
			E17－7（E）—车身搭铁		点火开关"OFF"位置，小于1Ω
		（2）检查车外后视镜开关端子和左、右侧后视镜端子连接情况	E17－5（HL）—I2－3（MH）		点火开关"OFF"位置，小于1Ω
			E17－4（VL）—I2－5（MV）		
			E17－6（M＋）—I2－4（M＋）		
			E17－2（HR）—H2－3（MH）		
			E17－3（VR）—H2－5（MV）		
			E17－6（M＋）—H2－4（M＋）		

续上表

流程	维修内容	维修技术要求		实施情况	技术要求标准
		测量：		实施情况：	规定状态：
6	检查车外后视镜开关	1）左/右调整开关的L位置	4（VL）–8（B）		UP，小于1Ω
			6（M+）–7（E）		OFF，10kΩ 或更大
			4（VL）–7（E）		DOWN，小于1Ω
			6（M+）–8（B）		OFF，10kΩ 或更大
			5（HL）–8（B）		LEFT，小于1Ω
			6（M+）–7（E）		OFF，10kΩ 或更大
			5（HL）–7（E）		RIGHT，小于1Ω
			6（M+）–8（B）		OFF，10kΩ 或更大
		2）左/右调整开关的R位置	3（VR）–8（B）		UP，小于1Ω
			6（M+）–7（E）		OFF，10kΩ 或更大
			3（VR）–7（E）		DOWN，小于1Ω
			6（M+）–8（B）		OFF，10kΩ 或更大
			2（HR）–8（B）		LEFT，小于1Ω
			6（M+）–7（E）		OFF，10kΩ 或更大
			2（HR）–7（E）		RIGHT，小于1Ω
			6（M+）–8（B）		OFF，10kΩ 或更大

续上表

流程	维修内容	维修技术要求		实施情况	技术要求标准
7	检查两侧车外后视镜总成	1）检查右侧车外后视镜总成	测量： 蓄电池正极（+）→端子5（MV） 蓄电池负极（-）→端子4（M+）	实施情况：	规定状态： 上翻
			蓄电池正极（+）→端子4（M+） 蓄电池负极（-）→端子5（MV）		下翻
			蓄电池正极（+）→端子3（MH） 蓄电池负极（-）→端子4（M+）		左转
			蓄电池正极（+）→端子4（M+） 蓄电池负极（-）→端子3（MH）		右转
		2）检查左侧车外后视镜总成	蓄电池正极（+）→端子5（MV） 蓄电池负极（-）→端子4（M+）		上翻
			蓄电池正极（+）→端子4（M+） 蓄电池负极（-）→端子5（MV）		下翻
			蓄电池正极（+）→端子3（MH） 蓄电池负极（-）→端子4（M+）		左转
			蓄电池正极（+）→端子4（M+） 蓄电池负极（-）→端子3（MH）		右转

续上表

流程	维修内容	维修技术要求		实施情况	技术要求标准
8	功能操作确认	操作： （1）操作选择开关（按开关上的"L"或"R"） （2）操作调节开关（▲、▼、◀、▶）		实施情况：	规定状态： 良好
9	质检	自检和互检	操作： 检查本系统和相关的车身系统是否正常工作	实施情况：	规定状态： 良好
10	故障排除和结束		操作： （1）是否装回所拆的零部件和附件，装回原位 （2）是否收拾好所用的仪器、仪表、工具、量具、材料、资料等，物归原位 （3）是否打扫、清洁好实操场地	实施情况：	规定状态： 按照 6S 管理的要求：整理、整顿、清扫、清洁、素养、安全

三、完工检查

维修工维修完工后，在施工单上签字，交给车间主任；车间主任确认施工单，向检查人员明确需修理的内容，确认没问题后，由检查人员在施工单（R/O）上签字；检查人员指示维修工在车辆维修之后把车辆清洗干净。

四、车辆检查

服务顾问从车间主任处收到施工单（R/O）、更换的零件及钥匙后，开始检查车辆。这是最后一次检查确认顾客所提出的检修部位，因此在检查时一定要注意以下几点：

1. 完工车辆是否干净、整洁。
2. 顾客的车辆是否受到损坏或划伤。
3. 修理中使用的工具、量具或其他维修设备是否遗忘在车上。

五、结算交车

项目评价与控制

一、接待环节评价内容

根据接待情况，在接待评价表 1 – 4 中打勾。

二、车间维修环节内容

根据车间维修情况，在车间维修评价表 1 – 5 中打勾。

项目总结与反馈

见项目一的相关内容。

项目相关知识

一、注意事项

见项目一的相关内容。

二、电动后视镜系统组成、操作、工作原理和位置

1. 电动后视镜系统的基本组成

汽车电动后视镜一般由镜片、驱动电动机、控制电路及操纵开关等组成。电动后视镜控制开关如图 3 – 1 所示。在每个后视镜镜片的背后都有两个可逆电动机，可操纵其上下及左右运动。通常垂直方向的倾斜运动由一个永磁电动机控制，水平方向的倾斜运动由另一个永磁电动机控制。电动后视镜各组成位置如图 3 – 2 所示。

2. 电动后视镜的调节操作

当点火钥匙在 "ACC" 或 "ON" 位置时，驾驶员可以通过操控后视镜开关来调整外后视镜的角度，以将后视镜的视野调节到最佳位置。

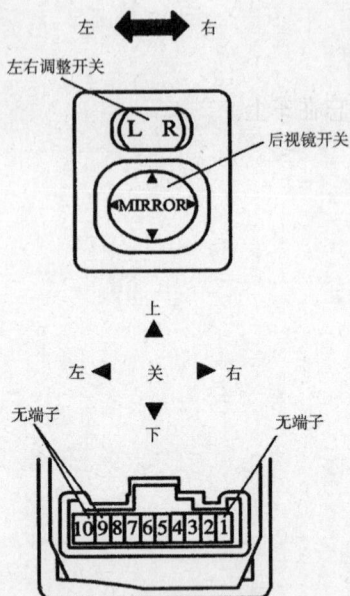

图 3 - 1　电动后视镜控制开关

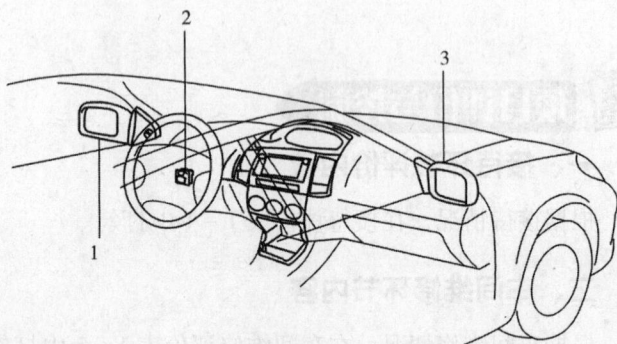

图 3 - 2　电动后视镜各组成位置

1 - 左侧外部后视镜总成；2 - 外部后视镜开关总成；3 - 右侧外部后视镜总成

（1）图 3 - 3 所示的选择开关 1：用于选择要调节的后视镜，按开关上的"L"或"R"，分别表示选择左或右后视镜。

（2）图 3 - 3 所示的调节开关 2：用于调节后视镜，可按照所需要的方向按开关。按压开关上的箭头（▲、▼、◄、►）位置，镜片按箭头所指的方向转动，当感觉位置合适时松开手，镜片即被固定。

有的电动后视镜还带有收放功能，这时需增加一个收放电动机，由收放开关控制收放电动机工作，使整个后视镜回转放出或收回：

1）如图 3 - 4 所示位置 1——后视镜收回。

2）如图 3 - 4 所示位置 2——后视镜放出。

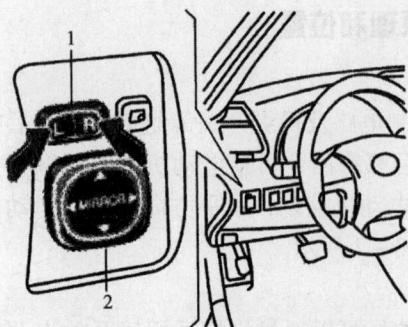

图 3 - 3　带收放功能的后视镜

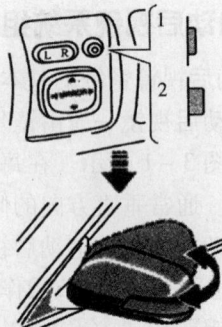

图 3 - 4　典型外后视镜控制开关的调节操作

3. 电动后视镜的控制原理

图3-5为典型电动后视镜的控制电路。每个后视镜都由一个独立的开关控制（左侧 D1、D2；右侧 E1、E2）。控制开关能让一个电动机单独工作，也可让两个电动机同时工作。现以调整左后视镜为例，说明其工作过程。

首先，按压后视镜左/右调整开关 l 上的"L"按键，使后视镜中的触头 D1、E1 闭合，此时：

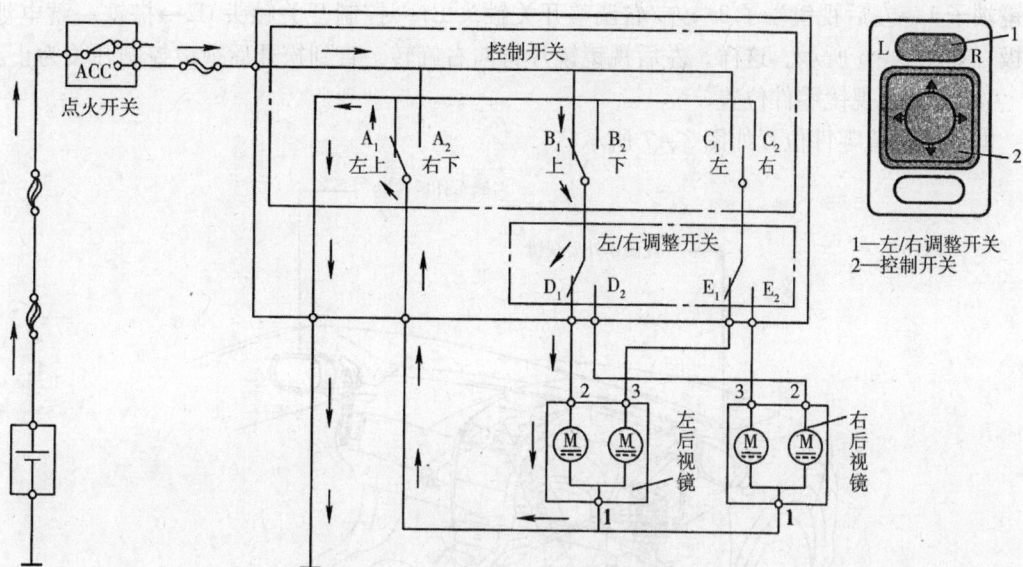

图3-5 典型电动后视镜的控制电路

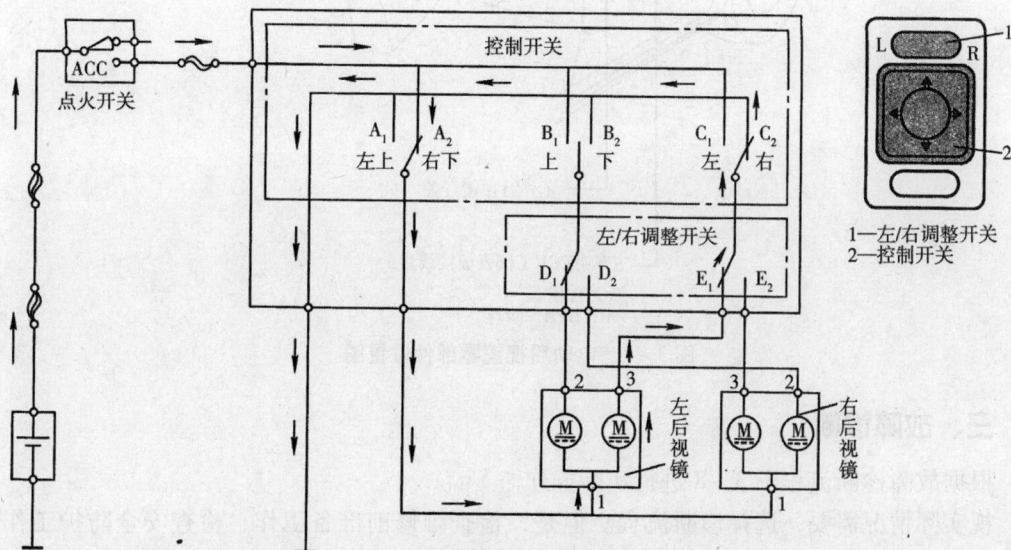

图3-6 左后视镜镜片向右旋转时的电流流向

（1）如果要使镜片向上旋转，则按压控制开关 2 的向上（▲）按键，使后视镜控制开关中的触头 A1、B1 闭合。其电路为：蓄电池正极→点火开关→控制开关触头 B1→左/右调整开关触头 D1→左后视镜端子 2→左后视镜端子 1→控制开关触头 A1→搭铁—蓄电池负极。这样，左后视镜镜片将向上旋转，直到松开后视镜控制开关为止。

（2）如果要使镜片向右旋转，则按压控制开关 2 的向右（▶）按键，使后视镜控制开关中的触头 A2、C2 闭合。其电路为：蓄电池正极→点火开关→控制开关触头 A2→左后视镜端子 1→左后视镜端子 3→左/右调整开关触头 E1→控制开关触头 C2→搭铁→蓄电池负极，如图 3-6 所示。这样，左后视镜镜片将向右旋转，直到松开后视镜控制开关为止。

4. 电动后视镜零件位置

电动后视镜零件位置如图 3-7 所示。

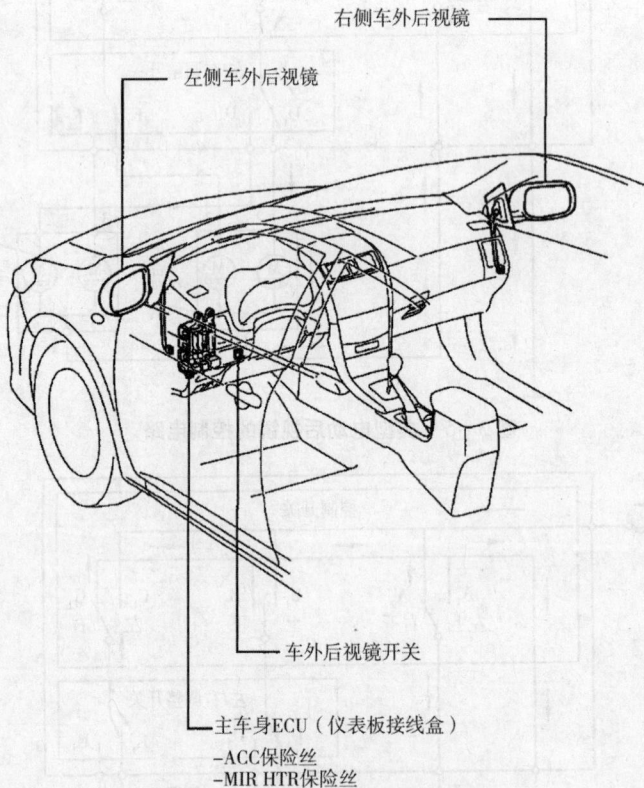

图 3-7 电动后视镜零部件位置图

三、故障诊断

根据故障诊断流程图 3-8 进行实际操作。

视实际情况需要，选择诊断流程。但是，检查维修前准备工作、检查安全防护工作、检查蓄电池电压项、功能操作确认项、质检项、故障排除和结束项一定要完成。

```
        ┌─────────────────┐
        │ 两侧电动后视镜  │
        │   不能工作      │
        └────────┬────────┘
                 ▼
        ┌─────────────────┐
        │      检查        │
        │  维修前准备工作  │
        └────────┬────────┘
                 ▼
        ┌─────────────────┐
        │      检查        │
        │  安全防护工作    │
        └────────┬────────┘
                 ▼
        ◇ 检查蓄电池电压 ◇ ──────► [ 异常 ] ──────► [ 检修或更换 ]
                 ▼
        ◇ 检查电动后视镜系统保险丝 ◇ ──────► [ 异常 ] ──────► [ 检修或更换 ]
                 ▼
        ◇ 检查车外后视镜开关
           线束或连接器 ◇ ──────► [ 异常 ] ──────► [ 检修或更换 ]
                 ▼
        ◇ 检查车外后视镜开关 ◇ ──────► [ 异常 ] ──────► [ 检修或更换 ]
                 ▼
        ◇ 检查两侧车外后视镜总成 ◇ ──────► [ 异常 ] ──────► [ 检修或更换 ]
                 ▼
        ◇ 功能操作确认 ◇ ──────► [ 异常 ] ──────► [ 检修或更换 ]
                 ▼
        ┌─────────────────┐
        │      质检        │
        └────────┬────────┘
                 ▼
        ┌─────────────────┐
        │  故障排除和结束  │
        └─────────────────┘
```

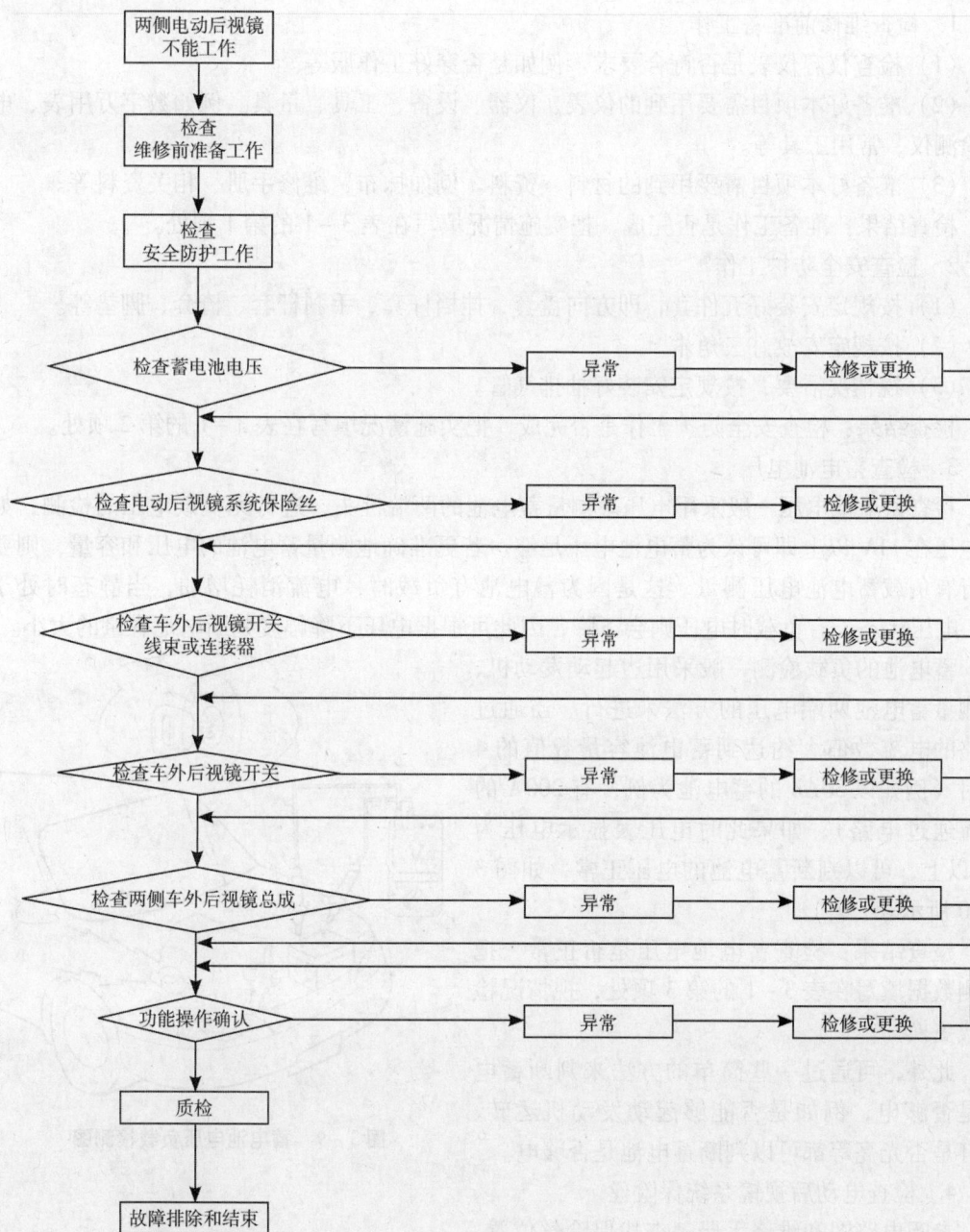

图 3-8　丰田卡罗拉轿车两侧电动后视镜不能工作的故障诊断流程图

1. 检查维修前准备工作

（1）检查仪容仪表是否符合要求。例如是否穿好工作服等。

（2）准备好本项目需要用到的仪表、仪器、设备、工具、量具。例如数字万用表、电脑检测仪、常用工具等。

（3）准备好本项目需要用到的材料、资料。例如抹布、维修手册、相关资料等。

检查结果：准备工作是否完成，把实施情况填写在表3-1的第1项处。

2. 检查安全防护工作

（1）按规定安装好五件套，即方向盘套、挂档杆套、手刹杆套、椅套、脚垫等。

（2）按规定安放好三角木。

（3）视情况需要，按规定安装好抽排气管。

检查结果：检查安全防护工作是否完成，把实施情况填写在表3-1的第2项处。

3. 检查蓄电池电压

检查蓄电池电压一般采用电压表测量蓄电池的两端桩头，进行无负载电压的检测，如果电压在11V以上即可认为蓄电池电压足够。若更准确地测量蓄电池的电压和容量，则要进行有负载蓄电池电压测量。这是因为蓄电池有负载时，电流消耗增加，当静态时处于11V电压状态，有负载时电压则会下降，因此可根据电压下降幅度判断电池容量的大小。

蓄电池的负载检测一般采用边起动发动机、边测量蓄电池两端电压的方法来进行。当通过电路的电流数值大约达到蓄电池容量数值的4倍时（例如以50Ah的蓄电池为例，有200A的电流通过电路），如果此时电压表显示电压为9V以上，可以判断蓄电池的电压正常，如图3-10所示。

检查结果：检查蓄电池电压是否正常，把实测数据填写在表3-1的第3项处，视情况检修或更换。

此外，可通过一些简单的方法来判断蓄电池是否够电，例如是否能够起动发动机运转、大灯是否光亮等都可以判断蓄电池是否够电。

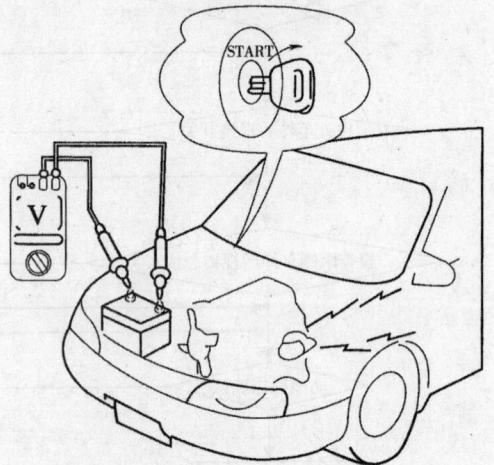

图3-9 蓄电池电压负载检测图

4. 检查电动后视镜系统保险丝

参阅电路图和维修手册，查找保险丝位置，电动后视镜系统ACC 7.5A保险丝一般安装在转向盘下仪表板接线盒内。取下保险丝盒，对照盒上所标注的位置，使用塑料钳取出ACC 7.5A保险丝进行目视检查。保险丝位置如图3-10所示。

检查结果：检查ACC 7.5A保险丝是否正常，把实测数据填写在表3-1的第4项处，视情况检修或更换。

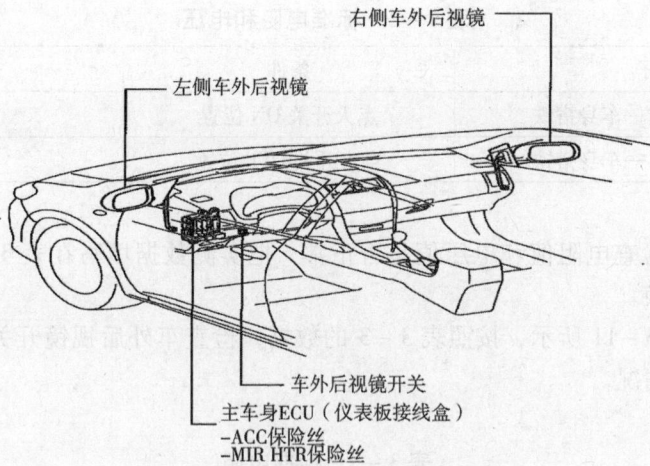

图 3-10 ACC 7.5A 保险丝位置图

5. 检查车外后视镜开关线束或连接器

（1）根据图 3-11 所示，按表 3-2 的数据，检查车外后视镜开关电源线、搭铁线连接情况。

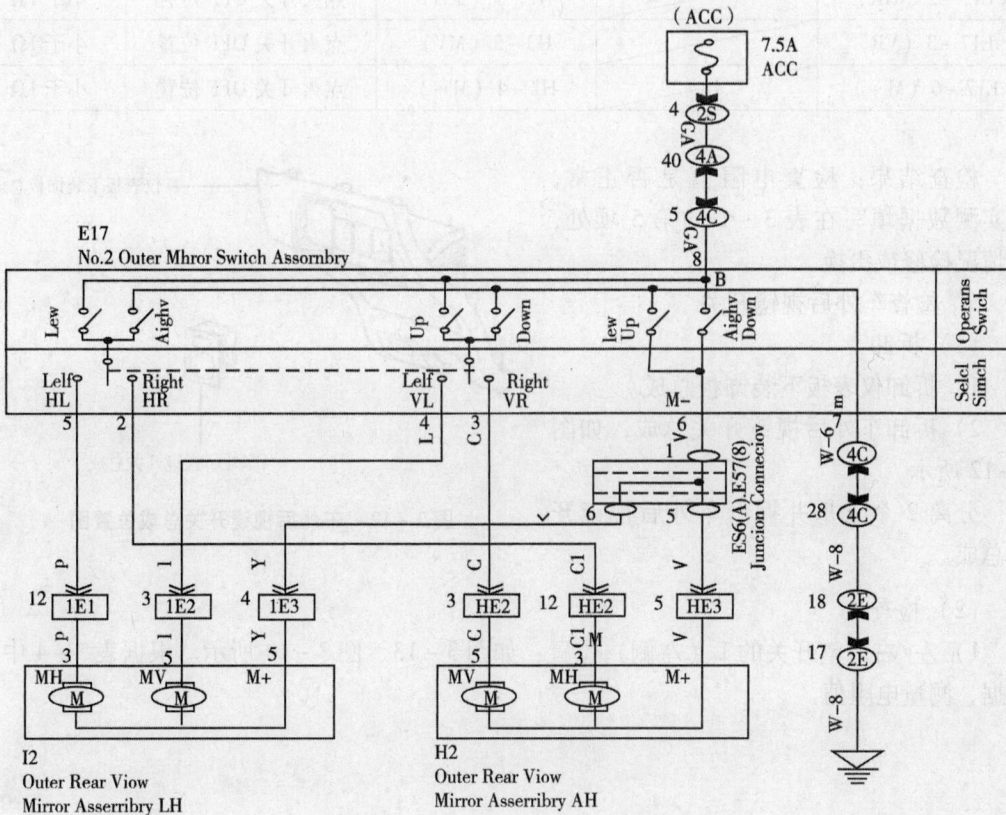

图 3-11 电动后视镜电路图

表 3 - 2　标准电阻和电压

端子	条件	规定状态
E17 - 8（B）—车身搭铁	点火开关 ON 位置	12V
E17 - 7（E）—车身搭铁	点火开关 OFF 位置	小于 1Ω

检查结果：检查电阻值和电压值是否正常，把实测数据填写在表 3 - 1 的第 5 项处，视情况检修或更换。

（2）根据图 3 - 11 所示，按照表 3 - 3 的数据，检查车外后视镜开关端子和左、右侧后视镜端子连接情况。

表 3 - 3　标准电阻

开关端子	左后视镜端子	右后视镜端子	条件	规定状态
E17 - 5（HL）	I2 - 3（MH）		点火开关 OFF 位置	小于 1Ω
E17 - 4（VL）	I2 - 5（MV）		点火开关 OFF 位置	小于 1Ω
E17 - 6（M +）	I2 - 4（M +）		点火开关 OFF 位置	小于 1Ω
E17 - 2（HR）		H2 - 3（MH）	点火开关 OFF 位置	小于 1Ω
E17 - 3（VR）		H2 - 5（MV）	点火开关 OFF 位置	小于 1Ω
E17 - 6（M +）		H2 - 4（M +）	点火开关 OFF 位置	小于 1Ω

检查结果：检查电阻值是否正常，把实测数据填写在表 3 - 1 的第 5 项处，视情况检修或更换。

6. 检查车外后视镜开关

（1）拆卸

1）拆卸仪表板下装饰板总成。

2）拆卸车外后视镜开关总成，如图 3 - 12 所示。

分离 2 个卡爪并拆下车外后视镜开关总成。

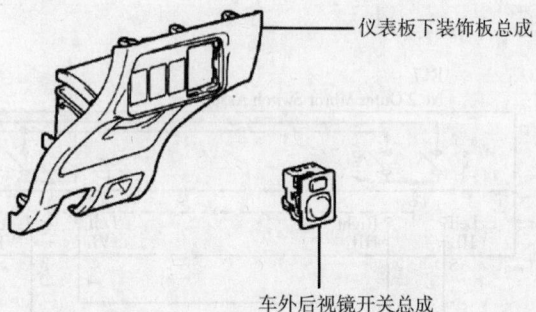

图 3 - 12　车外后视镜开关总成位置图

（2）检查

1）左/右调整开关的 L（左侧）位置：如图 3 - 13、图 3 - 14 所示。根据表 3 - 4 中的数据，测量电阻值。

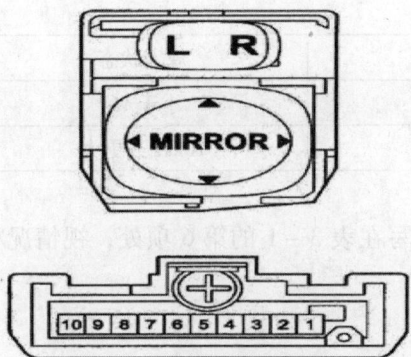

图 3-13　车外后视镜开关（正面）

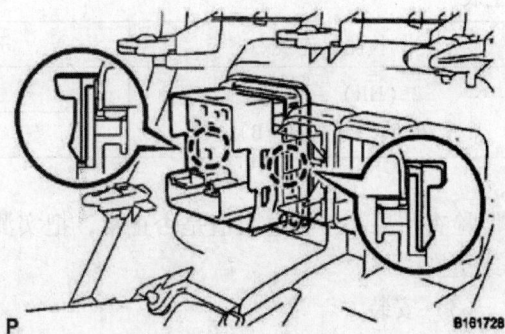

图 3-14　车外后视镜开关（背面）

表 3-4　标准电阻（左侧）

检测仪连接	开关状态	规定状态
4（VL）-8（B）	UP	小于 1Ω
6（M+）-7（E）	OFF	10kΩ 或更大
4（VL）-7（E）	DOWN	小于 1Ω
6（M+）-8（B）	OFF	10kΩ 或更大
5（HL）-8（B）	LEFT	小于 1Ω
6（M+）-7（E）	OFF	10kΩ 或更大
5（HL）-7（E）	RIGHT	小于 1Ω
6（M+）-8（B）	OFF	10kΩ 或更大

检查结果：检查电阻值是否正常，把实测数据填写在表 3-1 的第 6 项处，视情况检修或更换。

2）左/右调整开关的 R（右侧）位置：如图 3-13、图 3-14 所示。根据表 3-5 中的数据，测量电阻值。

表 3-5　标准电阻（右侧）

检测仪连接	开关状态	规定状态
3（VR）-8（B）	UP	小于 1Ω
6（M+）-7（E）	OFF	10kΩ 或更大
3（VR）-7（E）	DOWN	小于 1Ω
6（M+）-8（B）	OFF	10kΩ 或更大
2（HR）-8（B）	LEFT	小于 1Ω
6（M+）-7（E）	OFF	10kΩ 或更大

续上表

检测仪连接	开关状态	规定状态
2（HR）－7（E）	RIGHT	小于 1Ω
6（M+）－8（B）	OFF	10kΩ 或更大

检查结果：检查电阻值是否正常，把实测数据填写在表 3－1 的第 6 项处，视情况检修或更换。

（3）安装

1）安装车外后视镜开关总成，如图 3－12 所示。

2）接合 2 个卡爪，并安装车外后视镜开关总成。

3）安装仪表板下装饰板总成。

7．检查两侧车外后视镜总成

（1）拆卸车外后视镜

1）参照图 3－15 ~ 图 3－17 的位置图以及结构图进行车外后视镜的拆卸

①拆卸前门内把手框。

②拆卸前扶手座上面板。

③拆卸门控灯总成（带门控灯）。

④拆卸前门装饰板分总成。

⑤拆卸前门下门框支架装饰条。

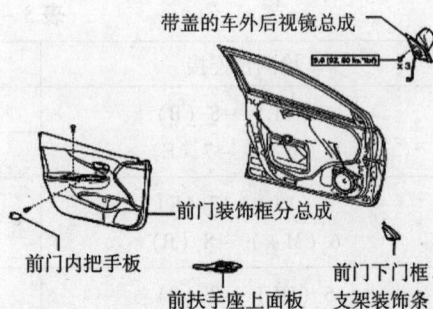

图 3－15　车外后视镜零部件安装位置图

⑥拆卸带盖的车外后视镜总成：断开连接器，拆下 3 个螺栓，拆下带盖的车外后视镜总成。

⑦拆卸车外后视镜玻璃（不带加热器）。

⑧拆卸车外后视镜玻璃（带加热器）。

⑨拆卸车外后视镜盖（不带侧转向信号灯）。

⑩拆卸车外后视镜盖（带侧转向信号灯）。

⑪拆卸侧转向信号灯总成（带侧转向信号灯）。

不带侧转向信号灯：

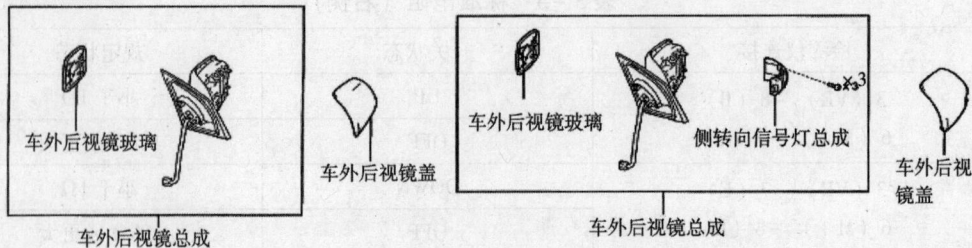

图 3－16　车外后视镜总成结构图

（2）检查两侧车外后视镜总成

1）检查右侧车外后视镜总成（前翼子板式侧转向信号灯）

①断开后视镜连接器。

②如图 3 - 18 所示，接脚施加蓄电池电压并检查后视镜的工作情况。正常状态应如表 3 - 6 所示。

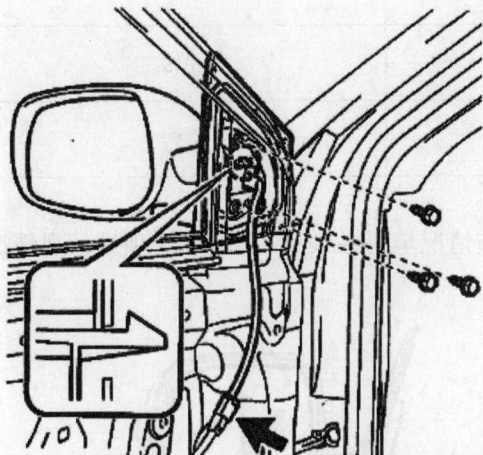

图 3 - 17　车外后视镜拆卸图

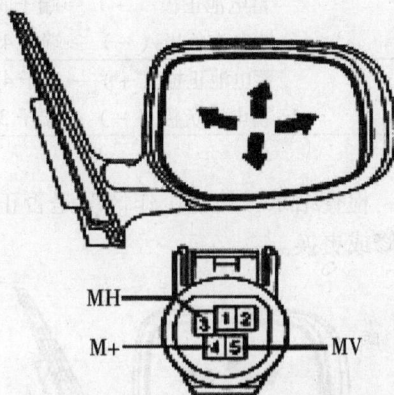

图 3 - 18　车外右侧后视镜接脚图

表 3 - 6　正常工作情况（右侧）

测量条件	规定状态
蓄电池正极（＋）→端子 5（MV） 蓄电池负极（－）→端子 4（M＋）	上翻
蓄电池正极（＋）→端子 4（M＋） 蓄电池负极（－）→端子 5（MV）	下翻
蓄电池正极（＋）→端子 3（MH） 蓄电池负极（－）→端子 4（M＋）	左转
蓄电池正极（＋）→端子 4（M＋） 蓄电池负极（－）→端子 3（MH）	右转

检查结果：检查工作情况是否正常，把实施情况填写在表 3 - 1 的第 7 项处，视情况检修或更换。

2）检查左侧车外后视镜总成（前翼子板式侧转向信号灯）

①断开后视镜连接器。

②如图 3 - 19 所示，接脚施加蓄电池电压并检查后视镜的工作情况。正常状态应如表 3 - 7 所示。

表 3 - 7　正常工作情况（左侧）

测量条件	规定状态
蓄电池正极（＋）→端子 5（MV） 蓄电池负极（－）→端子 4（M＋）	上翻
蓄电池正极（＋）→端子 4（M＋） 蓄电池负极（－）→端子 5（MV）	下翻
蓄电池正极（＋）→端子 3（MH） 蓄电池负极（－）→端子 4（M＋）	左转
蓄电池正极（＋）→端子 4（M＋） 蓄电池负极（－）→端子 3（MH）	右转

检查结果：检查工作情况是否正常，把实施情况填写在表 3 - 1 的第 7 项处，视情况检修或更换。

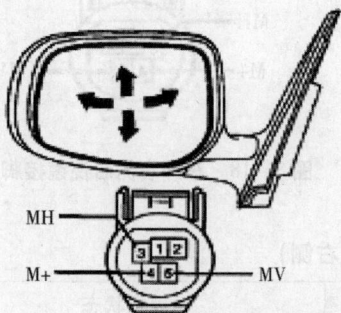

图 3 - 19　车外左侧后视镜接脚图　　图 3 - 20　车外右侧后视镜接脚图

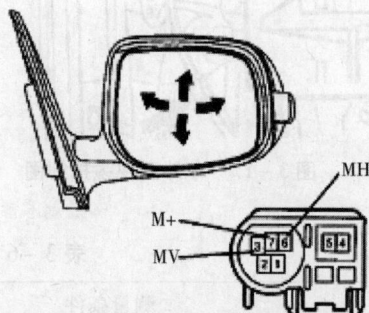

（3）检查右侧车外后视镜总成（车外后视镜式侧转向信号灯）（带加热器式）

1）断开后视镜连接器。

2）如图 3 - 20 所示，接脚施加蓄电池电压并检查后视镜的工作情况。正常状态应如表 3 - 8 所示，如果结果不符合规定，则更换后视镜总成。

表 3 - 8　正常工作情况（右侧）

测量条件	规定状态
蓄电池正极（＋）→端子 3（MV） 蓄电池负极（－）→端子 7（M＋）	上翻
蓄电池正极（＋）→端子 7（M＋） 蓄电池负极（－）→端子 3（MV）	下翻
蓄电池正极（＋）→端子 6（MH） 蓄电池负极（－）→端子 7（M＋）	左转
蓄电池正极（＋）→端子 7（M＋） 蓄电池负极（－）→端子 6（MH）	右转

3）检查后视镜加热器

①根据表 3 -9 中的数据，测量电阻值。

表 3 -9　标准电阻

检测仪连接	条件	规定状态
1（+）-2（-）	25℃（77℃）	7.6 ~ 11.4Ω

②如图 3 -21 将蓄电池正极（+）引线连接至端子 1，将蓄电池负极（-）引线连接至端子 2，然后检查并确认后视镜变暖。正常情况是短时间内后视镜变暖，如果结果不符合规定，则更换右侧车外后视镜总成。

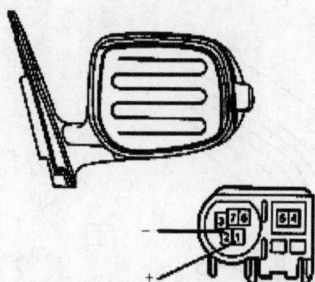

图 3 -21　电动后视镜加热器接脚图

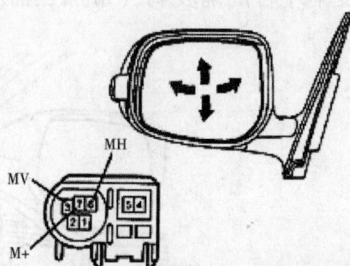

图 3 -22　车外左侧后视镜接脚图

（4）检查左侧车外后视镜总成（车外后视镜式侧转向信号灯）（带加热器式）

1）断开后视镜连接器。

2）如图 3 -22 所示，接脚施加蓄电池电压并检查后视镜的工作情况。正常状态应如表 3 -10 所示，如果结果不符合规定，则更换后视镜总成。

表 3 -10　正常工作情况（左侧）

测量条件	规定状态
蓄电池正极（+）→端子 3（MV） 蓄电池负极（-）→端子 7（M+）	上翻
蓄电池正极（+）→端子 7（M+） 蓄电池负极（-）→端子 3（MV）	下翻
蓄电池正极（+）→端子 6（MH） 蓄电池负极（-）→端子 7（M+）	左转
蓄电池正极（+）→端子 7（M+） 蓄电池负极（-）→端子 6（MH）	右转

3）检查后视镜加热器

①根据表 3 -11 中的数据，测量电阻值。

表 3 -11　标准电阻

检测仪连接	条件	规定状态
1（+）-2（-）	25℃（77℃）	7.6 ~ 11.4Ω

②如图 3-23 将蓄电池正极（+）引线连接至端子 1，将蓄电池负极（-）引线连接至端子 2，然后检查并确认后视镜变暖。正常情况是短时间内后视镜变暖，如果结果不符合规定，则更换右侧车外后视镜总成。

（5）参照图 3-24 的结构图进行车外后视镜的安装

1）安装侧转向信号灯总成（带侧转向信号灯）。

2）安装车外后视镜盖（带侧转向信号灯）。

3）安装车外后视镜盖（不带侧转向信号灯）。

4）安装车外后视镜玻璃（带加热器）。

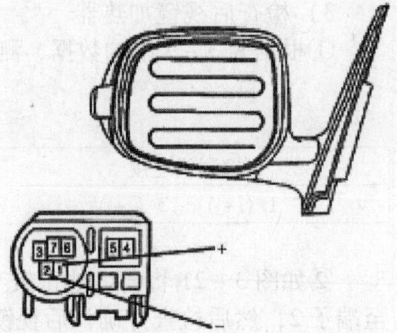

图 3-23　车外左侧后视镜加热器接脚图

图 3-24　车外后视镜安装图

5）安装车外后视镜玻璃（不带加热器）。

6）安装带盖的车外后视镜总成

①接合卡爪，临时安装带盖的车外后视镜总成。

②安装 3 个螺栓。扭矩：9.0N·m。

③连接连接器。

7）安装前门下门框支架装饰条。

8）安装前门装饰板分总成。

9）安装门控灯总成（带门控灯）。

10）安装前扶手座上面板。

11）安装前门内把手框。

8. 功能操作确认

维修完成后，确认电动后视镜系统各功能是否正常运行，如图 3-25、图 3-26 所示。

电动后视镜的调节操作：

当点火钥匙在"ACC"或"ON"位置时，驾驶员可以通过操控后视镜开关来调整外后视镜的角度，以将后视镜的视野调节到最佳位置。

（1）如图 3-25 所示的选择开关 1：用于选择要调节的后视镜，按开关上的"L"或"R"，分别表示选择左或右后视镜。

（2）如图 3-25 所示的调节开关 2：用于调节后视镜，可按照所需要的方向按开关。

按压开关上的箭头（▲、▼、◀、▶）位置，镜片按箭头所指的方向转动，当感觉位置合适时松开手，镜片即被固定。

有的电动后视镜还带有收放功能，这时需增加一个收放电动机，由收放开关控制收放电动机工作，使整个后视镜回转放出或收回：

1）如图 3 - 26 所示位置 1——后视镜收回。

2）如图 3 - 26 所示位置 2——后视镜放出。

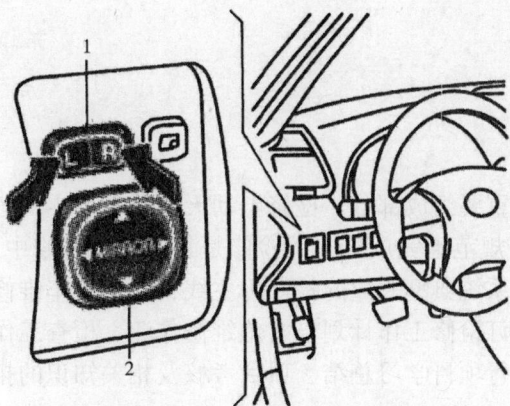

图 3 - 25 带收放功能的后视镜   图 3 - 26 典型外后视镜控制开关的调节操作

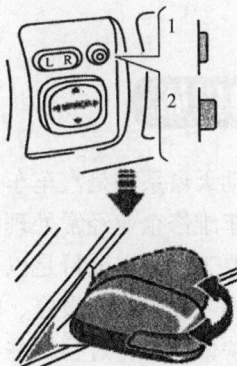

检查结果：电动后视镜系统各功能是否正常工作，把实施情况填写在表 3 - 1 的第 8 项处。视情况检修或更换。

9. 质检

自检和互检。在排除故障后，各小组同学之间互相检查一下本系统和相关的车身系统有没有受到检修过程中的影响，导致不能正常工作。

检查结果：检查本系统和相关的车身系统是否正常工作，把实施情况填写在表 3 - 1 的第 9 项处。

10. 故障排除和结束

（1）装回所拆的零部件和附件，装回原位。

（2）收拾好所用的仪表、仪器、工具、量具、材料、资料等，物归原位。

（3）打扫、清洁实操场地。

检查结果：整理、清洁等工作是否正常完成，把实施情况填写在表 3 - 1 的第 10 项处。

项目拓展练习

请同学们自行根据某一车型轿车的两侧电动后视镜不能工作的故障，制定一份完整而详细的解决方案，并对其进行全面而细致的说明。

_____

_____

_____

_____

项目四
电动天窗不能工作故障检修

项目描述

　　汽车电动天窗系统是汽车车身电气系统的重要组成部分。检修电动天窗系统发生的各种故障是汽车维修企业经常处理的工作之一，规范地完成故障的检修是每个汽车维修中、高级工的主要工作。本项目是以一个电动天窗系统典型故障的检修为主线，指引汽车维修中、高级工学习接收顾客报修、收集信息、制订检修工作计划、实施维修作业、检查工作质量等故障检修的工作过程，并在此基础上进行项目学习总结、项目考核及相关知识的拓展。

项目目标

一、专业能力

1. 能够熟练规范地诊断与排除汽车电动天窗不能工作的故障。
2. 能够熟练使用汽车电动天窗系统故障诊断与检测设备。
3. 学会诊断与检测汽车电动天窗系统故障的方法。
4. 在实施过程中培养 6S 管理的工作意识。

二、方法能力

1. 具有根据工作任务制定工作计划的能力。
2. 具有实施、控制、评价和反馈工作计划的能力。
3. 培养查阅网上资料、原厂维修资料、汽车维修资料资源库等自主学习的能力。

三、社会能力

1. 培养学生分工合作和互相协助的团队精神。
2. 培养学生与他人交流沟通、表达意见的语言能力。
3. 培养对社会负责、对企业负责、对顾客负责的良好职业道德。

项目学时

建议学时：10 学时。

项目实施

从本项目实施开始，同学应分好组，确定好不同阶段各自的角色，比如：顾客、服务顾问、车间主任、维修工、质检等。

一、接待

1. 顾客报修

一辆丰田卡罗拉轿车电动天窗不能工作。

2. 迎接顾客

服务顾问按规定整理仪容仪表着装，出门迎接顾客入厂。

3. 问诊一：听取顾客要求，记录委托事项

服务顾问以亲切礼貌的态度认真听取顾客的描述，并在施工单上记录委托事项，见表 1－1。

4. 问诊二：讨论确定维修内容，填写施工单（R/O）上的内容

同学们分组学习相关知识，如有技术问题不明白或解决不了的，可以请老师参与进来一起学习、讨论，然后填写施工单（R/O）上维修内容项、必要零件项及交车时间。

见项目一的相关内容。

5. 实车检查

顾客在签订施工单后，服务顾客应尽快与顾客办理交车手续：接收顾客随车证件（特别是二保、年审车）并审验其证件有效性、完整性、完好性，如有差异应当时与顾客说明，并作相应处理。接收送修车时，应对所接车的外观、内饰表层、仪表、座椅等作一次视检，以确认有无异常，与顾客一起对表 1－2 中各事项进行确认，并记录在表中，将记录结果交与顾客签字确认。

6. 办理交车手续

根据项目实际维修工作量估价，如果不能保证质量，应事先向顾客作必要的说明。维修估价洽谈中，应明确维修配件是由维修厂还是由顾客方供应，用正厂件还是副厂件。把工具与物品装入为该车用户专门提供的存物箱内，车钥匙（总开关钥匙）要登记、编号并放在统一规定的车钥匙柜内。对当时油表、里程表标示的数字登记入表。

确定好维修任务的工时费、零件费用，进行报价，然后顾客在施工单上签字确认，即表示车辆进入车间维修环节。车辆送入车间时，车间接车人要办理接车签字手续。顾客办

完一切送修手续后，接待员应礼貌告知顾客手续全部办完，礼貌暗示可以离去。如顾客离去，接待员应起身致意送客，或送顾客至业务厅门口，致意："请走好，恕不远送"。

7. 办理进车间手续

顾客离去后，迅速处理"施工单"。接待员通知清洗车辆，然后将送修车送入车间，交车间主管或调度，并同时交随车的"施工单"，请接车人在"施工单"指定栏签名，并写明接车时间。

二、车间维修

1. 制订维修计划

根据施工单上的维修内容，按照原厂的维修资料和维修厂的要求，制订出规范的维修计划。

（1）分组学习相关知识，请各组同学根据丰田卡罗拉原厂维修资料提供的检修步骤，在下面空白处绘制出丰田卡罗拉轿车电动天窗不能工作的诊断流程图。

（2）派工，安排施工人数和场地，确定所需施工设备。

2. 实施维修作业

表 4 – 1 为丰田卡罗拉轿车电动天窗故障诊断数据记录表，请各组同学根据图 4 – 8 丰田卡罗拉轿车电动天窗不能工作的故障诊断流程图，规范地实施维修作业，并将检测数据记录在相应的表格内。

表4-1　丰田卡罗拉轿车电动天窗不能工作的故障诊断数据记录表

流程	维修内容	维修技术要求		实施情况	技术要求标准
1	检查维修前准备工作	（1）整理仪容仪表		实施情况：	规定状态： 按规范穿着工作服，遵守仪容仪表的规范要求
		（2）准备仪表、仪器、设备、工具、量具		实施情况：	规定状态： 本项目需要用到的仪表、仪器、设备、工具、量具
		（3）准备材料、资料		实施情况：	规定状态： 本项目需要用到的材料、资料
2	检查安全防护工作	（1）安装五件套		实施情况：	规定状态： 按规定安装
		（2）安放三角木		实施情况：	规定状态： 按规定安放
		（3）视情况需要，安装抽排气管		实施情况：	规定状态： 视情况需要，按规定安装
3	检查蓄电池电压	（1）无负载电压测量：用万用表测量蓄电池的两端桩头的电压		实施情况：	规定状态： 11~14V
		（2）对亏电的蓄电池进行充电，对电容量不够的蓄电池进行修复或更换		实施情况：	规定状态： 11~14V

续上表

流程	维修内容	维修技术要求		实施情况	技术要求标准
4	检查电动天窗系统保险丝	（1）在蓄电池电压正常的情况下：用塑料钳取 SONROOF 和 ECU－IG NO.2 保险丝进行目视检查，看有无被烧毁的现象；或者测量电阻值		实施情况：	规定状态： 良好或者小于 1Ω
		（2）如有烧毁，用万用表电阻档检查保险丝线路与车身之间是否短路		实施情况：	规定状态： 10kΩ 或更大
5	读取故障码	使用手持式智能检测仪，对电动天窗系统进行故障码检测		实施情况：	规定状态： 查阅维修手册的内容
6	检查电动天窗 ECU 电源电路	检查线束和连接器（电动天窗控制 ECU－蓄电池、车身搭铁） 线束连接器前视图（至滑动天窗控制ECU） 	测量： O9－1（B）—车身搭铁	实施情况：	规定状态： 始终 11～14V
			O9－5（IG）—车身搭铁		点火开关置于"OFF"位置，低于 1V
			O9－5（IG）—车身搭铁		点火开关置于"ON（IG）"位置，11～14V
			O9－2（E）—车身搭铁		始终小于 1Ω
7	检查电动天窗控制开关电路	检查线束和连接器（顶置接线盒-电动天窗控制 ECU）	测量： O9－7（DWN）—O8－9（DOWN）	实施情况：	规定状态： 始终小于 1Ω
			O9－9（UP）—O8－8（UP）		始终小于 1Ω

续上表

流程	维修内容	维修技术要求		实施情况	技术要求标准
7	检查电动天窗控制开关电路	线束连接器前视图：（至滑动天窗控制ECU） DWN　UP 线束连接器前视图：（至顶置接线盒） GND　UP　DOWN	测量： O8–7（GND）—车身搭铁	实施情况：	规定状态： 始终小于1Ω
			O8–9（DOWN）—车身搭铁		始终10kΩ或更大
			O8–8（UP）—车身搭铁		始终10kΩ或更大
		ECU端子检查：断开ECU连接器O9	测量：	实施情况：	规定状态：
			O9–1（B）—O9–2（E）		始终11～14V
			O9–5（IG）—O9–2（E）		点火开关置于"OFF"位置，低于1V
			O9–5（IG）—O9–2（E）		点火开关置于"ON（IG）"位置，11～14V
			O9–7（DWN）—O9–2（E）		SLIDE OPEN开关置于"OFF"位置，10kΩ或更大
			O9–7（DWN）—O9–2（E）		SLIDE OPEN开关置于"ON"位置，小于1Ω
			O9–9（UP）—O9–2（E）		TILT UP开关置于"OFF"位置，10kΩ或更大
			O9–9（UP）—O9–2（E）		TILT UP开关置于"ON"位置，小于1Ω
			O9–2（E）—车身搭铁（E）		始终小于1Ω
			O9–7（DWN）—O9–2（E）		点火开关置于"ON（IG）"位置，电动天窗关闭，SLIDE OPEN开关置于"OFF"位置，11～14V

77

续上表

流程	维修内容	维修技术要求		实施情况	技术要求标准
7	检查电动天窗控制开关电路	重新连接 ECU 连接器 O9	测量： O9 – 7（DWN）—O9 – 2（E）	实施情况：	规定状态： 点火开关置于"ON（IG）"位置，电动天窗关闭，SLIDE OPEN 开关置于"ON"位置，低于 1V
			O9 – 9（UP）—O9 – 2（E）		点火开关置于"ON（IG）"位置，电动天窗打开，TILT UP 开关置于"OFF"位置，11 ~ 14V
			O9 – 9（UP）—O9 – 2（E）		点火开关置于"ON（IG）"位置，电动天窗打开，TILT UP 开关置于"ON"位置，低于 1V
8	系统初始化和功能操作确认	（1）视情况需要，进行系统初始化		实施情况：	规定状态： 如果电动天窗不能完全关闭或其位置没有对准，则需要进行系统初始化
		（2）功能操作确认	操作： 检查电动天窗的自动操作	实施情况：	规定状态： 良好
9	质检	自检和互检	操作： 检查本系统和相关的车身系统是否正常工作	实施情况：	规定状态： 良好
10	故障排除和结束	操作： （1）是否装回所拆的零部件和附件，装回原位 （2）是否收拾好所用的仪器、仪表、工具、量具、材料、资料等，物归原位 （3）是否打扫、清洁好实操场地		实施情况：	规定状态： 按照 6S 管理的要求：整理、整顿、清扫、清洁、素养、安全

三、完工检查

维修工维修完工后，在施工单上签字，交给车间主任；车间主任确认施工单，向检查人员明确需修理的内容，确认没问题后，由检查人员在施工单（R/O）上签字；检查人员指示维修工在车辆维修之后把车辆清洗干净。

四、车辆检查

服务顾问从车间主任处收到施工单（R/O）、更换的零件及钥匙后，开始检查车辆。这是最后一次检查确认顾客所提出的检修部位，因此在检查时一定要注意以下几点：

1. 完工车辆是否干净、整洁。
2. 顾客的车辆是否受到损坏或划伤。
3. 修理中使用的工具、量具或其他维修设备是否遗忘在车上。

五、结算交车

项目评价与控制

一、接待环节评价内容

根据接待情况，在接待评价表1–4中打勾。

二、车间维修环节内容

根据车间维修情况，在车间维修评价表1–5中打勾。

项目总结与反馈

见项目一的相关内容。

项目相关知识

一、注意事项

见项目一的相关内容。

二、电动天窗系统组成、位置、功能、工作原理和电路系统

1. 电动天窗的分类

目前，一般的车型都有配置天窗版车款。常见的汽车天窗，按驱动方式可分为电动天

窗和手动天窗；按结构运动形式可分为内藏滑移式天窗和外开滑移式天窗；按天窗顶盖不同，可分为钢顶盖、玻璃顶、帆布软顶天窗；按控制方式不同，又可分为普通电路控制的电动天窗和由 ECU 控制的智能式电动天窗。

下面以丰田轿车所用电动天窗为例，说明由 ECU 控制的智能式电动天窗的组成结构、功能及工作原理。

2. 电动天窗的基本结构

丰田轿车电动天窗由车顶玻璃、遮阳板、驱动电动机、驱动机构、电子控制单元 ECU 等组成。其车顶玻璃是染色玻璃，具有滑动功能，遮阳板可以用手随意地打开和关闭，如图 4－1、图 4－2 所示。

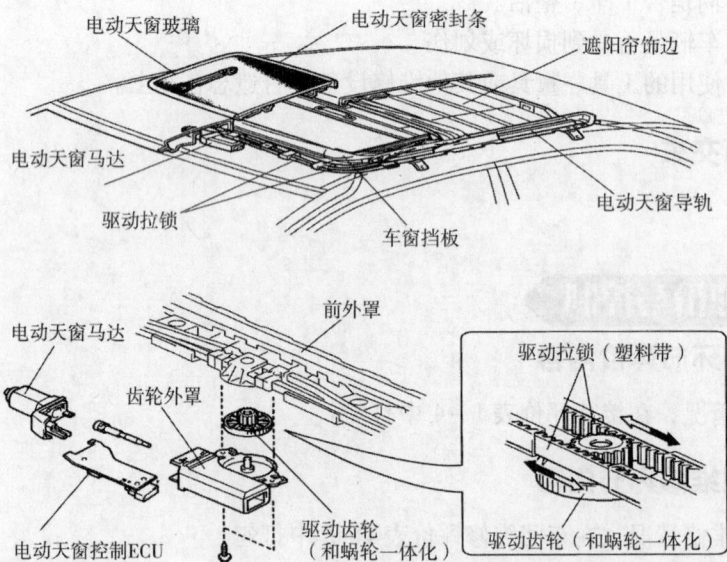

图 4 - 1　电动天窗的组成结构

3. 电动天窗零件位置

电动天窗零件位置如图 4－3 所示。

4. ECU 控制电动天窗的功能

（1）一触式自动上升（下降）功能。点火开关位于"ON"，如果按住电动天窗的倾斜上升/滑动开关 0.3s 以上，电动天窗玻璃就会自动进行倾斜上升（倾斜下降）操作，直至到达全开（全闭）位置。当电动天窗玻璃处于自动倾斜操作时，如果按下滑动天窗的倾斜上升/滑动开关，就能中断自动倾斜操作。

（2）一触式自动滑动打开（滑动闭合）功能。打开点火开关，按电动天窗的倾斜上升/滑动打开开关 0.3s 以上，电动天窗玻璃就会自动进行滑动打开（滑动闭合）操作，直至电动天窗玻璃到达全开（全闭）位置。当电动天窗玻璃正在自动滑动时，如果按下电动天窗的倾斜上升/滑动打开开关，就能中断自动滑动操作。

（3）手动调整功能。打开点火开关，如果在不到 0.3s 内操作各个电动天窗开关的话，就能手动操作电动天窗玻璃的各个操作方向。在自动操作按下电动天窗开关时，如果自动操作停止，按电动天窗开关0.3s以内，就能手动操作电动天窗玻璃的各个操作方向，调整天窗的开启程度。

（4）电动天窗防夹功能。倾斜下降或滑动闭合时，如果探测到天窗开口部夹入异物，就会自动进行反向操作（倾斜上升或滑动打开操作）。防夹机构是靠电动机转速的变化来探测夹入状况的，所以有时候在侧面夹有薄小东西会探测不出，因为它们的夹入不影响电动机的转速。当因为传感器发生异常情况等原因，系统不能探测到夹入异物时，一触式自动功能不起作用。

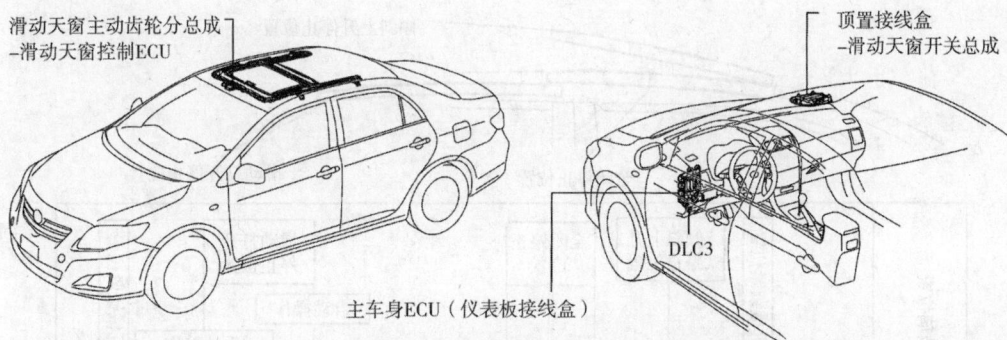

图4-2　电动车窗安装位置图

（5）点火钥匙断开操作功能。在点火开关从打开到关闭之后的45s内，以及在驾驶员座椅侧车门或前排乘员座椅侧车门打开之前，和点火开关打开状态时一样，可操作电动天窗。另外，当电动天窗玻璃操作中如果过了约45s，或在驾驶员座椅侧车门或前排乘员座椅侧车门打开的情况下，滑动操作结束前会保持点火钥匙断开操作。

（6）车门钥匙联动开闭功能。从驾驶员座椅侧车门钥匙孔中插入钥匙，转到锁定侧或开启侧并保持2.5s以上，当转至锁定侧时，电动天窗进行关闭操作（防夹机构也进行操作），而当转到开启侧时，电动天窗进行打开操作。车门钥匙联动功能因为是把钥匙板保持在锁紧侧或开启侧时才持续操作的手动操作，所以如果钥匙板回到中间位置上，操作就会停止。电动天窗系统的车门钥匙联动，与电动车窗系统的车门钥匙联动（车门玻璃上升和下降）是同时操作的。

（7）钥匙发射器联锁开关功能（配备于智能进入和起动系统的车型）。如果持续按发射器的"锁紧"或"开启"按钮2.5s以上，在按"锁紧"按钮时，电动天窗作"闭"的操作（防夹机构也进行操作）；在按下"开启"按钮时，电动天窗作"开"的操作。另外，在操作开始时无线蜂鸣器会发出声音。由于发射器联锁操作是在持续按住按钮时的手动操作，因此一旦手松开按钮，该操作就会停止。电动天窗系统的钥匙发射器联锁开关功能，与电动车窗系统的钥匙发射器联动（车门玻璃上升和下降）功能是同时实现的。

（8）电动天窗忘记关闭警告功能。电动天窗玻璃在开启状态时，如果IG从接通到切断而且打开驾驶员座椅侧车门，组合仪表内多功能蜂鸣器就发出1次衰减音，即电动天窗玻璃忘记关闭的警告。

（9）超负荷自动停止功能。在上升或滑动打开时，当电动天窗玻璃碰到障碍物等探测到超过规定负荷时就会自动停止操作。在电动天窗系统还没有初始化时，超负荷停止功能在下降或滑动闭合中也会起作用。

5. ECU 控制电动天窗的工作原理

电动天窗控制 ECU 靠从霍尔 IC1 及霍尔 IC2 输入的脉冲信号，将上升侧的机械锁紧位置作为起始点，如图 4 - 3 所示来识别电动天窗玻璃位置，将该位置信息与来自电动天窗开关的操作信号相认证，从而对电动天窗控制电动机进行控制。工作原理如图 4 - 4 所示。

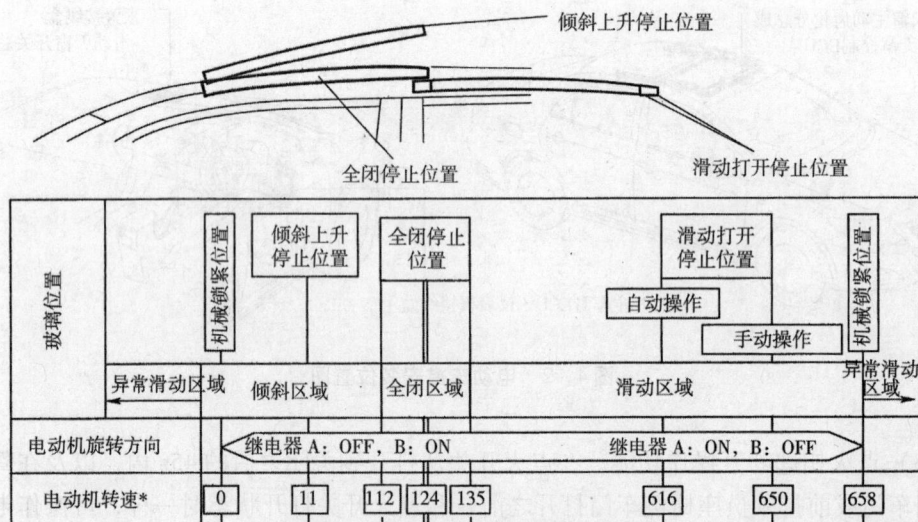

图 4 - 3　电动天窗控制原理图

（1）一触式自动上升（下降）操作。在电动天窗控制 ECU 检测到全闭（倾斜）范围时，如果输入滑动天窗开关的 "TILT UP"（"SLIDE OPEN"）ON 0.3s 以上，则接通继电器 A（继电器 B），使电动天窗电动机朝关闭（打开）方向转动。电动天窗控制 ECU 处理来自霍尔 IC 的脉冲信号，如果从电动机转速的变化中检测到电动天窗玻璃到达倾斜上升（全闭）停止位置，就切断继电器 A（继电器 B），使电动天窗电动机停止转动。另外，在自动操作时输入电动天窗开关 "TILT UP"（"SLIDE OPEN"）ON，也同样切断继电器 A（继电器 B）。

（2）一触式自动滑动打开（滑动闭合）操作。电动天窗控制 ECU 正在检测全闭（滑动）范围时，如果输入电动天窗开关 "TILT UP"（"SLIDE OPEN"）ON 0.3s 以上，则接通继电器 B（继电器 A），使电动天窗电动机朝打开（关闭）方向转动。电动天窗控制 ECU 处理来自霍尔 IC 的脉冲信号，如果从电动机转速变化中探测到电动天窗玻璃已到达滑动打开（全闭）停止位置，就切断继电器 B（继电器 A），使电动天窗电动机停止转动。另外，在自动操作时输入电动天窗开关 "TILT UP"（"SLIDE OPEN"）ON，也同样切断继电器 B（继电器 A）。

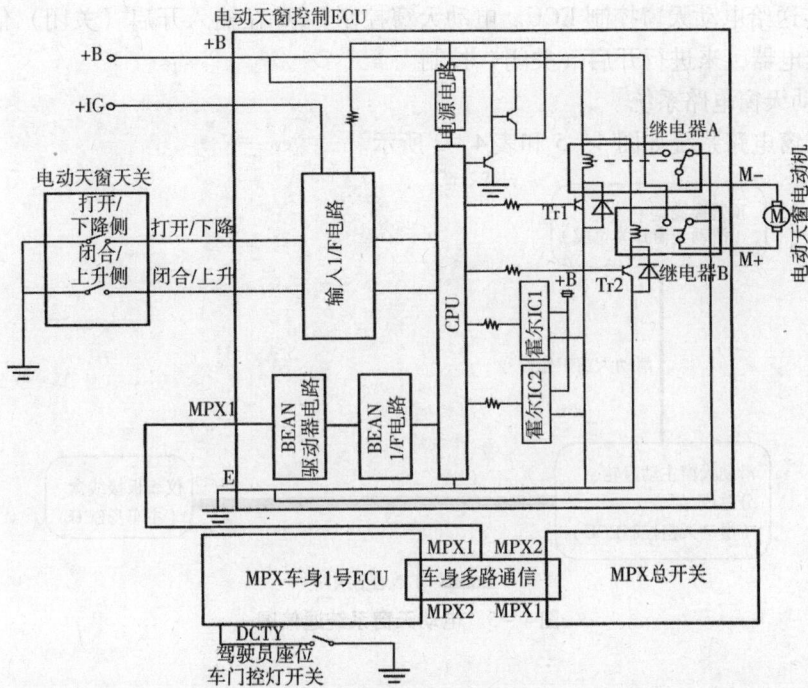

图 4-4　电动天窗电路原理图

（3）电动天窗防夹操作。在下降/滑动闭合操作中（除手动控制电动天窗开关操作外），电动天窗控制 ECU 检测出霍尔 IC 的脉冲信号的变化。若检测出电动机转速降低或电动机锁紧，则判断电动天窗玻璃已夹入了异物，把当前接通的继电器切断，把切断的继电器接通，使电动天窗电动机反转。

电动天窗控制 ECU 如果检测到在上升到顶位置（倾斜下降夹入时），由于霍尔 IC 的脉冲信号检测出有 218mm 反转的位置或检测到滑动打开到顶位置（滑动闭合夹入时）之中任何一种情况时，会切断继电器，使电动天窗电动机停止转动。

（4）点火钥匙断开操作。在点火开关从打开到关闭后大约 45s，以及驾驶员座椅侧车门控灯开关或前排乘员座椅侧车门控灯开关从切断到接通变化期间，靠来自 MPX 车身 1号 ECU 的双向车身多路通信，"点火钥匙断开操作许可"信号被传给电动天窗控制 ECU。电动天窗控制 ECU 在接收"点火钥匙断开操作许可"信号时，进行与 IC 接通时一样的控制。但是，当接收信号后，如果正在进行自动操作或夹物反转操作，会继续控制直至该操作结束为止。

（5）车门钥匙联动开关操作。如果门锁控制开关的开启侧（锁紧侧）接通 2.5s 以上，MPX 总开关就会通过双向车身多路通信，把"车门钥匙开启（关闭）"信号送给电动天窗控制 ECU。电动天窗控制 ECU 在接收"车门钥匙联动开启（关闭）操作"信号时，接通相应的继电器，来进行开启（关闭）控制。

（6）钥匙发射器联锁开关操作。MPX 总开关如果接收来自 MPX 车身 1 号 ECU 的车门开启（关闭）信号 2.5s 以上，通过双向车身多路通信，把"电动天窗开启（关闭）操作"信号传送给电动天窗控制 ECU。电动天窗控制 ECU 在输入开启（关闭）信号时，接通相应的继电器，来进行开启（关闭）控制。

6. 电动天窗电路系统

电动天窗电路系统如图 4-5 和表 4-2 所示。

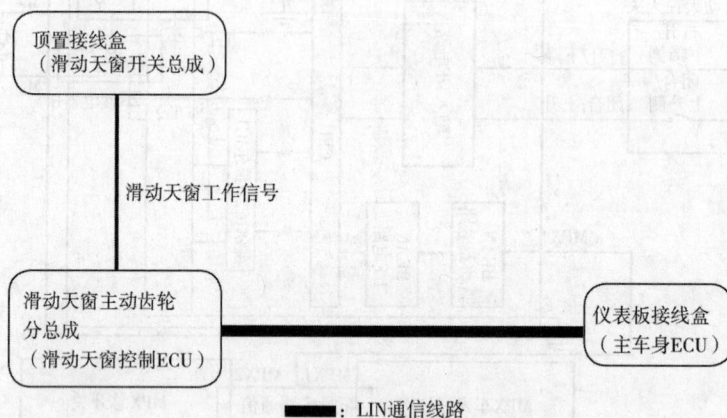

图 4-5 电动天窗系统通信图

表 4-2 通信表

发送器	接收器	信号	线路
主车身 ECU	滑动天窗控制 ECU	Key-Off 操作信号	LIN

（1）概述

系统具备以下功能：手动滑动打开和关闭、自动滑动打开和关闭、手动上倾和下倾、自动上倾和下倾、防夹以及钥匙关闭操作。

（2）主要零部件的功能，如表 4-3 所示。

表 4-3 功能表

零部件	概要
滑动天窗主动齿轮分总成（滑动天窗控制 ECU）	滑动天窗控制 ECU 控制滑动天窗电动机的前后旋转，使滑动天窗玻璃倾斜或滑动
顶置接线盒（滑动天窗开关总成）	从内置式滑动天窗开关到滑动天窗控制 ECU 的工作信号输出由顶置接线盒完成

（3）系统工作情况，如表 4-4 所示。

表 4-4 工作情况表

功能	概要
手动滑动打开和关闭	当按住 SLIDE OPEN 开关（或 TILT UP 开关）不超过 0.3s 时，该功能使滑动天窗打开（或关闭）。松开开关后滑动天窗立刻停止滑动

续上表

功能	概要
自动滑动打开和关闭	当按住 SLIDE OPEN 开关（或 TILT UP 开关）不小于 0.3s 时，该功能使滑动天窗完全打开（或关闭）
手动上倾和下倾	当按下 TILT UP 开关（或 SLIDE OPEN 开关）不超过 0.3s 时，该功能使滑动天窗上倾（或下倾）
自动上倾和下倾	当按下 TILT UP 开关（或 SLIDE OPEN 开关）不小于 0.3s 时，该功能使滑动天窗上倾（或下倾）
防夹功能	如果在自动关闭操作（或自动下倾操作）过程中有异物卡在滑动天窗内，则防夹功能会自动停止滑动天窗、或停止滑动天窗并使其部分打开（或完全上倾）
钥匙关闭操作	如果前门没有打开，则钥匙关闭操作功能可以在点火开关置于"OFF"位置后操作滑动天窗约 43s
滑动天窗开启警告	如果在滑动天窗打开的情况下将点火开关从"ON（IG）"位置转至"OFF"位置并打开驾驶员车门，则组合仪表中的多功能蜂鸣器会鸣响一次

（4）电动天窗控制开关电路，如图 4-6 所示。

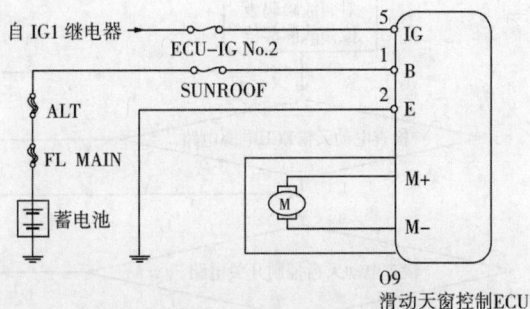

（5）电动天窗 ECU 电源电路，如图 4-7 所示。

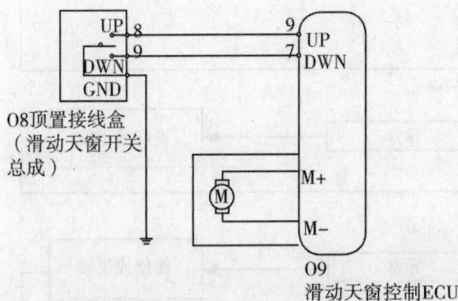

图 4-6　电动天窗控制开关电路　　　图 4-7　电动天窗 ECU 电源电路

三、故障诊断

根据故障诊断流程图 4-8 进行实际操作。

视实际情况需要，选择诊断流程。但是，检查维修前准备工作、检查安全防护工作、检查蓄电池电压项、功能操作确认项、质检项、故障排除和结束项一定要完成。

1. 检查维修前准备工作

（1）检查仪容仪表是否符合要求。例如是否穿好工作服等。

（2）准备好本项目需要用到的仪表、仪器、设备、工具、量具。例如数字万用表、电脑检测仪、常用工具等。

（3）准备好本项目需要用到的材料、资料。例如抹布、维修手册、相关资料等。

检查结果：准备工作是否完成，把实施情况填写在表 4-1 的第 1 项处。

```
┌──────────────┐
│ 电动天窗不能  │
│     工作      │
└──────┬───────┘
       ↓
┌──────────────┐
│    检查       │
│ 维修前准备工作 │
└──────┬───────┘
       ↓
┌──────────────┐
│    检查       │
│ 安全防护工作   │
└──────┬───────┘
       ↓
◇ 检查蓄电池电压 ◇ ──→ [异常] ──→ [检修或更换]
       ↓
◇ 检查电动天窗系统保险丝 ◇ ──→ [异常] ──→ [检修或更换]
       ↓
◇ 读取故障码 ◇ ──→ [无] ──→ [对照故障症状表检修故障部位]
       ↓ 有
┌──────────────┐
│ 对照故障码表   │
│ 检修故障部位   │
└──────┬───────┘
       ↓
◇ 检查电动天窗ECU电源电路 ◇ ──→ [异常] ──→ [检修或更换]
       ↓
◇ 检查电动天窗控制开关电路 ◇ ──→ [异常] ──→ [检修或更换]
       ↓
◇ 系统初始化和功能操作确认 ◇ ──→ [异常] ──→ [检修或更换]
       ↓
┌──────────────┐
│     质检      │
└──────┬───────┘
       ↓
┌──────────────┐
│ 故障排除和结束 │
└──────────────┘
```

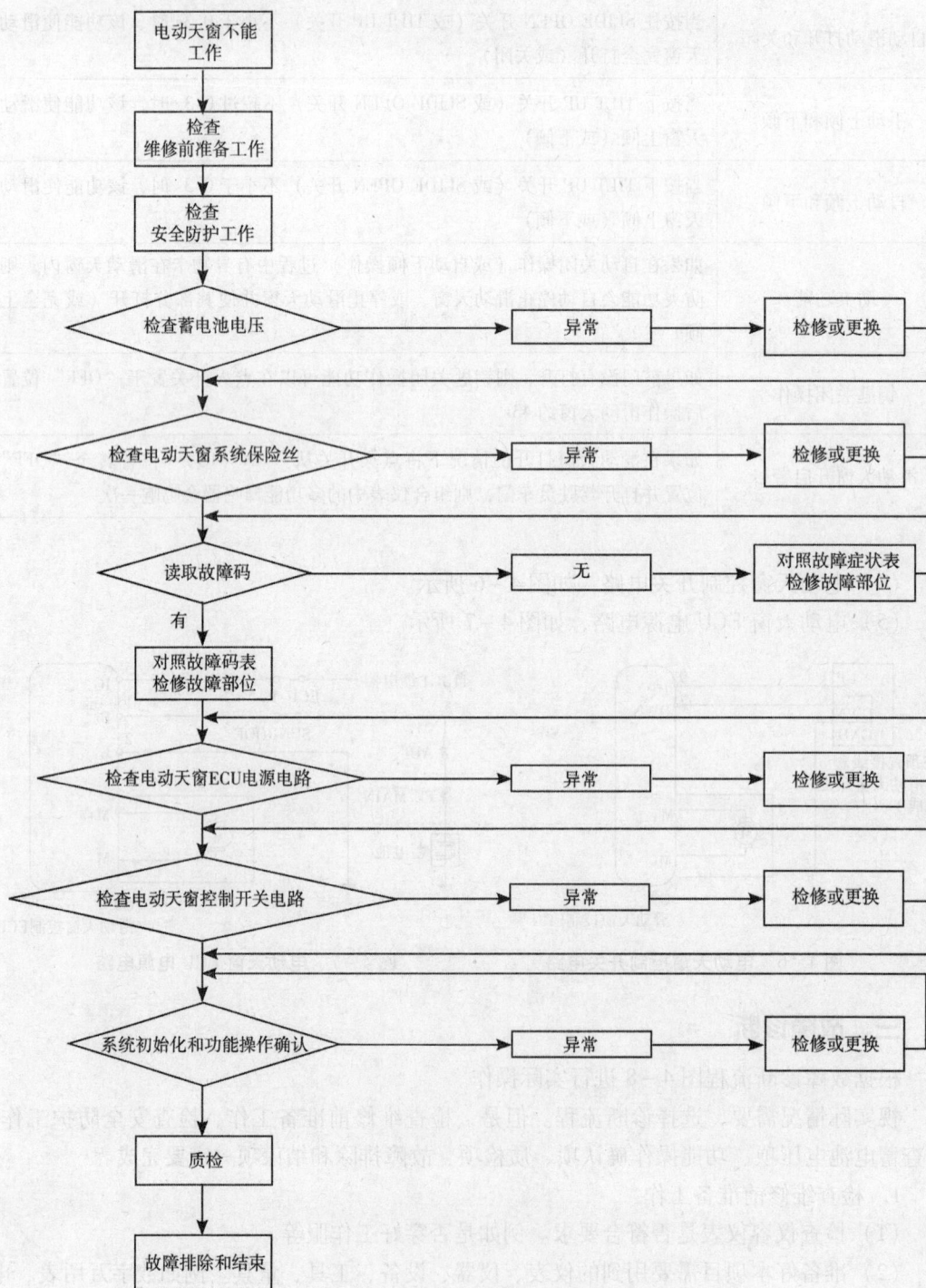

图 4-8 丰田卡罗拉轿车电动天窗不能工作的故障诊断流程图

2. 检查安全防护工作

（1）按规定安装好五件套，即方向盘套、挂档杆套、手刹杆套、椅套、脚垫等。

（2）按规定安放好三角木。

（3）视情况需要，按规定安装好抽排气管。

检查结果：检查安全防护工作是否完成，把实施情况填写在表4-1的第2项处。

3. 检查蓄电池电压

检查蓄电池电压一般采用电压表测量蓄电池的两端桩头，进行无负载电压的检测，如果电压在11V以上即可认为蓄电池电压足够。若更准确地测量蓄电池的电压和容量，则要进行有负载蓄电池电压测量。这是因为蓄电池有负载时，电流消耗增加，当静态时处于11V电压状态，有负载时电压则会下降，因此可根据电压下降幅度判断电池容量的大小。

蓄电池的负载检测一般采用边起动发动机、边测量蓄电池两端电压的方法来进行。当通过电路的电流数值大约达到蓄电池容量数值的4倍时（例如以50Ah的蓄电池为例，有200A的电流通过电路），如果此时电压表显示电压为9V以上，可以判断蓄电池的电压正常，如图4-9所示。

检查结果：检查蓄电池电压是否正常，把实测数据填写在表4-1的第3项处，视情况检修或更换。

此外，可通过一些简单的方法来判断蓄电池是否够电，例如是否能够起动发动机运转、大灯是否光亮等都可以判断蓄电池是否够电。

4. 检查电动天窗系统保险丝

参阅电路图和维修手册，查找保险丝位置，电动天窗SUNROOF和ECU-IG NO.2保险丝一般安装在转向盘下仪表板接线盒内。取下保险丝盒，对照盒上所标注的位置，使用塑料钳取出SUNROOF和ECU-IG NO.2保险丝进行目视检查和测量。保险丝位置如图4-10所示。

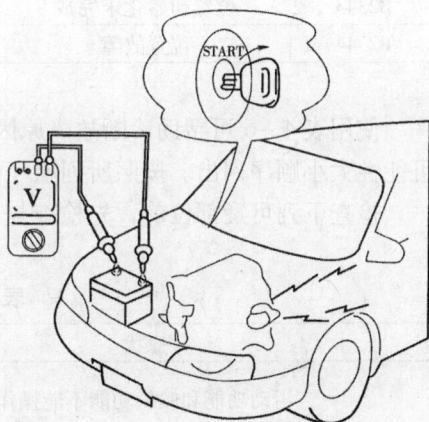

图4-9　蓄电池电压负载检测图

检查结果：检查SUNROOF保险丝和ECU-IG NO.2保险丝是否正常，把实测数据填写在表4-1的第4项处，视情况检修或更换。

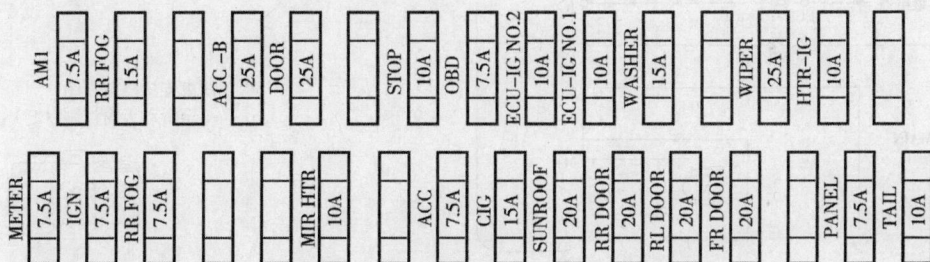

图4-10　SUNROOF保险丝和ECU-IG NO.2保险丝位置图

5. 读取故障码

使用智能测试仪读取故障码。例如连接型号为 KT600 的手持式智能检测仪，对电动车窗 ECU 进行故障码检测。操作步骤按照手册资料指引（略）。

有故障码，按照表 4 – 5 诊断故障码表检修故障部位；无故障码，按照表 4 – 6 故障症状表检修故障部位。

检查结果：检查是否有故障码，把实施情况填写在表 4 – 1 的第 5 项处。

表 4 – 5 诊断故障码表

DTC 代码	检测项目	故障部位
B1273	滑动天窗 ECU 通信终止	1. 滑动天窗主动齿轮分总成（滑动天窗控制 ECU） 2. 主车身 ECU 3. 线束
B2341	传感器（电动机）故障	1. 滑动天窗主动齿轮分总成（滑动天窗控制 ECU） 2. 顶置接线盒（滑动天窗总成） 3. 线束
B2342	开关故障	
B2343	位置初始化未完成	
B2344	位置故障	

使用表 4 – 6 可帮助诊断故障原因。在表中"可疑部位"栏中，症状的可能原因按照可能性大小顺序列出。按照所列顺序检查可疑部位，以检查各症状。必要时更换零件。

检查下列可疑部位前，先检查与本系统相关的保险丝和继电器。

表 4 – 6 故障症状表

症状	可疑部位
滑动功能和倾斜功能不能操作	滑动天窗 ECU 电源电路
	滑动天窗控制开关电路
滑动功能或倾斜功能不能操作	滑动天窗控制天关电路

6. 检查电动天窗 ECU 电源电路

电动天窗 ECU 电源电路，如图 4 – 11 所示。

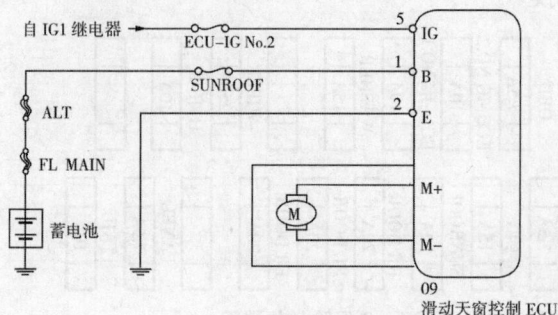

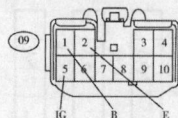

图 4 – 11 电动天窗 ECU 电源电路图   图 4 – 12 线束连接器前视图

（1）检查线束和连接器（电动天窗控制 ECU - 蓄电池、车身搭铁）

1）断开 ECU 连接器 O9。如图 4 - 12 所示。

2）根据表 4 - 7、表 4 - 8 中的数据，测量电压值和电阻值。

表 4 - 7　标准电压

检测仪连接	条件	规定状态
O9 - 1（B）—车身搭铁	始终	11 ~ 14V
O9 - 5（IG）—车身搭铁	点火开关置于"OFF"位置	低于 1V
O9 - 5（IG）—车身搭铁	点火开关置于"ON（IG）"位置	11 ~ 14V

表 4 - 8　标准电阻

检测仪连接	条件	规定状态
O9 - 2（E）—车身搭铁	始终	小于 1Ω

检查结果：检查电压值和电阻值是否正常，把实测数据填写在表 4 - 1 的第 6 项处，视情况检修或更换。

7.检查电动天窗控制开关电路

（1）电动天窗控制开关电路，如图 4 - 13 所示。

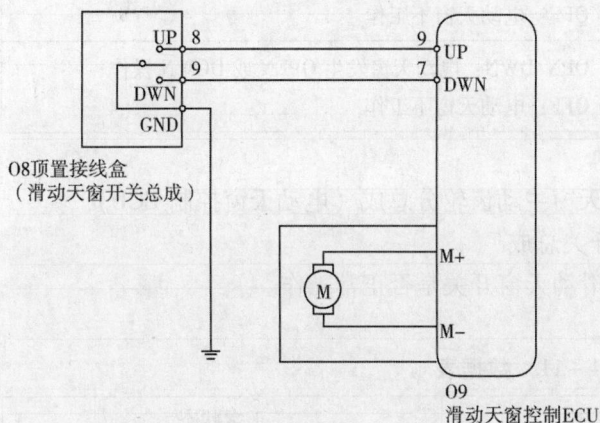

O8 顶置接线盒
（滑动天窗开关总成）

O9
滑动天窗控制 ECU

图 4 - 13　电动天窗控制开关电路图

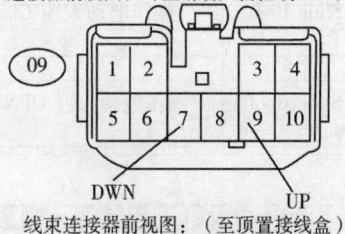

线束连接器前视图：（至滑动天窗控制ECU）

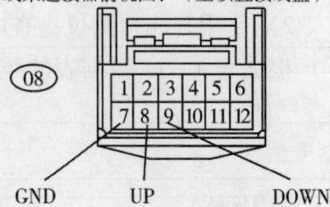

线束连接器前视图：（至顶置接线盒）

图 4 - 14　线束连接器

（2）检查线束和连接器（顶置接线盒 - 电动天窗控制 ECU）

1）断开接线盒连接器 O8，如图 4 - 14 所示。

2）断开 ECU 连接器 O9，如图 4 - 14 所示。

3）根据表 4 - 9 中的数据，测量电阻值。

表 4 – 9　标准电阻

检测仪连接	条件	规定状态
O9 – 7（DWN）—O8 – 9（DOWN）	始终	小于 1Ω
O9 – 9（UP）—O8 – 8（UP）	始终	小于 1Ω
O8 – 7（GND）—车身搭铁	始终	小于 1Ω
O8 – 9（DOWN）—车身搭铁	始终	10kΩ 或更大
O8 – 8（UP）—车身搭铁	始终	10kΩ 或更大

检查结果：检查电阻值是否正常，把实测数据填写在表 4 – 1 的第 7 项处，视情况检修或更换。

（3）检查程序

1）使用智能检测仪执行主动测试，检查电动天窗的工作情况

使用智能检测仪，选择主动测试，使智能检测仪发出一个控制指令给电动天窗控制 ECU，然后检查电动天窗工作是否正常。如表 4 – 10。

表 4 – 10　数据表

检测仪显示	测试部位	控制范围
Slide Roof	操作电动天窗 CLS/UP	CLS/UP：电动天窗发生 CLOSE 或 UP 操作； OFF：电动天窗不工作
Slide Roof	操作电动天窗 OPN/DWN	OPN/DWN：电动天窗发生 OPEN 或 DOWN 操作； OFF：电动天窗不工作

若电动天窗工作异常，则更换电动天窗主动齿轮分总成（电动天窗控制 ECU）。

2）使用智能检测仪检查电动天窗开关总成

根据表 4 – 11 数据表的数据，检查滑动天窗开关是否正常工作。

表 4 – 11　数据表

检测仪显示	测量项目/范围	正常状态
Open Switch	滑动开关打开信号/ON 或 OFF	ON：按下 SLIDE OPEN 开关； OFF：未按下 SLIDE OPEN 开关
Close Switch	滑动开关关闭信号/ON 或 OFF	ON：按下 TILT UP 开关； OFF：未按下 TILT UP 开关

根据开关的操作，正常情况下智能检测仪的显示应发生如表 4 – 11 所示的变化，否则

即是异常。这时就需要更换电动天窗主动齿轮分总成（电动天窗控制 ECU）。

（4）ECU 端子检查

检查电动天窗主动齿轮分总成（电动天窗控制 ECU）

1）断开 ECU 连接器 O9，如图 4 – 15 所示。

2）根据表 4 – 12 中的数据，测量电阻值和电压值。

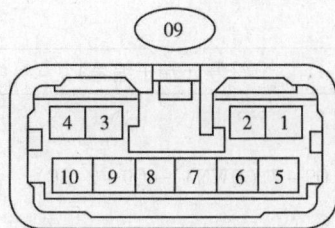

图 4 – 15　连接器端子

表 4 – 12　标准电阻和电压

符号（端子编号）	配线颜色	端子描述	条件	规定状态
O9 – 1（B）—O9 – 2（E）	L – W – B	+B 电源	始终	11 ~ 14V
O9 – 5（IG）—O9 – 2（E）	BR – W – B	电源	点火开关置于"OFF"位置	低于 1V
O9 – 5（IG）—O9 – 2（E）	BR – W – B	电源	点火开关置于"ON（IG）"位置	11 ~ 14V
O9 – 7（DWN）—O9 – 2（E）	LG – W – B	电动天窗电动机打开	SLIDE OPEN 开关置于"OFF"位置	10kΩ 或更大
O9 – 7（DWN）—O9 – 2（E）	LG – W – B	电动天窗电动机打开	SLIDE OPEN 开关置于 ON 位置	小于 1Ω
O9 – 9（UP）—O9 – 2（E）	P – W – B	电动天窗电动机关闭	TILT UP 开关置于"OFF"位置	10kΩ 或更大
O9 – 9（UP）—O9 – 2（E）	P – W – B	电动天窗电动机关闭	TILT UP 开关置于 ON 位置	小于 1Ω
O9 – 2（E）—车身搭铁	W – B –车身搭铁	搭铁	始终	小于 1Ω

检查结果：检查电阻值和电压值是否正常，把实测数据填写在表 4 – 1 的第 7 项处，视情况检修或更换。

3）重新连接 ECU 连接器 O9。

4）根据表 4 – 13 中的数据，测量电压值。

91

表 4 - 13　标准电压

符号（端子编号）	配线颜色	端子描述	条件	规定状态
O9 - 7（DWN）—O9 - 2（E）	LG - W - B	电动天窗电动机打开	点火开关置于"ON（IG）"位置，电动天窗关闭，SLIDE OPEN 开关置于"OFF"位置	11~14V
O9 - 7（DWN）—O9 - 2（E）	LG - W - B	电动天窗电动机打开	点火开关置于"ON（IG）"位置，电动天窗关闭，SLIDE OPEN 开关置于"ON"位置	低于 1V
O9 - 9（UP）—O9 - 2（E）	P - W - B	电动天窗电动机关闭	点火开关置于"ON（IG）"位置，电动天窗打开，TILT UP 开关置于"OFF"位置	11~14V
O9 - 9（UP）—O9 - 2（E）	P - W - B	电动天窗电动机关闭	点火开关置于"ON（IG）"位置，电动天窗打开，TILT UP 开关置于"ON"位置	低于 1V

检查结果：检查电压值是否正常，把实测数据填写在表 4 - 1 的第 7 项处，视情况检修或更换。

8. 系统初始化和功能操作确认

（1）系统初始化

1）初始化电动天窗主动齿轮分总成

拆下电动天窗主动齿轮分总成时，需要初始化电动天窗主动齿轮分总成（电动天窗控制 ECU）。如果没有执行重置，下列功能将不能运行：自动操作和钥匙关闭操作。

①将点火开关置于"ON（IG）"位置。

②确保电动天窗完全关闭。

③按住 CLOSE/UP 开关直至完成下列操作过程：上倾→约 1s→下倾→滑动打开→滑动关闭。

④检查并确认电动天窗停在完全关闭位置。

⑤完成初始化。

⑥检查并确认自动操作功能运行正常。

2）注意事项

如果在初始化程序期间出现下列情况，则初始化将失败：

①点火开关置于"OFF"位置。

②电动天窗正在操作时，松开电动天窗开关。

③车速为 5km/h（3mph）或更高。

④通信切断。

⑤初始化期间打开了另一个开关。

⑥初始化期间车辆经受强烈的振动，如猛力关上车门。

3）提示：

①如果电动天窗不能完全关闭或其位置没有对准，则再次执行初始化。

② 如果按住 CLOSE/UP 开关时天窗玻璃停止运动或开始向相反方向移动，则继续按住该开关 10s 或更长时间，使电动天窗控制 ECU 返回未初始化状态。然后再次执行初始化程序。

③如果在主动齿轮重置后自动操作功能和防夹功能不工作，则更换电动天窗主动齿轮分总成（电动天窗控制 ECU）。

检查结果：检查是否需要系统初始化，把实施情况填写在表 4-1 的第 8 项处，视情况检修或更换。

（2）功能操作确认

1）检查自动操作

①将点火开关置于"ON（IG）"位置。

②天窗玻璃全关时，按下 SLIDE OPEN 开关 0.3s 或更长时间。检查并确认天窗玻璃自动滑动直至全开。

③天窗玻璃完全上倾时，按下 SLIDE OPEN 开关 0.3s 或更长时间。检查并确认天窗玻璃自动滑动直至完全下倾。

④天窗玻璃全开时，按下 TILT DOWN 开关 0.3s 或更长时间。检查并确认天窗玻璃自动滑动直至全关。

⑤天窗玻璃全关时，按下 TILT UP 开关 0.3s 或更长时间。检查并确认天窗玻璃自动滑动直至完全上倾。

⑥自动操作功能运行过程中，检查并确认按下任何滑动天窗开关都可停止天窗玻璃操作。

2）检查将点火开关置于"OFF"位置后电动天窗的工作情况

①将点火开关从"ON（IG）"位置转至"OFF"位置，检查并确认电动天窗工作。然后打开驾驶员侧车门一次，检查并确认滑动天窗不工作。

②将点火开关从"ON（IG）"位置转至"OFF"位置并等待约 43s。检查并确认电动天窗不工作。

③进行自动（SLIDE OPEN 或 TILT UP）操作。天窗玻璃正在移动时，将点火开关从"ON（IG）"位置转至"OFF"位置。检查并确认自动操作仍继续，直到天窗玻璃全开或全关。

3）检查防夹功能

①在电动天窗自动操作工作时，如果有物体卡在车身和玻璃之间，则检查并确认天窗玻璃会从该物体接触之处起打开 218mm（8.58in.）的距离，如果打开距离不能达到 218mm（8.58in.），则完全打开。如图 4-16 所示。

②在 TILT UP/DOWN 功能正在操作且有物体卡在车身和天窗玻璃之间时，检查并确认滑动天窗完全上倾。如图 4-17 所示。

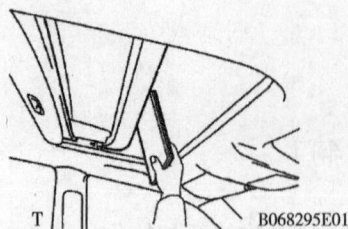
图 4 - 16　电动天窗防夹功能图 1

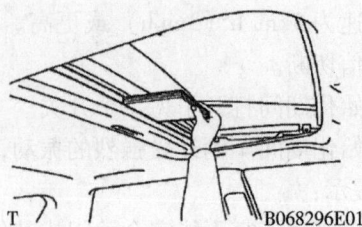
图 4 - 17　电动天窗防夹功能图 2

③注意事项：

a. 不要使用身体的任何部位（例如手）来检查防夹功能。

b. 在本程序中不要让任何物体意外卡在滑动天窗内。

c. 从车辆内部执行本项检查。

d. 不要使用锤子等硬物，以防止天窗损坏。

e. 如果防夹功能不起作用，则重置电动天窗主动齿轮分总成（电动机）。

检查结果：检查电动天窗系统各功能是否正常工作，把实施情况填写在表 4 - 1 的第 8 项处，视情况检修或更换。

9. 质检

自检和互检。在排除故障后，各小组同学之间互相检查一下本系统和相关的车身系统有没有受到检修过程中的影响，导致不能正常工作。

检查结果：检查本系统和相关的车身系统是否正常工作，把实施情况填写在表 4 - 1 的第 9 项处。

10. 故障排除和结束

（1）装回所拆的零部件和附件，装回原位。

（2）收拾好所用的仪表、仪器、工具、量具、材料、资料等，物归原位。

（3）打扫、清洁实操场地。

检查结果：整理、清洁等工作是否正常完成，把实施情况填写在表 4 - 1 的第 10 项处。

项目拓展练习

请同学们自行根据某一车型轿车的电动天窗不能工作的故障，制定一份完整而详细的解决方案，并对其进行全面而细致的说明。

_____

_____

_____

_____

项目五
电动前刮水器在所有挡位不工作故障检修

项目描述

　　汽车电动雨刮系统是汽车车身电气系统的重要组成部分。检修电动雨刮系统发生的各种故障是汽车维修企业经常处理的工作之一，规范地完成故障的检修是每个汽车维修中、高级工的主要工作。本项目是以电动前刮水器在所有挡位不工作的故障检修为主线，指引汽车维修中、高级工学习接收顾客报修、收集信息、制订检修工作计划、实施维修作业、检查工作质量等故障检修的工作过程，并在此基础上进行项目学习总结、项目考核及相关知识的拓展。

项目目标

一、专业能力

1. 能够熟练规范地诊断与排除汽车电动雨刮系统不工作的故障。
2. 能够熟练使用汽车电动雨刮系统故障诊断与检测设备。
3. 学会诊断与检测汽车电动雨刮系统故障的方法。
4. 在实施过程中培养 6S 管理的工作意识。

二、方法能力

1. 具有根据工作任务制定工作计划的能力。
2. 具有实施、控制、评价和反馈工作计划的能力。
3. 培养查阅网上资料、原厂维修资料、汽车维修资料资源库等自主学习的能力。

三、社会能力

1. 培养学生分工合作和互相协助的团队精神。
2. 培养学生与他人交流沟通、表达意见的语言能力。
3. 培养对社会负责、对企业负责、对顾客负责的良好职业道德。

项目学时

建议学时：10 学时。

项目实施

从本项目实施开始，同学应分好组，确定好不同阶段各自的角色，比如：顾客、服务顾问、车间主任、维修工、质检等。

一、接待

1. 顾客报修

一辆丰田卡罗拉轿车电动前刮水器在所有挡位不工作。

2. 迎接顾客

服务顾问按规定整理仪容仪表着装，出门迎接顾客入厂。

3. 问诊一：听取顾客要求，记录委托事项

服务顾问以亲切礼貌的态度认真听取顾客的描述，并在施工单上记录委托事项，见表 1-1。

4. 问诊二：讨论确定维修内容，填写施工单（R/O）上的内容

同学们分组学习相关知识，如有技术问题不明白或解决不了的，可以请老师参与进来一起学习、讨论，然后填写施工单（R/O）上维修内容项、必要零件项及交车时间。

见项目一的相关内容。

5. 实车检查

顾客在签订施工单后，服务顾客应尽快与顾客办理交车手续：接收顾客随车证件（特别是二保、年审车）并审验其证件有效性、完整性、完好性，如有差异应当时与顾客说明，并作相应处理。接收送修车时，应对所接车的外观、内饰表层、仪表、座椅等作一次视检，以确认有无异常，与顾客一起对表 1-2 中各事项进行确认，并记录在表中，将记录结果交与顾客签字确认。

6. 办理交车手续

根据项目实际维修工作量估价，如果不能保证质量，应事先向顾客作必要的说明。维修估价洽谈中，应明确维修配件是由维修厂还是由顾客方供应，用正厂件还是副厂件。把工具与物品装入为该车用户专门提供的存物箱内，车钥匙（总开关钥匙）要登记、编号并放在统一规定的车钥匙柜内。对当时油表、里程表标示的数字登记入表。

确定好维修任务的工时费、零件费用，进行报价，然后顾客在施工单上签字确认，即表示车辆进入车间维修环节。车辆送入车间时，车间接车人要办理接车签字手续。顾客办

完一切送修手续后，接待员应礼貌告知顾客手续全部办完，礼貌暗示可以离去。如顾客离去，接待员应起身致意送客，或送顾客至业务厅门口，致意："请走好，恕不远送"。

7. 办理进车间手续

顾客离去后，迅速处理"施工单"。接待员通知清洗车辆，然后将送修车送入车间，交车间主管或调度，并同时交随车的"施工单"，请接车人在"施工单"指定栏签名，并写明接车时间。

二、车间维修

1. 制订维修计划

根据施工单上的维修内容、按照原厂的维修资料和维修厂的要求，制订出规范的维修计划。

（1）分组学习相关知识，请各组同学根据丰田卡罗拉原厂维修资料提供的检修步骤，在下面空白处绘制出丰田卡罗拉轿车电动前刮水器在所有挡位不工作的诊断流程图。

（2）派工，安排施工人数和场地，确定所需施工设备。

2. 实施维修作业

表5－1为丰田卡罗拉轿车电动前刮水器故障诊断数据记录表，请各组同学根据图5－7丰田卡罗拉轿车电动前刮水器在所有挡位不工作的故障诊断流程图，规范地实施维修作业，并将检测数据记录在相应的表格内。

表 5 – 1　丰田卡罗拉轿车电动前刮水器在所有挡位不工作的故障诊断数据记录表

流程	维修内容	维修技术要求		实施情况	技术要求标准
1	检查维修前准备工作	(1) 整理仪容仪表		实施情况：	规定状态： 按规范穿着工作服，遵守仪容仪表的规范要求
		(2) 准备仪表、仪器、设备、工具、量具		实施情况：	规定状态： 本项目需要用到的仪表、仪器、设备、工具、量具
		(3) 准备材料、资料		实施情况：	规定状态： 本项目需要用到的材料、资料
2	检查安全防护工作	(1) 安装五件套		实施情况：	规定状态： 按规定安放
		(2) 安放三角木		实施情况：	规定状态： 按规定安装
		(3) 视情况需要，安装抽排气管		实施情况：	规定状态： 视情况需要，按规定安装
3	检查蓄电池电压	(1) 无负载电压测量：用万用表测量蓄电池的两端桩头的电压		实施情况：	规定状态： 11 ~ 14V
		(2) 对亏电的蓄电池进行充电，对电容量不够的蓄电池进行修复或更换		实施情况：	规定状态： 11 ~ 14V

续上表

流程	维修内容	维修技术要求		实施情况	技术要求标准
4	检查前刮水器系统保险丝	（1）在蓄电池电压正常的情况下：用塑料钳取出 WIPER 保险丝进行目视检查，看有无被烧毁的现象；或者测量电阻值		实施情况： 实施情况：	规定状态： 良好或者小于1Ω
		（2）如有烧毁，用万用表电阻档检查保险丝线路与车身之间是否短路		实施情况：	规定状态： 10kΩ 或更大
5	检查线束或连接器	断开挡风玻璃刮水器开关连接器和前刮水器电动机连接器	测量： WIPER 保险丝—挡风玻璃刮水器开关+B WIPER 保险丝—前刮水器电动机 B 挡风玻璃刮水器开关 + 2—前刮水器电动机 +2 挡风玻璃刮水器开关 + 1—前刮水器电动机 +1 挡风玻璃刮水器开关 EW—车身搭铁 挡风玻璃刮水器开关 + S—前刮水器电动机 +S 前刮水器电动机（GND）—车身搭铁	实施情况：	规定状态： 点火开关置于"OFF"位置，小于1Ω

99

续上表

流程	维修内容	维修技术要求		实施情况	技术要求标准
6	检查挡风玻璃前刮水器开关总成		1）检查前刮水器开关端子，测量：	实施情况：	规定状态：
			E10 – 1（+S）—E10 – 3（+1）		开关：INT 和 OFF 小于1Ω
			E10 – 2（+B）—E10 – 3（+1）		开关：MIST 和 LO 小于1Ω
			E10 – 2（+B）—E10 – 4（+2）		开关：HI 小于1Ω
			2）检查前清洗器开关端子，测量：E9 – 2（EW）—E9 – 3（WF）	实施情况：	规定状态：
					开关 ON 小于1Ω
					开关 OFF 10kΩ 或更大
7	检查前刮水器电动机总成		操作：	实施情况：	规定状态：
			检查低速操作 蓄电池正极（+）→端子 5（+1） 负极（-）→端子 4（E）		正常情况下电动机低速（LO）运转
			检查高速操作 蓄电池正极（+）→端子 3（+2） 负极（-）→端子 4（E）		正常情况下电动机高速（HI）运转
8	功能操作确认	检查电动前刮水器开关是否正常，在各个挡位工作功能正常		实施情况：	规定状态：
					良好
9	质检	自检和互检	操作：	实施情况：	规定状态：
			检查本系统和相关的车身系统是否正常工作		良好
10	故障排除和结束	操作：		实施情况：	规定状态：
		（1）是否装回所拆的零部件和附件，装回原位			按照 6S 管理的要求：整理、整顿、清扫、清洁、素养、安全
		（2）是否收拾好所用的仪器、仪表、工具、量具、材料、资料等，物归原位			
		（3）是否打扫、清洁好实操场地			

三、完工检查

维修工维修完工后，在施工单上签字，交给车间主任；车间主任确认施工单，向检查人员明确需修理的内容，确认没问题后，由检查人员在施工单（R/O）上签字；检查人员指示维修工在车辆维修之后把车辆清洗干净。

四、车辆检查

服务顾问从车间主任处收到施工单（R/O）、更换的零件及钥匙后，开始检查车辆。这是最后一次检查确认顾客所提出的检修部位，因此在检查时一定要注意以下几点：

1. 完工车辆是否干净、整洁。
2. 顾客的车辆是否受到损坏或划伤。
3. 修理中使用的工具、量具或其他维修设备是否遗忘在车上。

五、结算交车

项目评价与控制

一、接待环节评价

根据接待情况，在接待评价表 1-4 中打勾。

二、车间维修环节评价

根据车间维修情况，在车间维修评价表 1-5 中打勾。

项目总结与反馈

见项目一的相关内容。

项目相关知识

一、注意事项

见项目一的相关内容。

二、电动前刮水器组成结构、功能、工作原理和系统电路

刮水器系统属于汽车上的辅助电器。汽车在雨雪天气行驶时，该系统可以清洗前风挡

玻璃，保证司机的视觉效果，看清路面。一般汽车的前风窗上装有两个刮水片，有些汽车后窗也装有一个刮水片，有些高级轿车的前大灯上也装有刮水片。

1. 电动刮水器/喷洗器的主要组成

电动刮水器/喷洗器主要由机械传动部分和控制电路组成。机械传动部分主要包括蜗轮箱、曲柄、连动杆、摆臂、刮水片等，如图 5 - 1 所示。控制电路部分主要包括电源、熔断丝、控制开关、刮水继电器及直流电动机等。

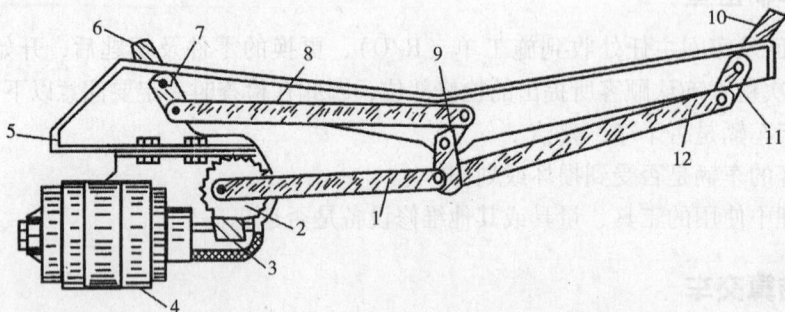

图 5 - 1　刮水器机械传动部分的组成

1 - 拉杆；2 - 蜗轮；3 - 蜗杆；4 - 电动机；5 - 底板；6 - 刷架；7、9、11 - 摆杆；8、12 - 拉杆；10 - 刷架

2. 电动刮水器电动机自动复位原理

铜环式刮水器的控制电路如图 5 - 3 所示，此电路具有自动复位的功能，其工作过程如下：

（1）当接通电源开关，并把刮水器开关拉出到"Ⅰ"挡（低速）位置时，电流从蓄电池正极→电源开关→熔断丝→电刷 B_3 →电枢绕组→电刷 B_1 →刮水器开关接线柱②→接触片→刮水器开关接线柱③→搭铁→蓄电池负极，构成回路，电动机以低速运转。

（2）当把刮水器开关拉出到"Ⅱ"挡（高速）位置时，电流从蓄电池正极→电源开关→熔断丝→电刷 B_3 →电枢绕组→电刷 B_2 →刮水器接线柱④→接触片→刮水器接线柱③→搭铁→蓄电池负极，构成回路，电动机以高速运转。

（3）当把刮水器开关退回到"0"挡时，如果刮水片没有停止到规定的位置，由于触点与铜环相接触，如图 5 - 2 所示，则电流继续流入电枢，其电路为蓄电池正极→电源开关→熔断丝→电刷 B_3 →电枢绕组→电刷 B_1 →接线柱②→接触片→接线柱①→触点臂→铜环→搭铁→蓄电池的负极。由此可以看出，电动机仍以低速运转直至蜗轮旋转到图 5 - 3 所示的特定位置，电路中断。由于电枢的运动惯性，电动机不能立即停止转动，此时电动机以发电机方式运行。因此时电枢绕组通过触点臂与铜环接通而短路，电枢绕组将产生强大制动力矩，电动机迅速停止运转，使刮水片复位到风窗玻璃的下部。

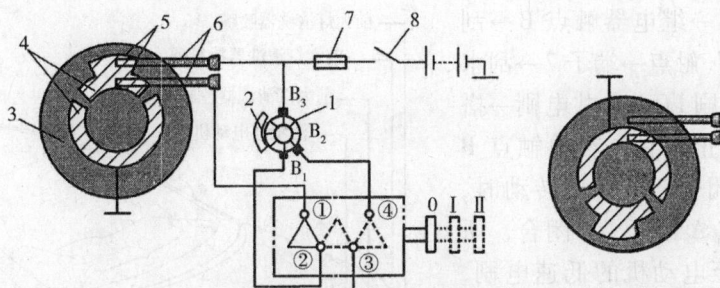

图 5-2　铜环刮水器自动复位装置的组成

1-电枢；2-永久磁铁；3-蜗轮；4-铜环；5-触点；6-触点臂；7-熔断丝；8-电源开关

3. 电动刮水器/喷洗器控制电路

丰田轿车刮水器/喷洗器控制电路如图 5-3 所示，其控制开关有 5 个挡位，分别是低速挡（LO）、高速挡（HI）、停止复位挡（OFF）、间歇刮水挡（INT）和喷洗器挡。工作过程如下：

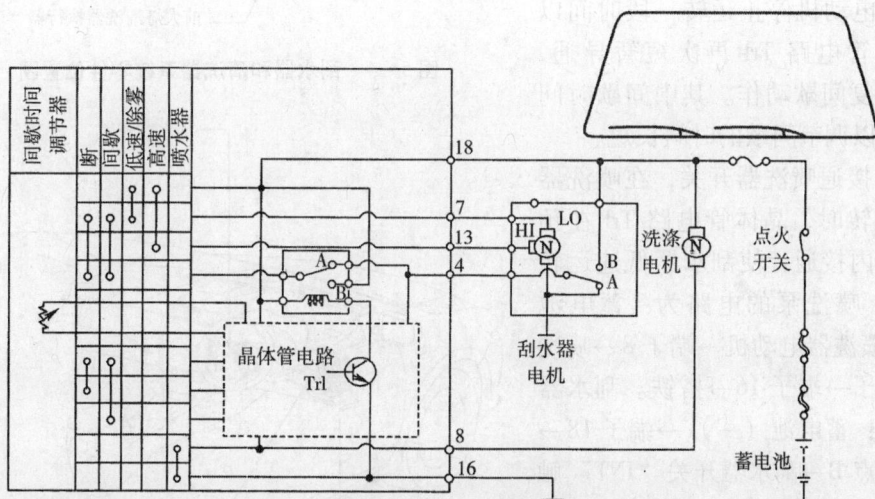

图 5-3　丰田轿车刮水器/喷洗器控制电路图

（1）当刮水器开关在低速挡位置时，电流的回路为：蓄电池（＋）：→端子 18→刮水器控制开关"LOW/MIST"触点→端子 7→刮水器电动机低速电刷 LO→公共电刷→搭铁，此时电动机低速运行。

（2）当刮水器开关在高速位置时，电流的回路为：蓄电池（＋）→端子 18→刮水器控制开关"HIGH"触点→端子 1 3→刮水电动机高速电刷 HI→公共电刷→搭铁，此时电动机高速运转。

（3）当刮水器开关在间歇刮水（INT）位置时，晶体管电路 Trl 先短暂导通，此时电流为：蓄电池（＋）→端子 18→继电器线圈→Trl→端子 16→搭铁。线圈中产生磁场，使得继电器常闭触点 A 打开，常开触点 B 关闭，这时电动机低速运转，电路为：蓄电池

103

（＋）→端子 18→继电器触点 B→刮
水器开关"INT"触点→端子 7→刮水
器电动机低速电刷 LO→公共电刷→搭
铁。然后 Trl 截止，继电器的触点 B
断开，触点 A 闭合，电动机转动时，
凸轮开关的触点 A 断开，B 闭合，所
以电流继续流至电动机的低速电刷，
电动机低速运转，此时的电流为：蓄
电池（＋）→凸轮开关触点 B→端子
4→继电器触点 A→刮水器开关
"INT"触点→端子 7→刮水器电动机
低速电刷 LO→公共电刷→搭铁。当刮
水器转至停止位置时，凸轮开关 B 断
开，A 接通，电动机停止运转。

刮水电动机停止运转一段时间以
后，晶体管电路 Trl 再次短暂导通，
刮水器重复间歇动作。其中间歇时间
调节器可以调节间歇的时间长短。

（4）接通喷洗器开关，在喷洗器
电动机运转时，晶体管电路 Trl 在预
定的时间内接通，使刮水器低速运转
1～2 次。喷洗泵的电路为：蓄电池
（＋）→喷洗器电动机→端子 8→喷洗
器开关端子→端子 16→搭铁。刮水器
的电路为：蓄电池（＋）→端子 18→
继电器触点 B→刮水器开关"INT"触
点→端子 7→刮水器电动机低速电刷
LO→公共电刷→搭铁。这样，就实现
了边喷洗边间歇刮水。

4. 电动前刮水器和清洗器系统零
件位置和开关、保险丝位置，如图 5
－4、图 5－5 所示。

5. 电动前刮水器和清洗器系统如
图 5－6 所示。

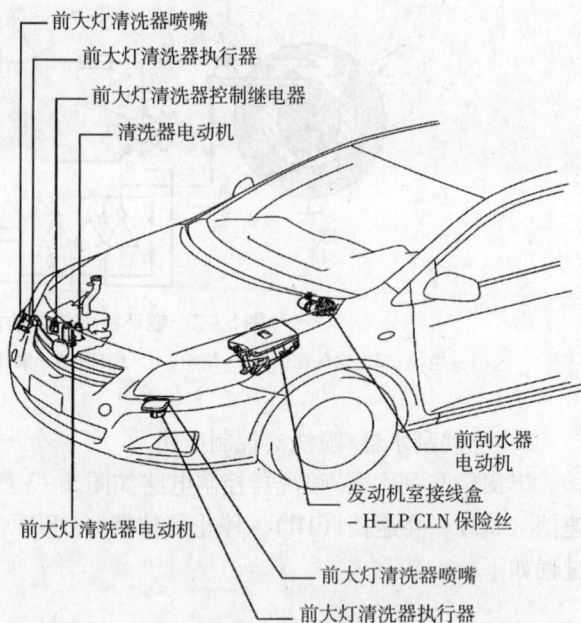

图 5－4　刮水器和清洗器系统零件位置图

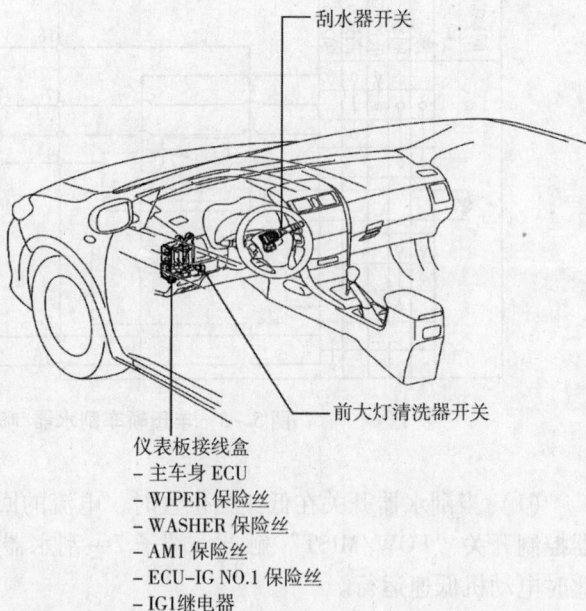

图 5－5　刮水器和清洗器系统开关和保险丝位置图

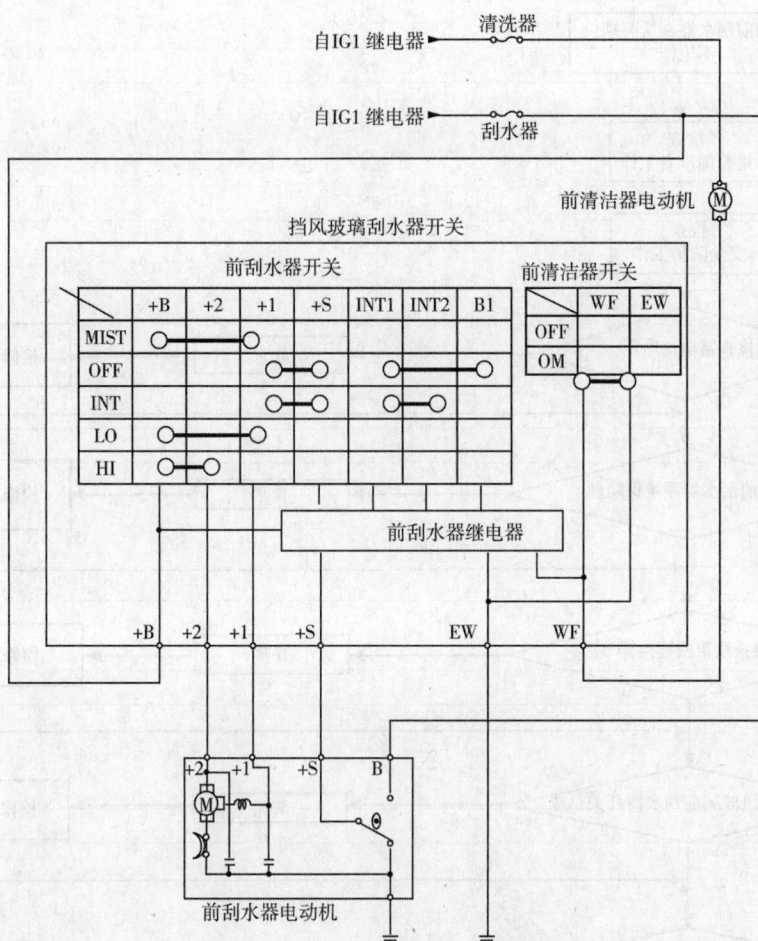

图 5-6 前刮水器和清洗器系统图

三、故障诊断

根据故障诊断流程图 5-7 进行实际操作。

视实际情况需要，选择诊断流程。但是，检查维修前准备工作、检查安全防护工作、检查蓄电池电压项、功能操作确认项、质检项、故障排除和结束项一定要完成。

```
         ┌─────────────────┐
         │  电动前刮水器在所有挡位  │
         │      不工作       │
         └────────┬────────┘
                  ↓
         ┌─────────────────┐
         │      检查       │
         │   维修前准备工作    │
         └────────┬────────┘
                  ↓
         ┌─────────────────┐
         │      检查       │
         │   安全防护工作     │
         └────────┬────────┘
                  ↓
         ◇─────────────────◇      ┌──────┐      ┌──────────┐
         │   检查蓄电池电压    │─────→│  异常  │─────→│  检修或更换  │
         ◇────────┬────────◇      └──────┘      └──────────┘
                  │←──────────────────────────────────────┘
                  ↓
         ◇─────────────────◇      ┌──────┐      ┌──────────┐
         │  检查前刮水器系统保险丝 │─────→│  异常  │─────→│  检修或更换  │
         ◇────────┬────────◇      └──────┘      └──────────┘
                  │←──────────────────────────────────────┘
                  ↓
         ◇─────────────────◇      ┌──────┐      ┌──────────┐
         │   检查线束或连接器    │─────→│  异常  │─────→│  检修或更换  │
         ◇────────┬────────◇      └──────┘      └──────────┘
                  │←──────────────────────────────────────┘
                  ↓
         ◇─────────────────────◇   ┌──────┐      ┌──────────┐
         │ 检查挡风玻璃前刮水器开关总成 │──→│  异常  │─────→│  检修或更换  │
         ◇───────────┬─────────◇   └──────┘      └──────────┘
                  │←──────────────────────────────────────┘
                  ↓
         ◇─────────────────◇      ┌──────┐      ┌──────────┐
         │  检查前刮水器电动机总成 │─────→│  异常  │─────→│  检修或更换  │
         ◇────────┬────────◇      └──────┘      └──────────┘
                  │←──────────────────────────────────────┘
                  ↓
         ◇─────────────────◇      ┌──────┐      ┌──────────┐
         │    功能操作确认     │─────→│  异常  │─────→│  检修或更换  │
         ◇────────┬────────◇      └──────┘      └──────────┘
                  ↓
         ┌─────────────────┐
         │      质检       │
         └────────┬────────┘
                  ↓
         ┌─────────────────┐
         │   故障排除和结束    │
         └─────────────────┘
```

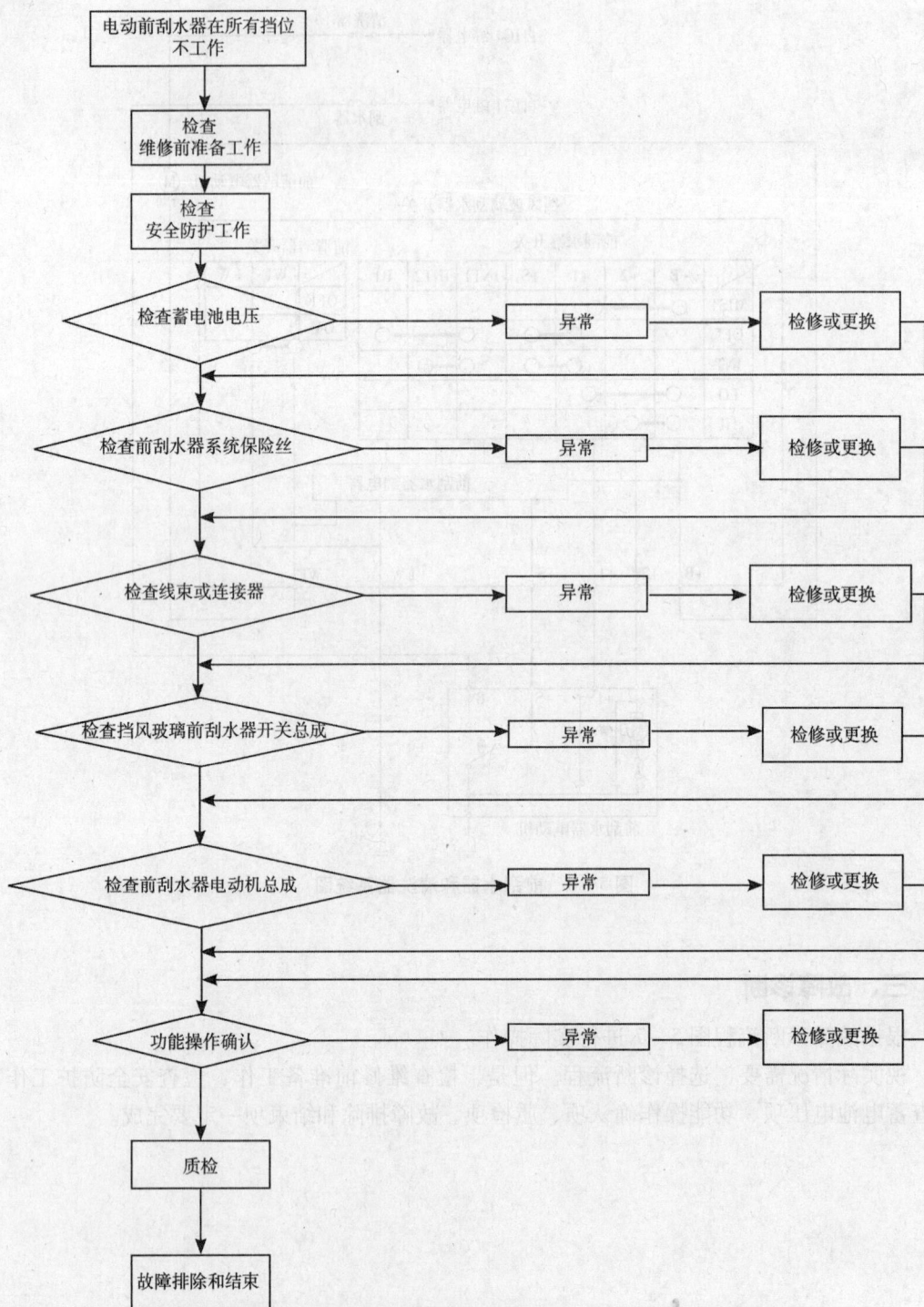

图 5-7 丰田卡罗拉轿车电动前刮水器在所有挡位不工作故障诊断流程图

106

1．检查维修前准备工作

（1）检查仪容仪表是否符合要求。例如是否穿好工作服等。

（2）准备好本项目需要用到的仪表、仪器、设备、工具、量具。例如数字万用表、电脑检测仪、常用工具等。

（3）准备好本项目需要用到的材料、资料。例如抹布、维修手册、相关资料等。

检查结果：检查准备工作是否完成，把实施情况填写在表 5－1 的第 1 项处。

2．检查安全防护工作

（1）按规定安装好五件套，即方向盘套、挂挡杆套、手刹杆套、椅套、脚垫等。

（2）按规定安放好三角木。

（3）视情况需要，按规定安装好抽排气管。

检查结果：检查安全防护工作是否完成，把实施情况填写在表 5－1 的第 2 项处。

3．检查蓄电池电压

检查蓄电池电压一般采用电压表测量蓄电池的两端桩头，进行无负载电压的检测，如果电压在 11V 以上即可认为蓄电池电压足够。若更准确地测量蓄电池的电压和容量，则要进行有负载蓄电池电压测量。这是因为蓄电池有负载时，电流消耗增加，当静态时处于 11V 电压状态，有负载时电压则会下降，因此可根据电压下降幅度判断电池容量的大小。

蓄电池的负载检测一般采用边起动发动机、边测量蓄电池两端电压的方法来进行。当通过电路的电流数值大约达到蓄电池容量数值的 4 倍时（例如以 50Ah 的蓄电池为例，有 200A 的电流通过电路），如果此时电压表显示电压为 9V 以上，可以判断蓄电池的电压正常，如图 5－8 所示。

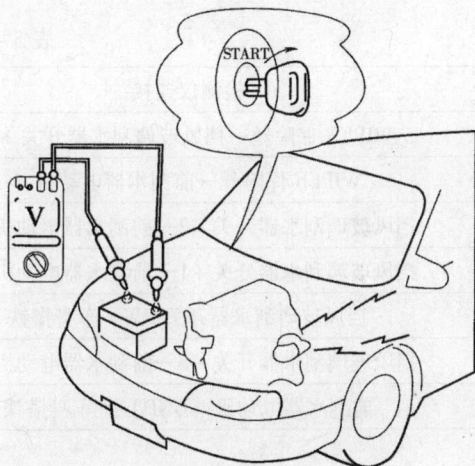

图 5－8　蓄电池电压负载检测图

检查结果：检查蓄电池电压是否正常，把实测数据填写在表 5－1 的第 3 项处，视情况检修或更换。

此外，可通过一些简单的方法来判断蓄电池是否够电，例如是否能够起动发动机运转、大灯是否光亮等都可以判断蓄电池是否够电。

4．检查前刮水器系统保险丝

参阅电路图和维修手册，查找保险丝位置，前刮水器 WIPER 保险丝一般安装在转向盘下仪表板接线盒内。取下保险丝盒，对照盒上所标注的位置，使用塑料钳取出 WIPER 保险丝进行目视检查和测量。保险丝位置如图 5－9 所示。

检查结果：检查前刮水器 WIPER 保险丝是否正常，把实测数据填写在表 5－1 的第 4 项处，视情况检修或更换。

AM1 7.5A | RR FOG 15A | | ACC-B 25A | DOOR 25A | | STOP 10A | OBD 7.5A | ECU-IG NO.2 10A | ECU-IG NO.1 10A | WASHER 15A | WIPER 25A | HTR-IG 10A |

METER 7.5A | IGN 7.5A | RR FOG 7.5A | | MIR HTR 10A | | ACC 7.5A | CIG 15A | SUNROOF 20A | RR DOOR 20A | RL DOOR 20A | FR DOOR 20A | | PANEL 7.5A | TAIL 10A

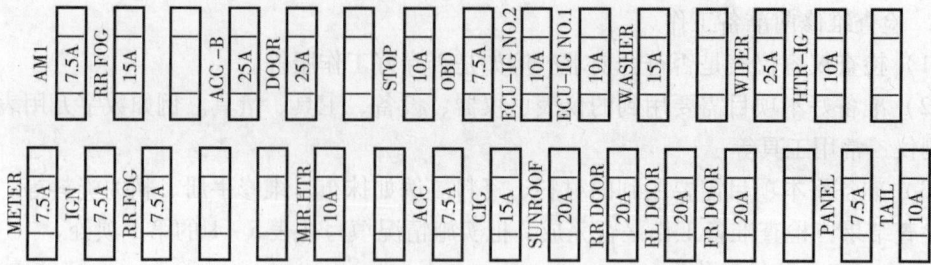

图 5 - 9　前刮水器 WIPER 保险丝位置图

5．检查线束或连接器

检查前刮水器电动机线插对应的线路和刮水器开关之间的连接线路是否导通，如图 5 - 10 所示。

（1）断开挡风玻璃刮水器开关连接器和前刮水器电动机连接器。

（2）根据表 5 - 2 的数据，测量线路的电阻值。

表 5 - 2　标准电阻

检测仪连接	开关状态	规定状态
WIPER 保险丝—挡风玻璃刮水器开关 + B	点火开关置于"OFF"位置	小于 1Ω
WIPER 保险丝—前刮水器电动机 B	点火开关置于"OFF"位置	小于 1Ω
挡风玻璃刮水器开关 + 2—前刮水器电动机 + 2	点火开关置于"OFF"位置	小于 1Ω
挡风玻璃刮水器开关 + 1—前刮水器电动机 + 1	点火开关置于"OFF"位置	小于 1Ω
挡风玻璃刮水器开关 EW—车身搭铁	点火开关置于"OFF"位置	小于 1Ω
挡风玻璃刮水器开关 + S—前刮水器电动机 + S	点火开关置于"OFF"位置	小于 1Ω
前刮水器电动机（GND）—车身搭铁	点火开关置于"OFF"位置	小于 1Ω

检查结果：检查电阻值是否正常，把实测数据填写在表 5 - 1 的第 5 项处，视情况检修或更换。

6．检查挡风玻璃前刮水器开关总成

（1）拆卸前刮水器开关总成

参照图 5 - 11，按以下步骤拆卸前刮水器开关总成：

1）定位前轮，使其面向正前位置。

2）从蓄电池负极端子断开电缆。断开电缆后等待 90s，以防止气囊展开。注意断开电缆后重新连接时，某些系统需要初始化。

3）拆卸仪表板 1 号底罩分总成。

4）拆卸仪表板下装饰板分总成。

5）拆卸方向盘 3 号下盖。

6）拆卸方向盘 2 号下盖。

7）拆卸方向盘装饰盖。

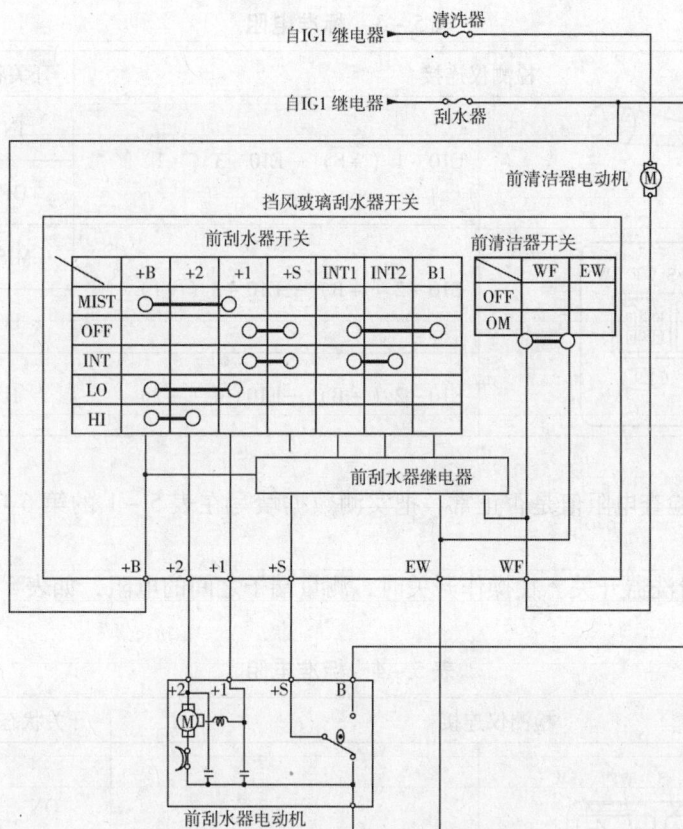

图 5 - 10　前刮水器和清洗器系统图

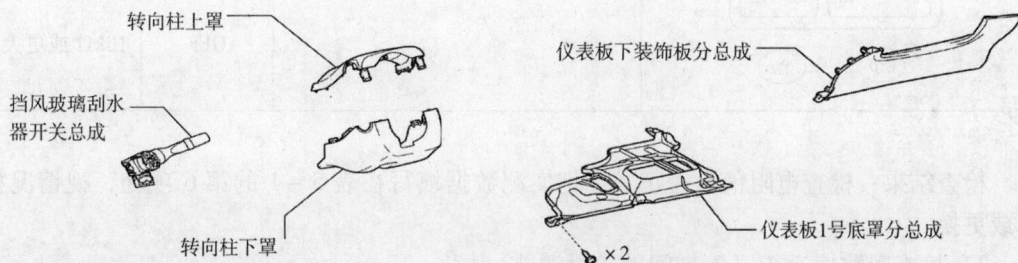

图 5 - 11　前刮水器开关总成零部件

8）拆卸方向盘总成。

9）拆卸转向柱下罩。

10）拆卸转向柱上罩。

11）拆卸挡风玻璃刮水器开关总成。断开 2 个连接器，分离卡爪并拆下挡风玻璃刮水器开关总成。注意：如果按下卡爪时用力过大，卡爪可能损坏。

（2）检查前刮水器开关总成

1）检查前刮水器开关。标准电阻值如表 5 - 3 所示。在操作开关时，测量端子之间的电阻值。

表 5 - 3　标准电阻

检测仪连接		开关状态	规定状态
	E10 - 1（+S）—E10 - 3（+1）	INT	
		OFF	
+1 +B +S WF EW +2　E10　E9	E10 - 2（+B）—E10 - 3（+1）	MIST	小于 1Ω
		LO	
	E10 - 2（+B）—E10 - 4（+2）	HI	

检查结果：检查电阻值是否正常，把实测数据填写在表 5 - 1 的第 6 项处，视情况检修或更换。

2）检查前清洗器开关。在操作开关时，测量端子之间的电阻，如表 5 - 4 所示。

表 5 - 4　标准电阻

检测仪连接		开关状态	规定状态
+1 +B +S WF EW +2　4 3 2 1　3 2 1　0 9 8 7 6 5　7 6 5 4　E10　E9	E9 - 2（EW）—E9 - 3（WF）	ON	小于 1Ω
		OFF	10kΩ 或更大

检查结果：检查电阻值是否正常，把实测数据填写在表 5 - 1 的第 6 项处，视情况检修或更换。

3）检查间歇性运行（不带间歇正时调节）

①将电压表正极（+）引线连接至端子 E10 - 3（+1），并将蓄电池负极（-）引线连接至端子 E9 - 2（EW）。

②将蓄电池正极（+）引线连接至端子 E10 - 2（+B），并将蓄电池负极（-）引线连接至端子 E9 - 2（EW）和 E10 - 1（+S）。

③将刮水器开关置于 INT 位置。

④将蓄电池正极（+）引线连接至端子 E10 - 1（+S），并保持 5s。

⑤将蓄电池负极（-）引线连接至端子 E10 - 1（+S）。操作间歇式刮水器继电器并检查端子 E10 - 3（+1）和 E9 - 2（EW）之间的电压。

正常情况下电压变化如图 5 - 12 所示。如果结果不符合规定，则更换开关总成。

讲蓄电池负极引线连接至端子 E10-1（+S）

端子 E10-3（+1）和 E9-2
（EW）之间的电压

10~14V

0V

3.3+/-1s

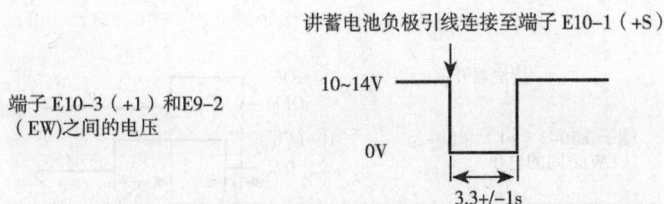

图 5-12　刮水器开关间歇性运行（不带间歇正时调节）时的电压变化图

4）检查间歇性运行（带间歇正时调节）

①将电压表正极（+）引线连接至端子 E10-3（+1），并将蓄电池负极（-）引线连接至端子 E9-2（EW）。

②将蓄电池正极（+）引线连接至端子 E10-2（+B），并将蓄电池负极（-）引线连接至端子 E9-2（EW）和 E10-1（+S）。

③将刮水器开关置于 INT 位置。

④将蓄电池正极（+）引线连接至端子 E10-1（+S），并保持 5s。

⑤将蓄电池负极（-）引线连接至端子 E10-1（+S）。操作间歇式刮水器继电器并检查端子 E10-3（+1）和 E9-2（EW）之间的电压。

正常情况下电压变化如图 5-13 所示。如果结果不符合规定，则更换开关总成。

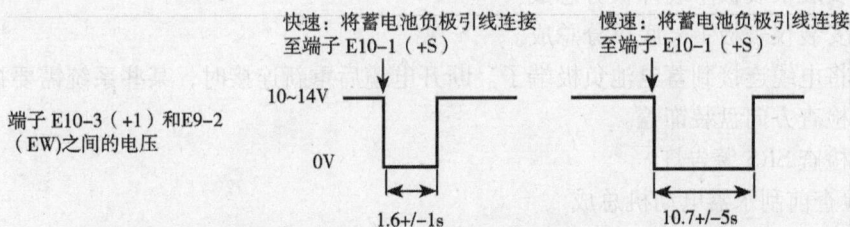

快速：将蓄电池负极引线连接　　　　慢速：将蓄电池负极引线连接
至端子 E10-1（+S）　　　　　　　至端子 E10-1（+S）

端子 E10-3（+1）和 E9-2
（EW）之间的电压

10~14V

0V

1.6+/-1s　　　　　　　　10.7+/-5s

图 5-13　刮水器开关间歇性运行（带间歇正时调节）时的电压变化图

5）检查前清洗器的运行

①将刮水器开关置于"OFF"位置。

②将蓄电池正极（+）引线连接至端子 E10-2（+B），并将蓄电池负极（-）引线连接至端子 E10-1（+S）和 E9-2（EW）。

③将电压表正极（+）引线连接至 E10-3（+1），并将蓄电池负极（-）引线连接至端子 E9-2（EW）。

④将清洗器开关置于"ON"和"OFF"位置，并检查端子 E10-3（+1）和 E9-2（EW）之间的电压。

正常情况下电压变化如图 5-14 所示。如果结果不符合规定，则更换开关总成。

（3）安装前刮水器开关总成

参照图 5-11，按以下步骤安装前刮水器开关总成。

1）安装挡风玻璃刮水器开关总成。接合卡爪并安装挡风玻璃刮水器开关总成，连接

2 个连接器。

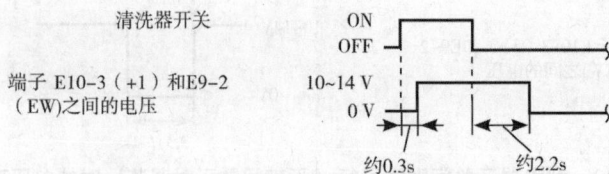

图 5 - 14　前清洗器运行时的电压变化图

2）将前轮转向正前位置。

3）安装转向柱上罩。

4）安装转向柱下罩。

5）安装方向盘总成。

6）检查方向盘中心点。

7）调节螺旋电缆。

8）安装方向盘装饰盖。

9）安装方向盘 3 号下盖。

10）安装方向盘 2 号下盖。

11）安装仪表板下装饰板分总成。

12）安装仪表板 1 号底罩分总成。

13）将电缆连接到蓄电池负极端子。断开电缆后重新连接时，某些系统需要初始化。

14）检查方向盘装饰盖。

15）检查 SRS 警告灯。

7.　检查前刮水器电动机总成

（1）拆卸前刮水器电动机总成相关附件

参照图 5 - 15 前刮水器电动机零部件图，按以下步骤拆卸前刮水器电动机总成：

1）拆卸前刮水器臂端盖：拆下 2 个盖。

2）拆卸左前刮水器臂和刮水片总成：拆下螺母及左前刮水器臂和刮水片总成。

3）拆卸右前刮水器臂和刮水片总成：拆下螺母及右前刮水器臂和刮水片总成。

4）拆卸发动机盖至前围上盖板密封：分离 7 个卡子并拆下发动机盖至前围上盖板密封。

5）拆卸右前围板上通风栅板：分离卡子和 14 个卡爪，并拆下右前围板上通风栅板。

6）拆卸左前围板上通风栅板：分离卡子和 8 个卡爪，并拆下左前围板上通风栅板。

7）拆卸挡风玻璃刮水器电动机及连杆总成：断开连接器；拆下 2 个螺栓和挡风玻璃刮水器电动机及连杆总成。

8）拆卸挡风玻璃刮水器电动机总成：用头部缠有胶带的螺丝刀从挡风玻璃刮水器电动机总成的曲柄臂枢轴上断开挡风玻璃刮水器连杆总成的连杆，断开连接器，拆下 3 个螺栓和挡风玻璃刮水器电动机总成。提示：如果不能从挡风玻璃刮水器连杆总成上拆下挡风玻璃刮水器电机总成，则转动曲柄臂以便能拆下挡风玻璃刮水器电动机总成。

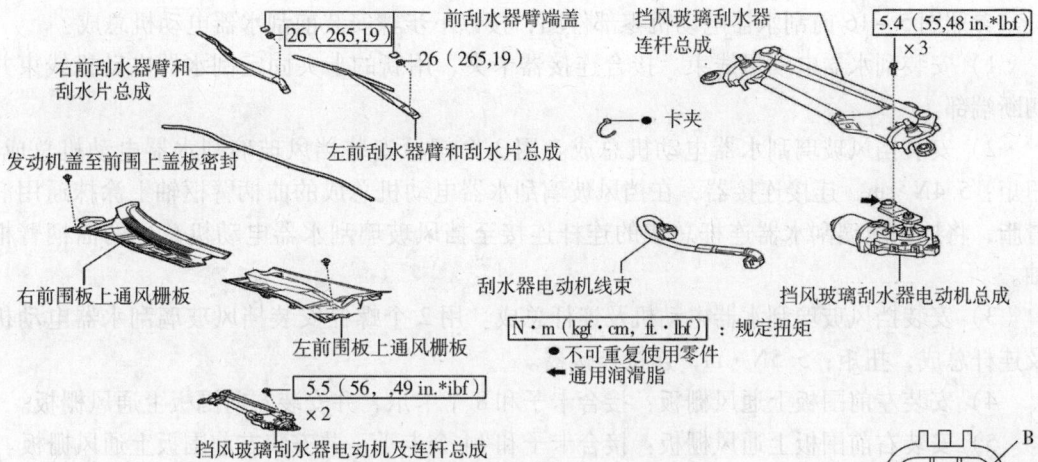

图 5 - 15　前刮水器电动机零部件图

9）拆卸刮水器电动机线束：断开卡夹以拆下刮水器电动机线束，分离连接器卡夹，拆下刮水器电动机线束。

（2）检查挡风玻璃刮水器电动机总成

挡风玻璃刮水器电动机端子如图 5 - 16 所示。

按表 5 - 5 操作，检查挡风玻璃刮水器电动机总成：

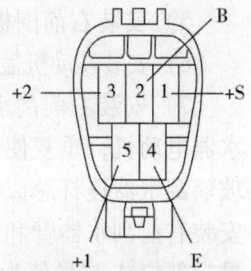

图 5 - 16　挡风玻璃刮
水器电动机端子

表 5 - 5　挡风玻璃刮水器电动机总成正常工作情况

操作	测量条件	规定状态
检查低速操作	蓄电池正极（+）→端子 5（+1） 负极（-）→端子 4（E）	正常情况下电动机低速（LO）运转
检查高速操作	蓄电池正极（+）→端子 3（+2） 负极（-）→端子 4（E）	正常情况下电动机高速（HI）运转

检查结果：检查电动机运转是否正常，把实测数据填写在表 5 - 1 的第 7 项处，视情况检修或更换。

视情况需要，检查自动停止功能。将蓄电池正极（+）引线连接至端子 5（+1），将蓄电池负极（-）引线连接至端子 4（E），电动机低速（LO）旋转时，断开端子 5（+1）使刮水器电动机停止在除自动停止位置外的任何位置。用 SST 连接端子 1（+S）和 5（+1），然后将蓄电池正极（+）引线连接至端子 2（B），并将蓄电池负极（-）引线连接至端子 4（E），以使电动机以低速（LO）重新起动。检查并确认电动机在自动停止位置自动停止。正常情况下电动机在自动停止位置自动停止。如果结果不符合规定，则更换电动机总成。

（3）安装刮水器电动机总成

参照图 5 - 16 前刮水器电动机零部件图，按以下步骤安装前刮水器电动机总成：

1）安装刮水器电动机线束。接合连接器卡夹，用新的卡夹固定刮水器电动机线束并切断端部。

2）安装挡风玻璃刮水器电动机总成。用 3 个螺栓安装挡风玻璃刮水器电动机总成。扭矩：5.4N·m，连接连接器，在挡风玻璃刮水器电动机总成的曲柄臂枢轴上涂抹通用润滑脂，将挡风玻璃刮水器连杆总成的连杆连接至挡风玻璃刮水器电动机总成的曲柄臂枢轴。

3）安装挡风玻璃刮水器电动机及连杆总成。用 2 个螺栓安装挡风玻璃刮水器电动机及连杆总成，扭矩：5.5N·m，连接连接器。

4）安装左前围板上通风栅板：接合卡子和 8 个卡爪，并安装左前围板上通风栅板。

5）安装右前围板上通风栅板：接合卡子和 14 个卡爪，并安装右前围扳上通风栅板。

6）安装发动机盖至前围上盖板密封：接合 7 个卡子并安装发动机盖至前围上盖板密封。

7）安装右前刮水器臂和刮水片总成。操作刮水器并在自动停止位置停止挡风玻璃刮水器电动机，重复使用右前刮水器臂和刮水片总成时，清洁刮水器臂齿面；重复使用挡风玻璃刮水器连杆总成时，使用钢丝刷清洁刮水器枢轴齿面。用螺母在如图 5 - 17 所示位置安装右前刮水器臂和刮水片总成。扭矩：26N·m，注意用手握住刮水器臂铰链以紧固螺母。部位 A 测量值为 17.5~32.5mm（0.69~1.28in.）。

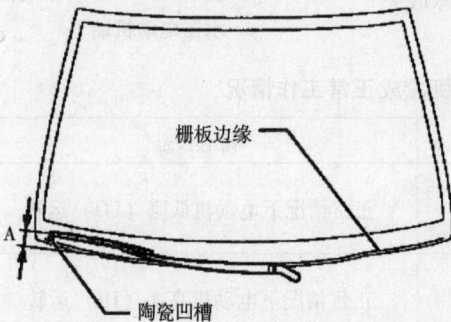

图 5 - 17　右前刮水器臂和刮水片总成　　　　图 5 - 18　前刮水器臂和刮水片总成

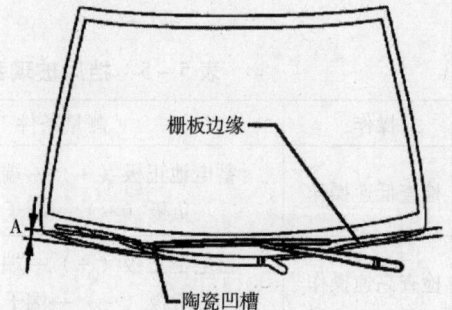

8）安装左前刮水器臂和刮水片总成。操作刮水器并在自动停止位置停止挡风玻璃刮水器电动机，重复使用左前刮水器臂和刮水片总成时：清洁刮水器臂齿面；重复使用挡风玻璃刮水器连杆总成时：使用钢丝刷清洁刮水器枢轴齿面。用螺母在如图 5 - 18 所示位置安装左前刮水器臂和刮水片总成，扭矩：26N·m，注意用手握住刮水器臂铰链以紧固螺母。部位 A 测量值为 17.5~32.5mm（0.69~1.28in.）。在挡风玻璃上喷射清洗液的同时，操作前刮水器。确保前刮水器工作正常，且刮水器不与车身接触。

9）安装前刮水器臂端盖：安装 2 个盖。

8. 功能操作确认

检查电动前刮水器开关是否正常，在各个挡位工作功能是否正常。

检查结果：检查各个挡位工作是否正常，把实施情况填写在表 5 - 1 的第 8 项处，视情况检修或更换。

9. 质检

自检和互检。在排除故障后，各小组同学之间互相检查一下本系统和相关的车身系统有没有受到检修过程中的影响，导致不能正常工作。

检查结果：检查本系统和相关的车身系统是否正常工作，把实施情况填写在表 5 - 1 的第 9 项处。

10. 故障排除和结束

（1）装回所拆的零部件和附件，装回原位。

（2）收拾好所用的仪表、仪器、工具、量具、材料、资料等，物归原位。

（3）打扫、清洁实操场地。

检查结果：检查整理、清洁等工作是否正常完成，把实施情况填写在表 5 - 1 的第 10 项处。

项目拓展练习

请同学们自行根据某一车型轿车的电动前刮水器在所有挡位不工作的故障，制定一份完整而详细的解决方案，并对其进行全面而细致的说明。

_____

_____

_____

_____

_____

_____

_____

_____

_____

_____

_____

_____

_____

_____

项目六
音响静音（听不到扬声器的声音）故障检修

项目描述

汽车音响系统是汽车车身电气系统的重要组成部分。检修音响系统发生的各种故障是汽车维修企业经常处理的工作之一，规范地完成故障的检修是每个汽车维修中、高级工的主要工作。本项目是以音响静音（听不到扬声器的声音）的故障检修为主线，指引汽车维修中、高级工学习接收顾客报修、收集信息、制订检修工作计划、实施维修作业、检查工作质量等故障检修的工作过程，并在此基础上进行项目学习总结、项目考核及相关知识的拓展。

项目目标

一、专业能力

1. 能够熟练规范地诊断与排除汽车音响系统的故障。
2. 能够熟练使用汽车音响系统故障诊断与检测设备。
3. 学会诊断与检测汽车音响系统故障的方法。
4. 在实施过程中培养 6S 管理的工作意识。

二、方法能力

1. 具有根据工作任务制定工作计划的能力。
2. 具有实施、控制、评价和反馈工作计划的能力。
3. 培养查阅网上资料、原厂维修资料、汽车维修资料资源库等自主学习的能力。

三、社会能力

1. 培养学生分工合作和互相协助的团队精神。
2. 培养学生与他人交流沟通、表达意见的语言能力。
3. 培养对社会负责、对企业负责、对顾客负责的良好职业道德。

项目学时

建议学时：10 学时。

项目实施

从本项目实施开始，同学应分好组，确定好不同阶段各自的角色，比如：顾客、服务顾问、车间主任、维修工、质检等。

一、接待

1. 顾客报修

一辆丰田卡罗拉轿车音响静音（听不到扬声器的声音）。

2. 迎接顾客

服务顾问按规定整理仪容仪表着装，出门迎接顾客入厂。

3. 问诊一：听取顾客要求，记录委托事项

服务顾问以亲切礼貌的态度认真听取顾客的描述，并在施工单上记录委托事项，见表1-1。

4. 问诊二：讨论确定维修内容，填写施工单（R/O）上的内容

同学们分组学习相关知识，如有技术问题不明白或解决不了的，可以请老师参与进来一起学习、讨论，然后填写施工单（R/O）上维修内容项、必要零件项及交车时间。

见项目一的相关内容。

5. 实车检查

顾客在签订施工单后，服务顾客应尽快与顾客办理交车手续：接收顾客随车证件（特别是二保、年审车）并审验其证件有效性、完整性、完好性，如有差异应当时与顾客说明，并作相应处理。接收送修车时，应对所接车的外观、内饰表层、仪表、座椅等作一次视检，以确认有无异常，与顾客一起对表1-2中各事项进行确认，并记录在表中，将记录结果交与顾客签字确认。

6. 办理交车手续

根据项目实际维修工作量估价，如果不能保证质量，应事先向顾客作必要的说明。维修估价洽谈中，应明确维修配件是由维修厂还是由顾客方供应，用正厂件还是副厂件。把工具与物品装入为该车用户专门提供的存物箱内，车钥匙（总开关钥匙）要登记、编号并放在统一规定的车钥匙柜内。对当时油表、里程表标示的数字登记入表。

确定好维修任务的工时费、零件费用，进行报价，然后顾客在施工单上签字确认，即表示车辆进入车间维修环节。车辆送入车间时，车间接车人要办理接车签字手续。顾客办

完一切送修手续后，接待员应礼貌告知顾客手续全部办完，礼貌暗示可以离去。如顾客离去，接待员应起身致意送客，或送顾客至业务厅门口，致意："请走好，恕不远送"。

7. 办理进车间手续

顾客离去后，迅速处理"施工单"。接待员通知清洗车辆，然后将送修车送入车间，交车间主管或调度，并同时交随车的"施工单"，请接车人在"施工单"指定栏签名，并写明接车时间。

二、车间维修

1. 制订维修计划

根据施工单上的维修内容，按照原厂的维修资料和维修厂的要求，制订出规范的维修计划。

(1) 分组学习相关知识，请各组同学根据丰田卡罗拉原厂维修资料提供的检修步骤，在下面空白处绘制出丰田卡罗拉轿车音响静音（听不到扬声器的声音）的诊断流程图。

（2）派工，安排施工人数和场地，确定所需施工设备。

2. 实施维修作业

表6-1为丰田卡罗拉轿车音响静音（听不到扬声器的声音）的故障诊断数据记录表，请各组同学根据图6-24丰田卡罗拉轿车音响静音（听不到扬声器的声音）的故障诊断流程图，规范地实施维修作业，并将检测数据记录在相应的表格内。

表6-1 丰田卡罗拉轿车汽车音响静音 （听不到扬声器的声音） 的故障诊断数据记录表

流程	维修内容	维修技术要求		实施情况	技术要求标准
1	检查维修前准备工作	（1）整理仪容仪表		实施情况：	规定状态： 按规范穿着工作服，遵守仪容仪表的规范要求
		（2）准备仪表、仪器、设备、工具、量具		实施情况：	规定状态： 本项目需要用到的仪表、仪器、设备、工具、量具
		（3）准备材料、资料		实施情况：	规定状态： 本项目需要用到的材料、资料
2	检查安全防护工作	（1）安装五件套		实施情况：	规定状态： 按规定安放
		（2）安放三角木		实施情况：	规定状态： 按规定安装
		（3）视情况需要，安装抽排气管		实施情况：	规定状态： 视情况需要，按规定安装
3	检查蓄电池电压	（1）无负载电压测量：用万用表测量蓄电池的两端桩头的电压		实施情况：	规定状态： 11～14V

续上表

流程	维修内容	维修技术要求		实施情况	技术要求标准
3	检查蓄电池电压	（2）对亏电的蓄电池进行充电，对电容量不够的蓄电池进行修复或更换		实施情况：	规定状态： 11~14V
4	检查音响系统保险丝	（1）在蓄电池电压正常的情况下：用塑料钳取出 RAD NO. 1 保险丝进行目视检查，看有无被烧毁的现象；或者测量电阻值		实施情况：	规定状态： 良好或者小于1Ω
		（2）如有烧毁，用万用表电阻档检查保险丝线路与车身之间是否短路		实施情况：	规定状态： 10kΩ 或更大
5	检查收音机设置	音量设定	操作： 未设定为"0"	实施情况：	规定状态： 未设定为"0"
		"MUTE" 开关	操作： "MUTE" 开关关闭	实施情况：	规定状态： "MUTE" 开关关闭
6	拆卸收音机	按步骤依次拆卸收音机		实施情况：	规定状态： 良好
7	检查收音机电源电路	（1）检查 AVC – LAN 电路 E110 多媒体接口 ECU*2 E116 收音机*1 *1：主单元　*2：从属单元	1）检查线束和连接器，测量： E116 – 9（TXM＋）—E110 – 9（TX1＋） E116 – 10（TXM－）—E110 – 10（TX1 –）	实施情况： 实施情况：	规定状态： 始终小于1Ω
			2）检查收音机，测量： E116 – 9（TXM＋）—E116 – 10（TXM –）	实施情况：	规定状态： 始终 60~80Ω

续上表

流程	维修内容	维修技术要求		实施情况	技术要求标准
7	检查收音机电源电路	（2）检查收音机电源电路	测量：	实施情况：	规定状态：
			E102 – 7 （E） —车身搭铁		始终小于 1Ω
			E102 – 4 （B） —E102 – 7 （E）		始终 11 ~ 14V
			E102 – 3 （ACC） —E102 – 7 （E）		点火开关置于 "ON （IG）" 位置, 11 ~ 14V
		（3）检查收音机和多媒体接口 ECU 之间的静噪信号电路	1）检查收音机, 测量：	实施情况：	规定状态：
			E116 – 6 （MUTE） —车身搭铁		点火开关置于 ACC 位置, USB 音响系统正在播放→改变声源, 高于 2.5V→低于 0.5V
			2）检查线束和连接器（收音机 – 多媒体接口 ECU）, 测量：	实施情况：	规定状态：
			E116 – 6 （MUTE） —E110 – 6 （MUT1）		始终小于 1Ω
			E116 – 6 （MUTE） —车身搭铁		始终 10kΩ 或更大

续上表

流程	维修内容	维修技术要求	实施情况	技术要求标准
7	检查收音机电源电路	（3）检查收音机和多媒体接口 ECU 之间的静噪信号电路 3）检查多媒体接口 ECU 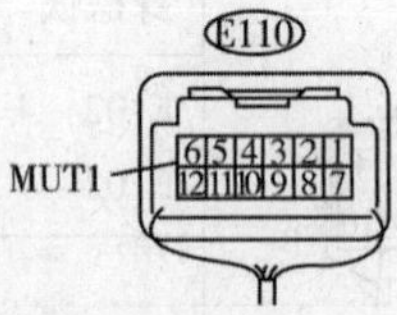 E110 - 6（MUT1）—车身搭铁		点火开关置于"ACC"位置，高于 2.5V
8	检查扬声器电路	（1）检查线束和连接器	1）从收音机和扬声器上断开连接器，测量各前 2 号扬声器和收音机之间的电阻 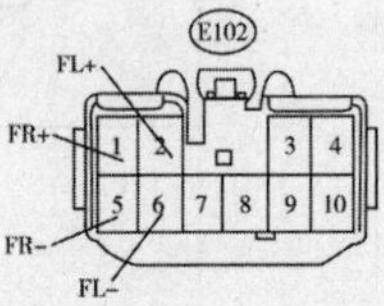 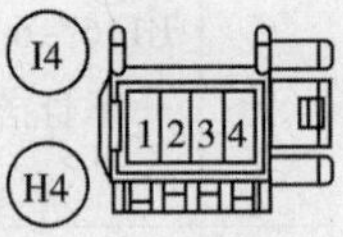	实施情况：	规定状态：
			E102 - 2（FL +）—I4 - 4（＋）		
			E102 - 6（FL -）—I4 - 2（－）		始终小于 1Ω
			E102 - 1（FR +）—H4 - 4（＋）		
			E102 - 5（FR -）—H4 - 2（－）		
			2）断开连接器，测量各前 2 号扬声器和前 1 号扬声器之间的电阻	实施情况：	规定状态：

122

续上表

流程	维修内容	维修技术要求		实施情况	技术要求标准
8	检查扬声器电路	（1）检查线束和连接器			
			I4－3（TWL＋）—I1－1		始终小于1Ω
			I4－1（TWL－）—I1－2		
			H4－3（TWR＋）—H1－1		
			H4－1（TWR－）—H1－2		
			3）断开连接器，测量各后扬声器和收音机之间的电阻	实施情况：	规定状态：
			E103－2（RL＋）—L2－1		始终小于1Ω
			E103－6（RL－）—L2－2		
			E103－1（RR＋）—L1－1		
			E103－3（RR－）—L1－2		
			4）断开连接器，测量各扬声器和车身搭铁之间的电阻	实施情况：	规定状态：

续上表

流程	维修内容		维修技术要求	实施情况	技术要求标准
8	检查扬声器电路	（1）检查线束和连接器			
			E102 – 2（FL +）—车身搭铁		
			E102 – 6（FL –）—车身搭铁		
			E102 – 1（FR +）—车身搭铁		
			E102 – 5（FR –）—车身搭铁		
			I4 – 3（TWL +）—车身搭铁		
			I4 – 1（TWL –）—车身搭铁		始终 10kΩ 或更大
			H4 – 3（TWR +）—车身搭铁		
			H4 – 1（TWR –）—车身搭铁		
			E103 – 2（RL +）—车身搭铁		
			E103 – 6（RL –）—L 车身搭铁		
			E103 – 1（RR +）—车身搭铁		
			E103 – 3（RR –）—车身搭铁		

续上表

流程	维修内容	维修技术要求		实施情况	技术要求标准
8	检查扬声器电路	（2）检查前 1 号扬声器	断开连接器，测量扬声器端子之间的电阻值 	实施情况：	规定状态：
		I1 – 1—I1 – 2			始终约 4Ω
		H1 – 1—H1 – 2			
		（3）检查前 2 号扬声器	视情况需要，互换这两个扬声器进行检查	实施情况：	规定状态： 良好
		（4）检查后扬声器	断开连接器，测量扬声器端子之间的电阻值 	实施情况：	规定状态：
		L2 – 1—L2 – 2			始终约 4Ω
		L1 – 1—L1 – 2			
9	安装收音机	按步骤依次安装收音机		实施情况：	规定状态： 良好
10	功能操作确认	操作播放功能		实施情况：	规定状态： 良好
11	质检	自检和互检	操作：	实施情况：	规定状态：
			检查本系统和相关的车身系统是否正常工作		良好
12	故障排除和结束	操作：		实施情况：	按照 6S 管理的要求：整理、整顿、清扫、清洁、素养、安全
		（1）是否装回所拆的零部件和附件，装回原位			
		（2）是否收拾好所用的仪器、仪表、工具、量具、材料、资料等，物归原位			
		（3）是否打扫、清洁好实操场地			

三、完工检查

维修工维修完工后，在施工单上签字，交给车间主任；车间主任确认施工单，向检查人员明确需修理的内容，确认没问题后，由检查人员在施工单（R/O）上签字；检查人员指示维修工在车辆维修之后把车辆清洗干净。

四、车辆检查

服务顾问从车间主任处收到施工单（R/O）、更换的零件及钥匙后，开始检查车辆。这是最后一次检查确认顾客所提出的检修部位，因此在检查时一定要注意以下几点：

1. 完工车辆是否干净、整洁。
2. 顾客的车辆是否受到损坏或划伤。
3. 修理中使用的工具、量具或其他维修设备是否遗忘在车上。

五、结算交车

项目评价与控制

一、接待环节评价

根据接待情况，在接待评价表1-4中打勾。

二、车间维修环节评价

根据车间维修情况，在车间维修评价表1-5中打勾。

项目总结与反馈

见项目一的相关内容。

项目相关知识

一、注意事项

见项目一的相关内容。

二、汽车音响的组成、位置、功能、工作原理和系统电路

音响设备对于汽车来讲只是一种辅助性设备，对车子的运行性能没有影响。但随着人

们对生活享受的要求越来越高，汽车制造商也日益重视汽车的音响设备，并将它作为评价汽车舒适性的依据之一。目前，音响已成为汽车的必选装备。随着家庭轿车的普及，汽车音响的需求量和维修量都在迅猛增加。

1. 汽车音响系统的组成

汽车音响系统的组成随车型和等级有所不同。在某些情况下，用户可以根据零售商的推荐来选择相关部件。一般有如图 6-1 所示的组成部分，主要包括天线、主机（收音机、磁带或 CD 播放器）、放大器、扬声器等。随着数字技术的发展，新的车型通常装有 DVD 播放器、MP3、MP4 等，用来播放录制的数字信号。汽车音响系统在轿车上的布置如图 6-2 所示。

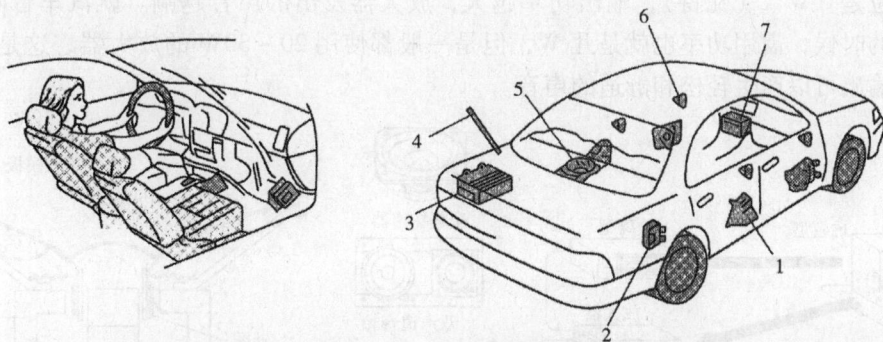

图 6-1　汽车音响系统

1-扬声器；2-功率放大器；3-CD 播放器；4-天线；5-低音喇叭；6-高音喇叭；7-收音机和录音机

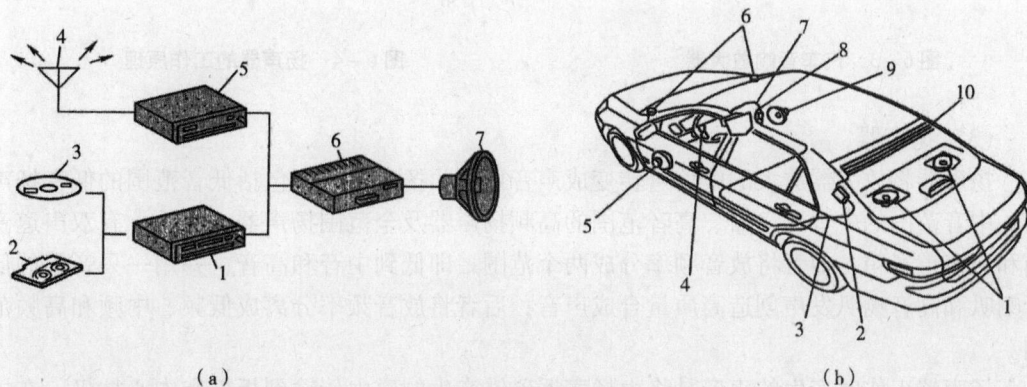

（a）　　　　　　　　　　　　　　　　　　　　　　（b）

图 6-2　汽车音响系统的组成及布置

（a）1-磁带播放器/CD 播放器；2-盒式磁带；3-CD 盘片；4-天线；5-收音机；6-放大器；7-扬声器

（b）1-后扬声器；2-车窗天线线圈；3-天线引线；4-无线电遥控开关；5-驾驶员侧车门扬声器；

6-高音喇叭；7-音响装置；8-天线副引线；9-前乘客侧车门扬声器；10-车窗天线

（1）主机

主机包括收音机、磁带或 CD 播放器。收音机是利用天线接收无线电台发射的无线电波，将它转变成声音信号并送到放大器。磁带放音机读取磁带上所录制的模拟信号，并将声音信号发送到放大器。CD 播放器则是读取光盘上的数字信号，播放出的声音比磁带的声音清晰，还可以快速地选择歌曲，这些都是 CD 播放器的优点。

（2）音响放大器

来自放音机或无线电接收机的信号非常弱，不能直接推动扬声器。放大器是将来自放音机或无线电接收机的信号放大并传送到扬声器。普通的无线电接收机或放音机内均装有放大器，而某些放大器是音响系统的一个独立的组件，如图 6－3 所示。放大器包括调整放大器（也称前置放大器）和功率放大器（也称主放大器），有些是独立的，有些是内置的。在立体声广播中，有左右声道，因此需要两只放大器。对于四扬声器型立体声音响系统，则需要有四只放大器。放大器的输出功率可表示放大器使扬声器发出多响的声音，功率的单位是"W"（瓦特），输出功率越大，放大器发出的声音越响。就汽车音响而言，乘客听的时候，需用功率也就是几 W，但是一般都使用 20～30W 的放大器，这是因为大功率的输出可以产生轻松和舒适的声音。

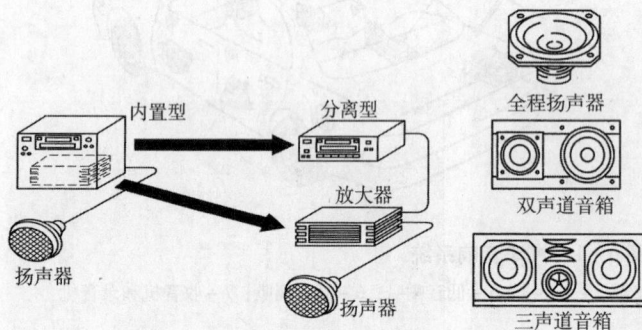

图 6－3　汽车音响放大器　　　　　　　图 6－4　扬声器的工作原理

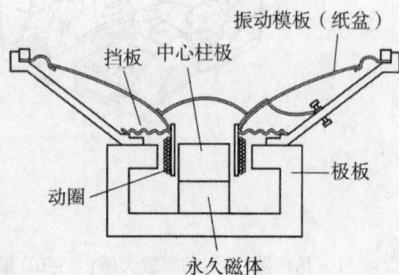

（3）扬声器

扬声器将放大器放大的电信号转变成声音信号。扬声器系统包括低音范围的低音扬声器、中音范围的中音扬声器、高音范围的高频扬声器及全范围扬声器。另外，有双声道音箱和三声道音箱，前者将放音频率分成两个范围，即低到中音和高音，并用一只音箱的低音喇叭和高音喇叭发声创造高质量合成声音；后者将放音频率分离成低频、中频和高频范围。

扬声器工作时产生的声音是将由扬声器磁铁产生的磁力传输到板极和中心柱极，在极之间集中有一圆柱形缝隙。另一方面，有一动圈可以在缝隙中上下自由地移动，动圈与振动膜板（纸盆）相连。当动圈中流过放大后声音的电信号时，动圈随着电流大小变化而上下振动，导致纸盆运动并且发出声音，如图 6－4 所示。

（4）天线

天线可以说是无线电信号通往收音机的"大门"，是保证收音机产生良好收音效果的重要元件。汽车上使用的收音机天线一般分为拉杆型天线和后窗印刷型天线两种，如图 6－5 所示。

图6-5　汽车音响天线的安装位置

拉杆型天线可以安装在前或后翼子板上，也可以安装在车顶中后部。现在的拉杆型天线大多数为自动天线，即通过电动机驱动天线杆上下移动。也有一小部分为手动拉杆型天线，天线的上下移动需要人工完成。

印刷型天线是将导电漆涂在后窗玻璃上。其特点是不像拉杆天线那样需要移上移下，也没有风的干扰，另外它很耐用，不需折叠也不会生锈。但是印刷天线上的细微破坏会导致灵敏度变差，其接收灵敏度不如拉杆天线。印刷型天线与收音机之间的距离过远，收音机收到的信号被减弱，所以需要用增压放大器来放大信号。

天线接收到的无线电广播信号，通过同轴电缆连接到收音机。为了防止汽车自身的电子噪声进入同轴电缆芯线，电缆外缠有网状金属线，即屏蔽线。此屏蔽线隔断电子噪声并进行接地，以防止噪声进入音响系统，如图6-6所示。

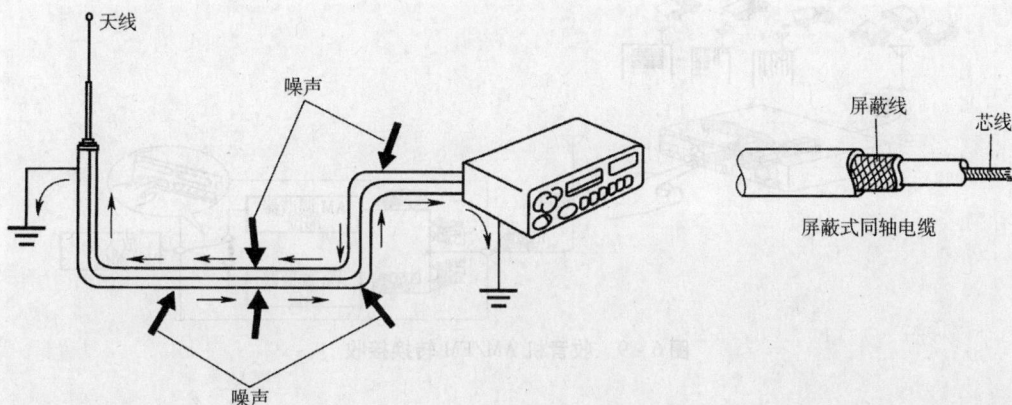

图6-6　天线电缆的屏蔽

（5）收音机

1）基本原理。现代汽车几乎都安装有收音机，丰田卡罗拉轿车也是如此，如图6-7所示。收音机所接收的广播内容十分丰富，特别是受到驾驶员欢迎的各地交通广播。汽车收音机主要接收模拟信号，即音源是模拟信号，使用的是AM/FM调谐器。其原理是通过频道选择来接收广播电台发射的无

图6-7　丰田卡罗拉轿车收音机/CD播放器

129

线电信号，然后再解调为原来的声音。收音机通过接收从许多广播电台发射的无线电波中的一种来选择某一需要收听的节目。

收音机通过天线收到广播信号后，还必须清除电信号中的载波，如图 6-8 所示。广播电台发射的音乐和语音的信号与载波进行合成变成调制信号。因此，要把此信号转换成音乐和语音，必须去掉载波，只得到声音信号。

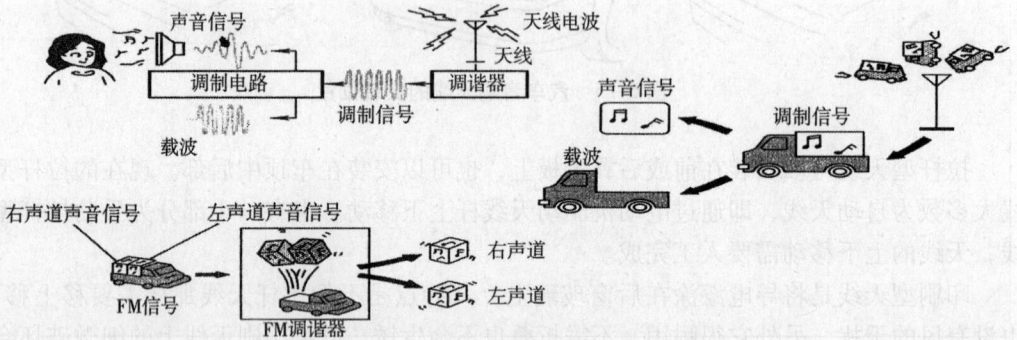

图 6-8　收音机的工作原理

因为收音机收到的无线电信号非常微弱，要由放大器将信号充分放大，这样才能使扬声器发出声音。放大器可以装在收音机中（丰田卡罗拉轿车就是如此），也可以单独装，作为立体声音响的一个组件。

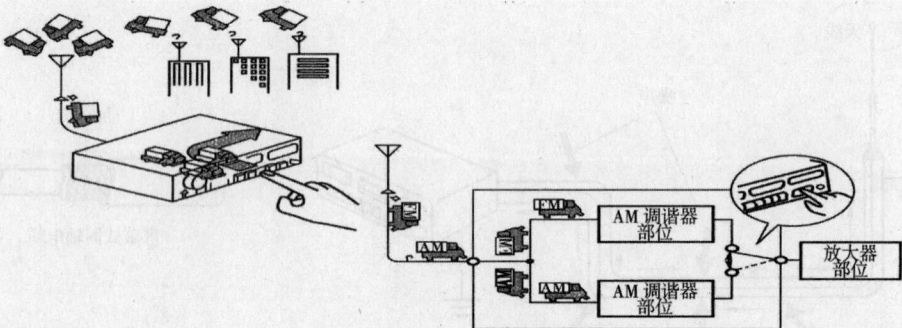

图 6-9　收音机 AM/FM 转换接收

在无线电广播中，分调幅 AM 广播和调频 FM 广播。收音机接收 AM 广播和接收 FM 广播是不同的，如图 6-9、图 6-10 所示，它们通过按钮操作来切换。

2）调幅 AM 信号与调频 FM 信号的对比，如图 6-10 所示。

与调幅 AM 广播相比，调频 FM 广播有良好的音质和较少的噪声。所有的调频 FM 广播均是立体声广播，而调幅 AM 广播除某些电台（或节目）外，均是单声道的。调幅 AM 广播使用中波，调频 FM 广播使用超短波。调幅 AM 广播服务范围大于调频 FM 广播。调频 FM 广播在服务区域中，外部噪声小，并且没有电离层的反射，不会发生衰减，但会发生如图 6-11 所示的渐衰或多路之类的干扰。

130

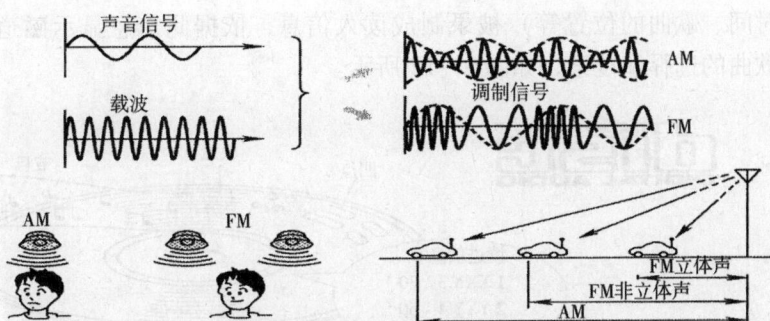

图 6 - 10　AM/FM 信号比较

图 6 - 11　渐衰和多路干扰

(a) 衰减；(b) 多路

3) 收音机的功能。目前汽车广泛采用的数字收音机，其主要功能有：a. 预设功能。通过将收到的广播存入预设按钮，用户只要简单地按一下此按钮便可以选择此电台。b. 自动寻台功能 （SEEK）。通过按调谐按钮，接收到的频率依次变化。当系统探测到收到的无线电波有一定强度时，它停止搜索并输出此广播电台的节目，并可以储存在某一预设位置。c. RDS （无线电数据系统） 功能。RDS 是一种数据发送系统，它利用 FM 广播的空的波段，是一种用无线电文本发送各种有用数据或其他信息的信息服务。在 RDS 功能中，功能最强大的是 AF 功能。使用此功能，可以执行网络跟踪，它能在某个节目的接收条件变差时，自动切换到播送相同节目的另一个广播电台。

(6) 汽车 CD 播放机

1) CD 播放机概述。汽车音响主机中的 CD 机芯是一种数 - 模变换器，它将 CD 上所录声音的数字信号转变成模拟信号。因为数字信号在信号处理过程中不会降级，反复录制不会像模拟信号那样使信号变差，也不会降低动态范围。因此，数字信号的 CD 机对比于模拟信号的磁带播放机有着非常明显的优势。在目前的汽车配置中，CD 机已经完全取代了磁带播放机。

"CD" 是带有全球统一标准的标记。其产品形状是一只圆盘，外径为 120mm 或 80mm，厚为 1.2mm，是一种尺寸紧凑、由透明板 （聚碳酸盐）、铝反射薄膜和保护膜 （塑料） 三层组成的唱片 （俗称光盘）。音乐资料被录制成通过有或无凹点表示的数字信号，这些凹点为 0.5μm 宽、0.9 ~ 3.3μm 长、0.11μm 深的 "坑"，形成从圆盘内部到外部逆时针转向盘旋的轨道。在轨道的开始位置 （圆盘最内处），音乐数据内容 （如歌曲的总数、总放音时间、歌曲的位置等）被录制成读入信息，依据此信息显示磁道数和放音时间，并执行歌曲的选择和搜索，如图 6 - 12 所示。

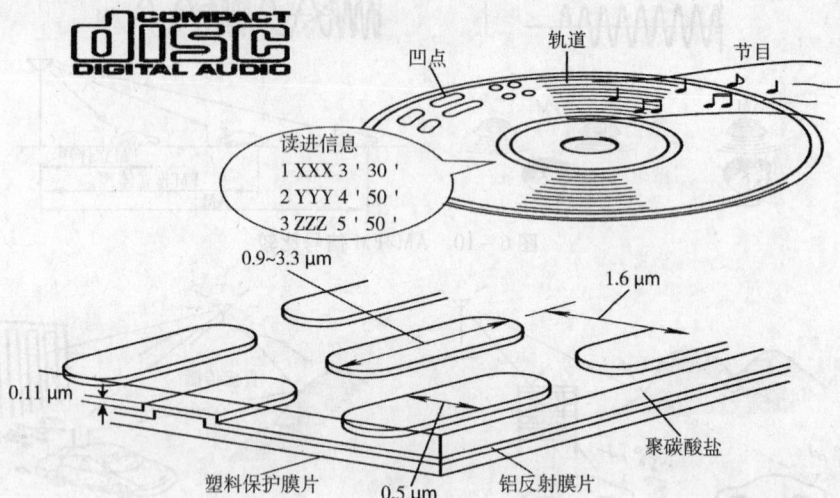

图 6 - 12　CD 的结构原理

2）CD 机的结构与原理。CD 放音机由光学拾波器、光学拾波导向伺服机构、恒定线速度伺服系统（CLV）等组成，根据激光束在 CD 上凹点处的反射光强度的大小获得数字信号。

①光学拾波器。光学拾波器对 CD 上的轨道发射激光，并获得反射光。当激光束射在无凹点的地方，光束几乎 100% 反射并回到光电二极管；当光束射中某个凹点，会产生衍射，导致只有大约 30% 的光回到光电二极管。光电二极管收到光的强度并由此产生的光电流被用做音频信号，如图 6 - 13 所示。

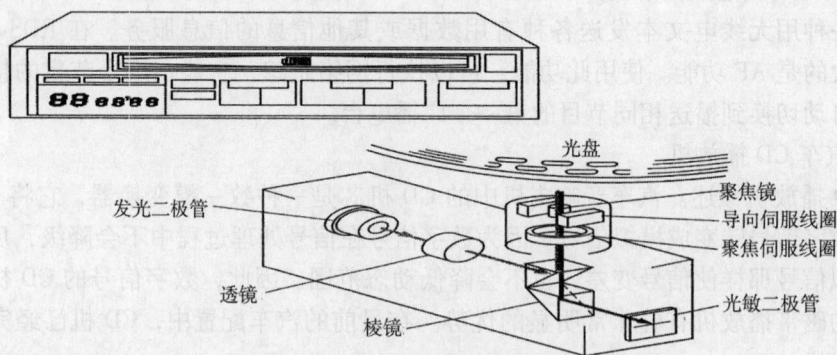

图 6 - 13　CD 机内光学拾波器的结构

②光学拾波导向伺服机构。光学拾波器跟踪伺服系统使光学拾波器在 CD 转动时准确地跟踪 CD 轨道，并总是将聚焦透镜保持在跟踪伺服系统的校正范围内。当搜索时，它也起快速移动光学拾波器到目标轨道的作用，如图 6 - 14 所示。

聚焦镜

光学拾波器

光学拾波导向伺服电

u_1

$C\,B\,A$

u_2

uA=uB=uC：线性转
速$u_1<u_2$：转动速度

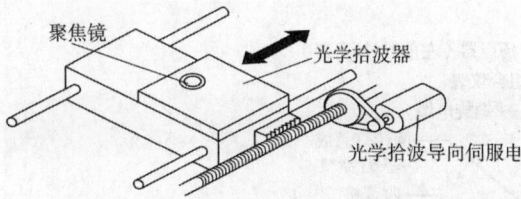

图6-14　光学拾波器导向伺服机构　　　图6-15　CD机恒定线速度伺服系统工作原理

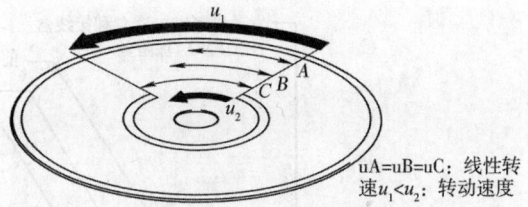

③恒定线速度伺服系统（CLV）。在 CD 盘上，音乐资料是以恒定线速度录制的。因此读信号时，必须通过变化 CD 盘的转速，使 CD 以恒定线速度通过光学拾波器，以保证 CD 数字信号的准确读取。光学拾波器。当光学拾波器在 CD 盘最里面时，转速需要很高（500 r/min）；当光学拾波器在 CD 盘最外面时，则需要转速低（200 r/min），CLV 系统就是这样通过与 CD 上所录制的信号同步，使线速度变成恒量，如图6-15所示。

④CD 自动换片机。CD 自动换片机可自动地切换 CD 盘，并通过设置可以插入多张 CD 片的片仓来播放数字音响。CD 自动换片机由光学拾波器和在片仓内自动更换 CD 片的换片机构组成，一般有两种 CD 换片机，一种与主机分离；另一种与主机组合成为一体。后者被称做内置（In—dash）CD 自动换片机，如图6-16所示。

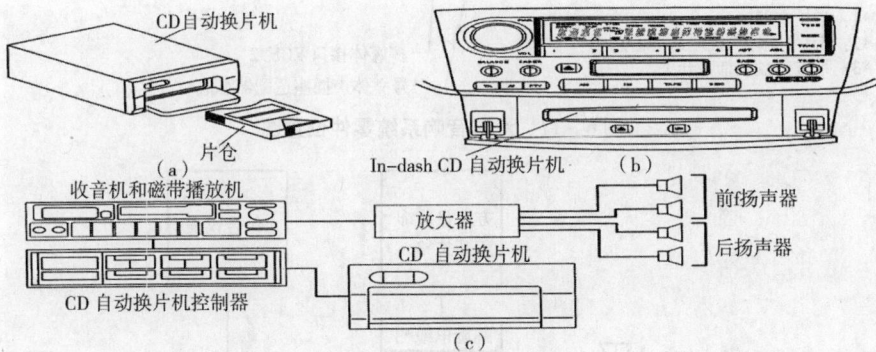

CD自动换片机

片仓

（a）

In—dash CD 自动换片机　　　（b）

收音机和磁带播放机

放大器

前扬声器

后扬声器

CD 自动换片机

CD 自动换片机控制器

（c）

图6-16　CD 自动换片机
（a）外置；（b）内置；（c）工作原理

2．汽车音响系统零件位置、系统图

汽车音响系统零件位置、系统图如图6-17、图6-18所示。

3．汽车音响系统功能描述

（1）CD 播放机

CD 播放机利用光学拾波器读取刻录在 CD 上的数字信号，将数字信号转换成模拟信号，即可播放音乐、音频或其他内容。由于 CD 播放机使用不可见的激光束，所以请勿直视光学拾波器，务必按照说明操作播放机；请勿拆解 CD 播放机的任何部分；请勿在 CD 播放机上涂抹润滑油或其他油液；请勿将 CD 以外的任何物品插入 CD 播放机。

CD 播放机只能播放如图6-19所示的任一标记的音频 CD、CD-R（可刻录 CD）和 CD-RW（可擦写 CD）。

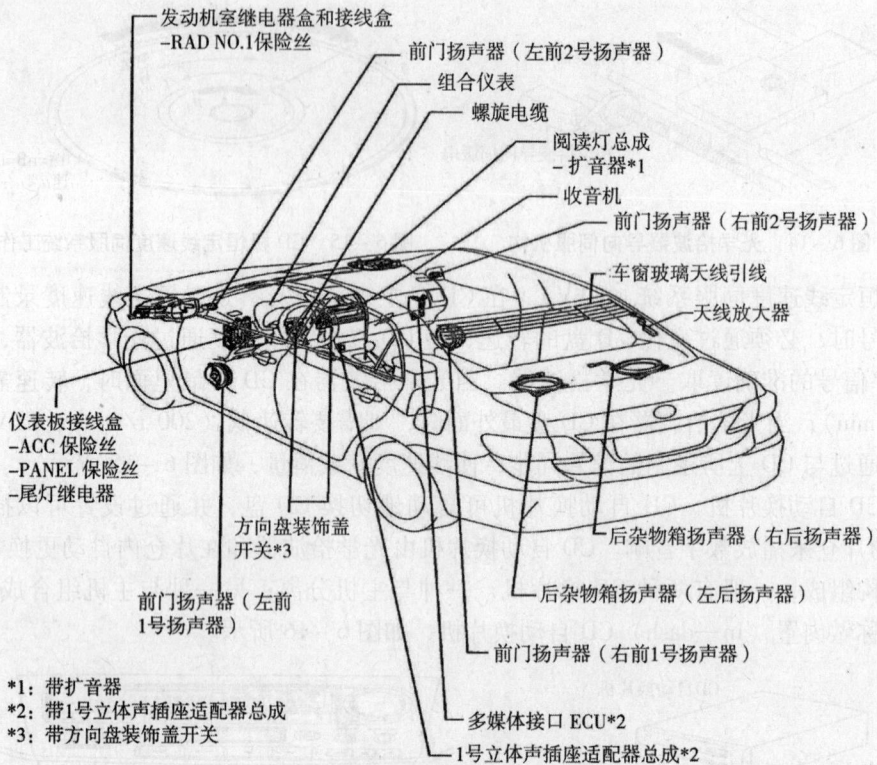

图 6-17 汽车音响系统零件位置图

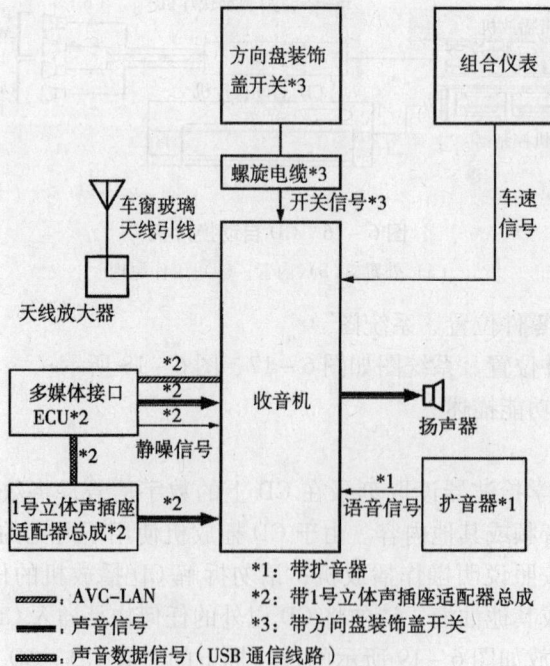

图 6-18 汽车音响系统图

图 6 - 19　可播放的 CD 标签

（a）一般光盘；（b）试测光盘；（c）可刻录光盘；（d）可擦写光盘

CD 播放机的使用注意事项如下：

1）不能播放带有复制保护功能的 CD。不能播放未封轨的 CD - R 和 CD - RW。

2）根据 CD 的刻录状况或特征，由于损坏、污垢或长时间置于仓内而引起的老化变形，可能导致无法播放 CD - R 和 CD - RW。

3）使 CD 远离尘垢，拿取时小心，不要损坏 CD 或在上面留下手指印。通过外缘和中心孔将 CD 拿起，并使标签面朝上。

4）按下 CD 弹出按钮后，长时间让 CD 半露在槽中，可能会导致 CD 变形，从而使 CD 不能使用。

5）如果 CD 上有胶带、贴纸、CD - R 标签或粘贴过标签后留下的痕迹，则 CD 可能不会弹出或导致播放机故障。

6）使 CD 远离阳光直射。直接暴露在阳光下可能导致 CD 变形，从而使 CD 不能使用。

7）不要使用形状特殊的 CD，因为可能导致播放机故障。不要使用刻录部分呈透明或半透明状的光盘，因为它们可能导致无法正常插入、播放或弹出。

8）寒冷或下雨天气时，如果窗户湿气增加，播放机内可能进入湿气以及凝露。在这种情况下，CD 可能出现跳读情况或 CD 在播放中途停止。使用播放机前，应对车内进行一段时间的通风或除湿。

9）如果车辆行驶在不平整的道路或粗糙的路面时，播放机可能受到剧烈振动，则 CD 可能跳读。

10）清洁 CD 时应小心，不要使用镜头清洁剂，因为它可能引起播放机的激光头故障。如果 CD 表面有污垢，用一块软干布（如用于清洁树脂镜片的眼镜布）从内向外沿径向将其擦拭干净，如图 6 - 20 所示。用手按 CD 或用硬布摩擦光盘可能划伤 CD 表面。使用溶液（如唱片喷雾剂、抗静电制剂、酒精、汽油和稀释剂等）或化学布料可能损坏 CD，从而使 CD 不能使用。

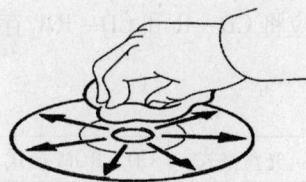

图 6 - 20　CD 的清洁方法

（2）MP3 和 WMA

可播放的 MP3 文件标准见表 6 - 2。可播放的 WMA 文件标准如表 6 - 3 所示。

表 6-2　可播放的 MP3 文件标准

兼容标准	MP3（MPEGl LAYER3，MPEG2 LSF LAYER 3）
兼容的采样频率（kHz）	·MPEGl LAYER3：32，44.1，48 ·MPEG2 LSF LAYER3：16，22.05，24
兼容的传输速率（kbps）	·MPEGl LAYER3：64，80，96，112，128，160，192，224，256，320 ·MPEG2 LSF LAYER3：64，80，96，112，128，144，160 ·与 VBR 兼容
兼容声道模式	立体声、混合立体声、双声道、单声道

表 6-3　可播放的 WMA 文件标准

兼容标准	WMA 版本 7、8 和 9
兼容的采样频率（kHz）	32，44.1，48
兼容的传输速率（kbps）	·版本 7、8：CBR48，64，80，96，128，160，192 ·版本 9：CBR48，64，80，96，128，160，192，256，320 ·仅与双声道播放兼容

被称为 ID3 标签的附加文本信息可输入 MP3 文件，可存储如歌曲标题和艺术家姓名等信息。该播放机兼容 ID3 版本 1.0 和 1.1 以及 ID3 版本 2.2 和 2.3 的 ID3 标签（字符数符合 ID3 版本 1.0 和 1.1）。被称为 WMA 标签的附加文本信息可输入 WMA 文件，可存储如歌曲标题和艺术家姓名等信息。

仅 CD-ROM、CD-R（可刻录 CD）和 CD-RW（可擦写 CD）可用于播放 MP3/WMA 文件。CD-R 和 CD-RW 比一般音频 CD 所使用的光盘更易受炎热和潮湿环境的影响，为此，某些 CD-R 和 CD-RW 可能无法播放。如果光盘上有指印或划痕，光盘可能无法播放或跳读。如果将某些 CD-R 和 CD-RW 长时间留在仓内，可能导致质量下降。应将 CD-R 和 CD-RW 存放于不透光的储存盒中。可用媒体格式如表 6-4 所示。

表 6-4　可用媒体格式

光盘格式	CD-ROM 模式 1、CD-ROM XA 模式 2 格式 1
文件格式	ISO9660 级别 1 和级别 2（Joliet，Romeo）

对于用上述格式以外的任何格式写入的 MP3/WMA 文件，文件内容可能不能正常播放，或文件名或文件夹名不能正确显示。该播放机兼容可多次刻录的光盘，并可播放添加MP3/WMA 文件的 CD-R 和 CD-RW，但只能播放第一次刻录的部分。如果第一次刻录的部分中同时包含音乐数据和 MP3 或 WMA 格式数据，则无法播放该光盘。可用媒体格式

的标准和限制如表 6 - 5 所示。

表 6 - 5 可用媒体格式的标准和限制

最大目录级数	8 级
文件夹名/文件名的最大字符数	32 个字符
文件夹的最大数目	192 (包括空文件夹、路径文件夹和不包含 MP3/WMA 文件的文件夹)
光盘中文件的最大数目	255 (包括非 MP3/WMA 文件)

仅扩展名为 ". mp3" 或 ". wma" 的文件可被识别为 MP3 或 WMA 文件并播放。用 ". mp3" 或 ". wma" 扩展名保存 MP3 或 WMA 文件。如果用 ". mp3" 或 ". wma" 扩展名保存非 MP3 或非 WMA 文件,则会错误地将这些文件识别为 MP3 或 WMA 文件并播放,可能会出现很大噪音并导致扬声器损坏。

(3) AVC - LAN,如图 6 - 21 所示。

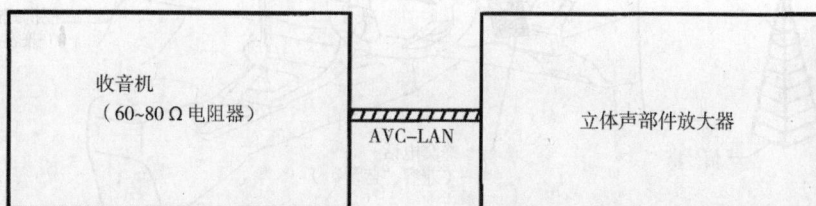

图 6 - 21 AVC - LAN 图

AVC - LAN 是 "Audio Visual Communication Local Area Network (音频/视频通信局域网)" 的缩写,它是由丰田汽车公司的联属制造商开发的一种统一标准。该标准涉及音频/视频信号以及开关和通信信号。

近年来,汽车音响系统迅速发展,而且其功能发生了巨大变化。目前常规汽车音响系统正与多媒体接口 (与导航系统中的类似) 相集成。同时,顾客也对音响系统提出了更高的质量要求。AVC - LAN 的具体用途是:①通过信号标准化解决由于使用不同制造商的零部件而导致的声音问题等。②让每个制造商能够全力开发其最擅长的产品。由此可生产出价格合理的产品。

如果在 AVC - LAN 电路中检测到对 + B 或对搭铁短路,则通信中断并且音响系统停止工作。如果音响系统装备有导航系统,多功能显示屏单元将用作主单元。如果未装备导航系统,音响主机将用作主单元。如果装备有导航接收器总成,则该总成为主单元。收音机包含一个电阻器,要想在不同的 AVC - LAN 电路上进行通信,该电阻器必不可少。带 AVC - LAN 电路的汽车音响系统具有诊断功能。每个零部件都有一个指定编号 (3 位数),称之为物理地址。每项功能都有一个称为逻辑地址的编号 (2 位数)。

(4) 通信系统

音响系统的零部件通过 AVC – LAN 相互通信。AVC – LAN 的主部件为带有一个 60 ~ 80Ω 电阻器的收音机，这对通信必不可少。如果 AVC – LAN 电路短路或断路，则通信中断并且音响系统停止工作。

（5）诊断功能

音响系统有诊断功能，诊断结果显示在主单元上。AVC – LAN 中的各零部件都分配有一个 3 位数的十六进制零部件代码（物理地址），在诊断功能中可使用该代码显示相应的零部件。

（6）"蓝牙"

安装位置如图 6 – 22 所示。

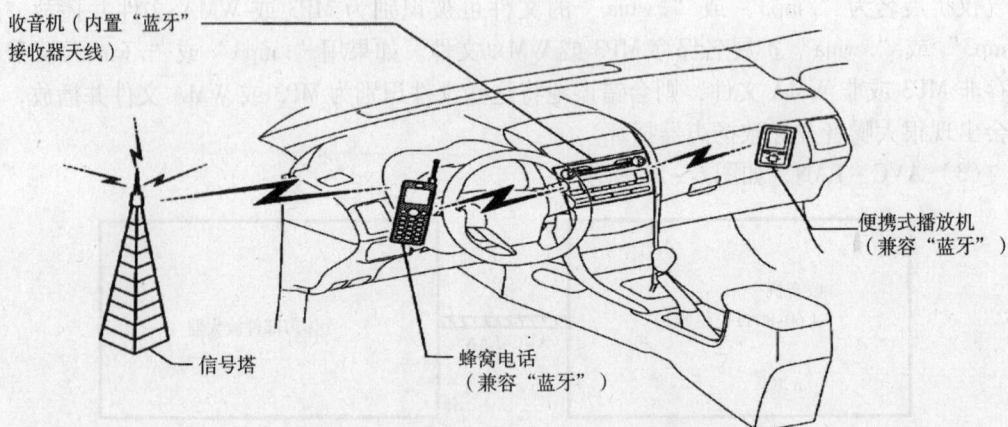

图 6 – 22　汽车音响系统"蓝牙"位置图

"蓝牙"是 Bluetooth SIG. Inc. 的商标。"蓝牙"是一种使用 2.4GHz 波段的无线连接技术。"蓝牙"的通信性能随通信设备间的障碍物情况或无线电波情况、电磁辐射、通信设备灵敏度或天线性能的不同而有所变化。"蓝牙"具有以下功能：

1）免提功能。可用"蓝牙"无线连接将内置"蓝牙"的收音机和兼容"蓝牙"的蜂窝电话（某些版本的兼容"蓝牙"的蜂窝电话可能无法工作）连接起来。即使蜂窝电话在口袋或提包内也可使用蜂窝电话的免提功能。因此，无需使用连接器或电缆来连接蜂窝电话。

2）"蓝牙"音响功能。可用"蓝牙"无线连接将内置"蓝牙"的收音机和兼容"蓝牙"的便携式音响播放机（某些版本的兼容"蓝牙"的音响播放机可能无法运行"蓝牙"功能，或可播放音乐，但通过收音机操作的功能受到限制）连接起来。这样可使车辆扬声器播放存储在便携式音响播放机内的文件。此外，还可直接在收音机上执行如播放/停止等操作。兼容"蓝牙"音响设备如表 6 – 6 所示。

表 6 - 6　兼容 "蓝牙" 音响设备

"蓝牙" 规格	版本 1.1 或更高（推荐使用：版本 2.0 + EDR 或更高）
遵循的模式	・A2DP（高级音频传输模式）版本 1.0 或更高 ・AVRCP（音频/视频远程控制模式）版本 1.0 或更高（推荐使用：版本 1.3 或更高）
可注册音响设备的最大数量	2

（7）USB 音响系统功能

1 号立体声插座适配器总成带有一个 USB 端子。将 USB 设备或 "iPod" 连接到 1 号立体声插座适配器总成上，即可播放音乐文件。不仅可通过带音响功能的 USB 设备播放音乐，还可播放 USB 设备内存储的 MP3 或 WMA 音乐文件。此外还装有 "iPod" 控制软件，可从播放列表选择文件和在随机模式下操作。但不能播放 "iPod" 的视频内容。USB 设备或 "iPod" 连接时无法通过其自身的控制功能进行操作。USB 音响系统兼容型号如表 6 - 7 所示。

表 6 - 7　USB 设备可使用的设备格式

兼容的 USB 设备格式	・USB 通信格式：USB2.0FS（12MBPS） ・文件格式：FAT16/32（Windows） ・类别：大存储容量

上述格式以外的任何格式写入的 MP3 和 WMA 文件可能无法正常播放，或无法正确显示其文件名和文件夹名。与标准和限制相关的项目如下：

・最大目录级数：8 级
・设备内文件夹的最大数量：999（包括根文件夹）
・设备内文件的最大数量：65，025
・每个文件夹内文件的最大数量：255

"iPod" 是 Apple Inc. 在美国及其他国家的注册商标。汽车音响系统支持的 "iPod" 型号和固件版本和不支持的 "iPod" 型号如表 6 - 8 所示。未列于 "支持的 'iPod' 型号和固件版本" 中的 "iPod" 型号和固件版本可能不工作或不能正常工作。根据所使用 "iPod" 版本的不同，对车辆指令的回应可能延迟。

表 6 - 8　支持的 "iPod" 型号和固件版本、不支持的 "iPod" 型号

支持的 "iPod" 型号	支持的固件版本	不支持的 "iPod" 型号
"iPod" 5G	版本 1.2 或更高	"iPod shuffle"
"iPod Nano" 1G	版本 1.3 或更高	"iPone"
"iPod Nano" 2G	版本 1.1.2 或更高	"iPod" 1G、2G、3G、4G

续上表

支持的 "iPod" 型号	支持的固件版本	不支持的 "iPod" 型号
"iPod Nano" 3G	版本 1.0 或更高	"iPod mini"
"iPod touch"	版本 1.1 或更高	
"iPod classic"	版本 1.0 或更高	

与标准和限制相关的项目如下：

·设备内列表的最大数量：9999

·设备内歌曲的最大数量：65535

·每个列表内歌曲的最大数量：65535

（8）ASL（自动音频补偿）功能

自动音频补偿（ASL）功能自动调节音响系统的音量级别以抵消增大的车辆噪声（随着车速的提高车辆噪声将增大）。ASL 根据从组合仪表接收到的车速信号调节音量。

4. 汽车音响系统电路图，如图 6 – 23 所示。

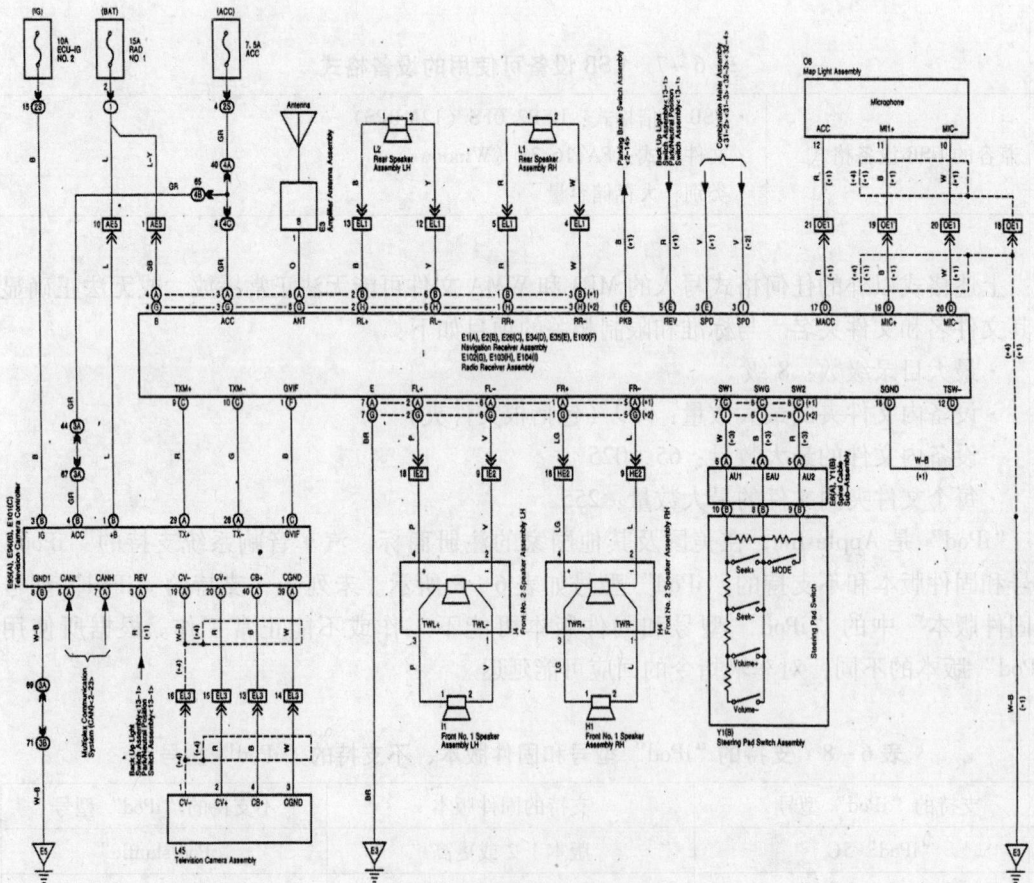

图 6 – 23　音响系统电路图

三、故障诊断

根据故障诊断流程图 6 – 24 进行实际操作。

视实际情况需要，选择诊断流程。但是，检查维修前准备工作、检查安全防护工作、检查蓄电池电压项、功能操作确认项、质检项、故障排除和结束项一定要完成。

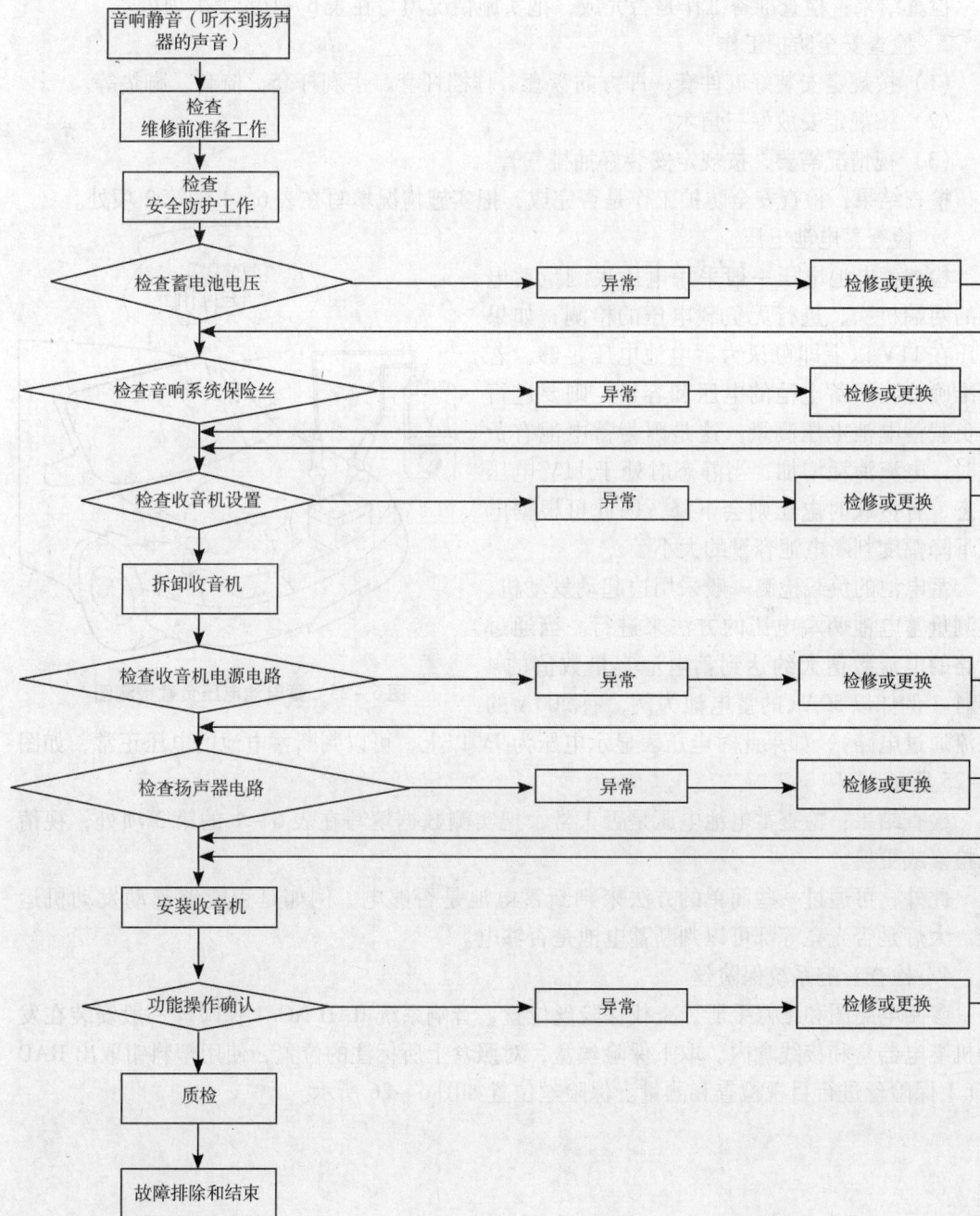

图 6 – 24　丰田卡罗拉轿车音响静音 （听不到扬声器的声音） 故障诊断流程图

1．检查维修前准备工作

（1）检查仪容仪表是否符合要求。例如是否穿好工作服等。

（2）准备好本项目需要用到的仪表、仪器、设备、工具、量具。例如数字万用表、电脑检测仪、常用工具等。

（3）准备好本项目需要用到的材料、资料。例如抹布、维修手册、相关资料等。

检查结果：检查准备工作是否完成，把实施情况填写在表6-1的第1项处。

2．检查安全防护工作

（1）按规定安装好五件套，即方向盘套、挂档杆套、手刹杆套、椅套、脚垫等。

（2）按规定安放好三角木。

（3）视情况需要，按规定安装好抽排气管。

检查结果：检查安全防护工作是否完成，把实施情况填写在表6-1的第2项处。

3．检查蓄电池电压

检查蓄电池电压一般采用电压表测量蓄电池的两端桩头，进行无负载电压的检测，如果电压在11V以上即可认为蓄电池电压足够。若更准确地测量蓄电池的电压和容量，则要进行有负载蓄电池电压测量。这是因为蓄电池有负载时，电流消耗增加，当静态时处于11V电压状态，有负载时电压则会下降，因此可根据电压下降幅度判断电池容量的大小。

蓄电池的负载检测一般采用边起动发动机、边测量蓄电池两端电压的方法来进行。当通过电路的电流数值大约达到蓄电池容量数值的4倍时（例如以50Ah的蓄电池为例，有200A的电流通过电路），如果此时电压表显示电压为9V以上，可以判断蓄电池的电压正常，如图6-25所示。

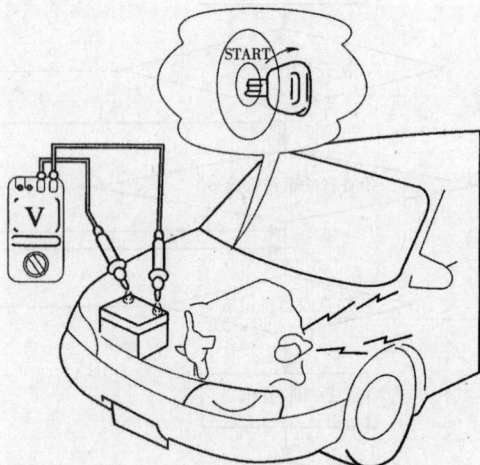

图6-25　蓄电池电压负载检测图

检查结果：检查蓄电池电压是否正常，把实测数据填写在表6-1的第3项处，视情况检修或更换。

此外，可通过一些简单的方法来判断蓄电池是否够电，例如是否能够起动发动机运转、大灯是否光亮等都可以判断蓄电池是否够电。

4．检查音响系统保险丝

参阅电路图和维修手册，查找保险丝位置，音响系统RAD NO.1保险丝一般安装在发动机继电器盒和接线盒内。取下保险丝盒，对照盒上所标注的位置，使用塑料钳取出RAD NO.1保险丝进行目视检查和测量。保险丝位置如图6-26所示。

发动机室继电器盒和接线盒
-RAD NO.1保险丝

前门扬声器（左前2号扬声器）

组合仪表

螺旋电缆

阅读灯总成
-扩音器*1

收音机

前门扬声器（右前2号扬声器）

车窗玻璃天线引线

天线放大器

仪表板接线盒
-ACC保险丝
-PANEL保险丝
-尾灯继电器

方向盘装饰
盖开关*3

前门扬声器（左前1号扬声器）

后杂物箱扬声器（右后扬声器）

后杂物箱扬声器（左后扬声器）

前门箱扬声器（右前1号扬声器）

多媒体接口ECU*2

1号立体声插座适配器总成*2

*1：带扩音器
*2：带1号立体声插座适配器总成
*3：带方向盘装饰盖开关

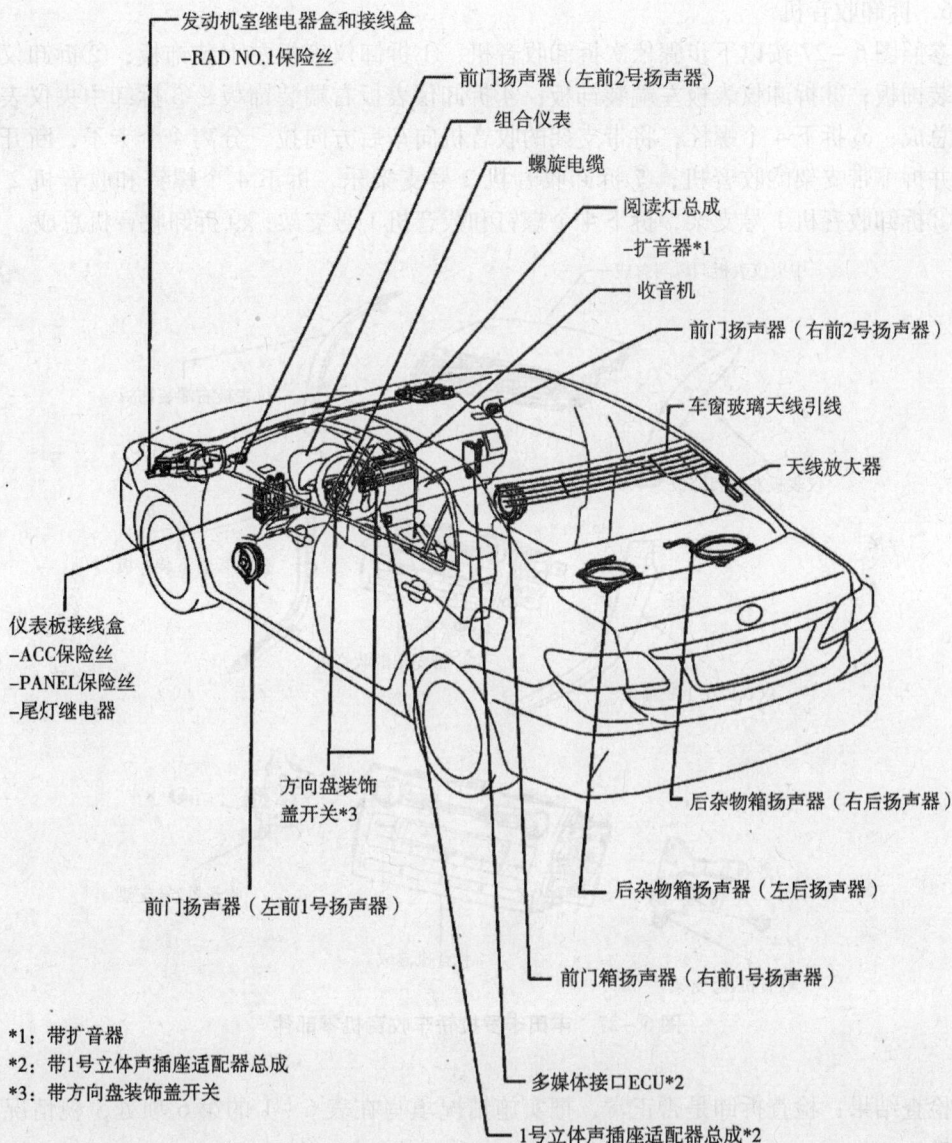

图6-26 RAD NO.1 保险丝位置图

检查结果：检查音响系统 RAD NO.1 保险丝是否正常，把实测数据填写在表6-1的第4项处，视情况检修或更换。

5．检查收音机设置
检查并确认音量未设定为"0"，检查并确认"MUTE"开关关闭。
检查结果：检查音响系统音量是否设定为"0"和"MUTE"开关是否关闭，把实测数据填写在表6-1的第5项处，视情况检修或更换。

143

6. 拆卸收音机

参照图 6 – 27 按以下步骤依次拆卸收音机：①拆卸仪表板左下装饰板；②拆卸仪表板右下装饰板；③拆卸仪表板左端装饰板；④拆卸仪表板右端装饰板；⑤拆卸中央仪表板调风器总成；⑥拆下 4 个螺栓，将带支架的收音机向车后方向拉，分离 4 个卡子，断开各连接器并拆下带支架的收音机；⑦拆卸收音机 2 号支架乐，拆下 4 个螺钉和收音机 2 号支架；⑧拆卸收音机 1 号支架，拆下 4 个螺钉和收音机 1 号支架；⑨拆卸收音机总成。

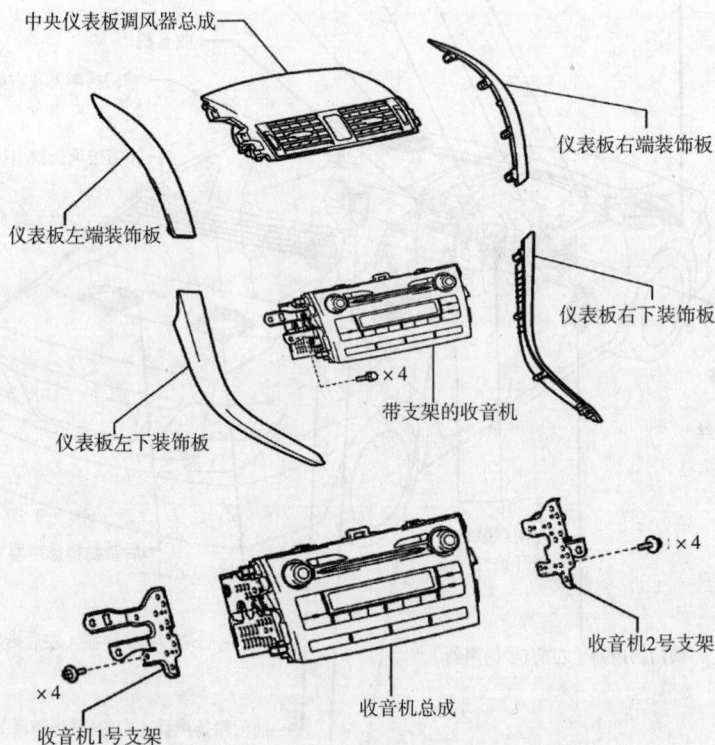

图 6 – 27　丰田卡罗拉轿车收音机零部件

检查结果：检查拆卸是否正常，把实施情况填写在表 6 – 1 的第 6 项处，视情况检修或更换。

7. 检查收音机电源电路

（1）检查 AVC – LAN 电路

连接至 AVC – LAN（通信总线）的各音响系统零部件通过音频/视频通信局域网来传输开关信号。如果该 AVC – LAN 中出现对 +B 短路或对搭铁短路，则音响系统将因无法通信而不能正常工作。AVC – LAN 电路如图 6 – 28 所示。

1）检查线束或连接器。断开所有 AVC – LAN 电路中的所有连接器，根据表 6 – 9 的数据，测量线路电阻值。

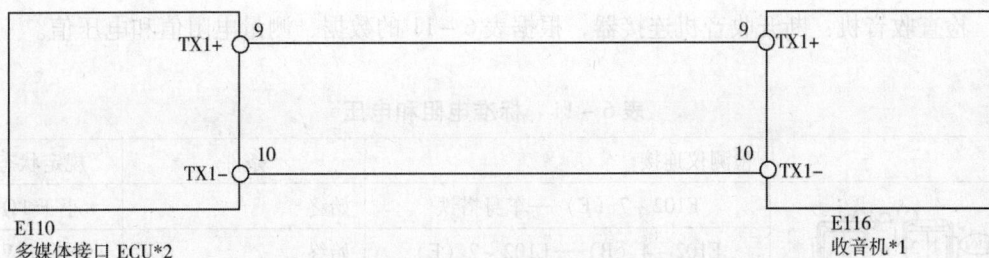

*1：主单元　　　*2：从属单元

图 6 - 28　丰田卡罗拉轿车 AVC - LAN 电路图

表 6 - 9　标准电阻

检测仪连接	条件	规定状态
E116 - 9（TXM +）—E110 - 9（TX1 +）	始终	小于 1Ω
E116 - 10（TXM -）—E110 - 10（TX1 -）	始终	小于 1Ω

检查结果：检查电阻值是否正常，把实测数据填写在表 6 - 1 的第 7 项处，视情况检修或更换。

2）检查收音机：断开收音机连接器，根据表 6 - 10 的数据，测量电阻值。

表 6 - 10　标准电阻

检测仪连接	条件	规定状态
E116 - 9（TXM +）—E116 - 10（TXM -）	始终	60 ~ 80Ω

检查结果：检查电阻值是否正常，把实测数据填写在表 6 - 1 的第 7 项处，视情况检修或更换。

3）检查故障零件。断开从属单元，检查主单元的工作情况是否恢复正常。如果断开一个从属单元可使主单元的工作情况恢复正常，则表明该从属单元有故障，更换从属单元。

（2）检查收音机电源电路

该电路为收音机提供电源电路图，如图 6 - 29 所示。

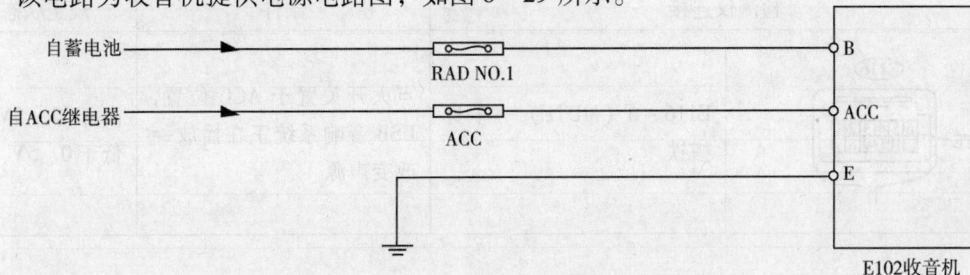

图 6 - 29　丰田卡罗拉轿车收音机电源电路图

145

检查收音机：断开收音机连接器，根据表6-11的数据，测量电阻值和电压值。

表6-11　标准电阻和电压

检测仪连接		条件	规定状态
	E102-7（E）—车身搭铁	始终	小于1Ω
	E102-4（B）—E102-7（E）	始终	11~14V
	E102-3（ACC）—E102-7（E）	点火开关置于"ON（IG）"位置	11~14V

检查结果：检查电阻值和电压值是否正常，把实测数据填写在表6-1的第7项处，视情况检修或更换。

（3）检查收音机和多媒体接口 ECU 之间的静噪信号电路。

多媒体接口 ECU 将静噪信号发送到收音机，收音机根据来自多媒体接口 ECU 的静噪信号控制音量，发送静噪信号可减弱在切换模式时产生的噪音和噼啪声。如果该电路断路，则改变声源时会从扬声器听到噪音。如果该电路短路，即使收音机工作，也听不到声音或只能听到极微弱的声音。如图6-30所示。

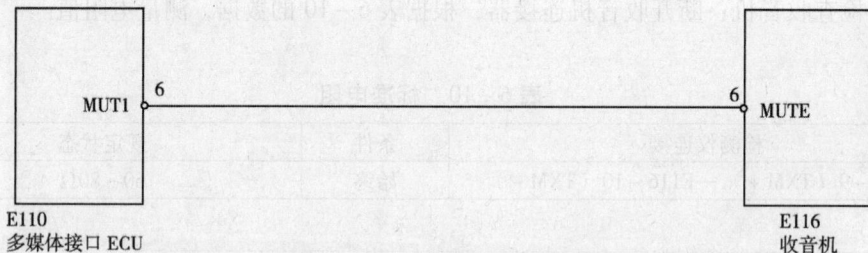

图6-30　收音机和多媒体接口 ECU 之间的静噪信号电路图

1）检查收音机。根据表6-12的数据，测量电压值。

表6-12　标准电压

检测仪连接		条件	规定状态
	E116-6（MUTE）—车身搭铁	点火开关置于 ACC 位置，USB 音响系统正在播放→改变声源	高于 2.5V→低于 0.5V

检查结果：检查电压值是否正常，把实测数据填写在表6-1的第7项处，视情况检修或更换。

2）检查线束和连接器（收音机 – 多媒体接口 ECU）。断开收音机和多媒体接口 ECU 的连接器，根据表 6 – 13 的数据，测量电压值。

表 6 – 13　标准电阻

检测仪连接		条件	规定状态
	E116 – 6（MUTE）—E110 – 6（MUT1）	始终	小于 1Ω
	E116 – 6（MUTE）—车身搭铁	始终	10kΩ 或更大

检查结果：检查电阻值是否正常，把实测数据填写在表 6 – 1 的第 7 项处，视情况检修或更换。

3）检查多媒体接口 ECU。重新连接多媒体接口 ECU 连接器，根据表 6 – 14 的数据，测量电压值。异常则更换多媒体接口 ECU；正常更换收音机。

表 6 – 14　标准电压

检测仪连接		条件	规定状态
	E110 – 6（MUT1）—车身搭铁	点火开关置于 ACC 位置	高于 2.5V

检查结果：检查电压值是否正常，把实测数据填写在表 6 – 1 的第 7 项处，视情况检修或更换。

8．检查扬声器电路

收音机具有内置式放大器时，可通过该电路将来自收音机的声音信号发送至扬声器。电路如图 6 – 31 所示。

（1）检查线束或连接器

1）从收音机和扬声器上断开连接器，根据表 6 – 15 的数据，测量各前 2 号扬声器和收音机之间的电阻，以检查线束是否断路。

检查结果：检查电阻值是否正常，把实测数据填写在表 6 – 1 的第 8 项处，视情况检修或更换。

2）断开连接器，根据表 6 – 16 的数据，测量各前 2 号扬声器和前 1 号扬声器之间的电阻，以检查线束是否断路。

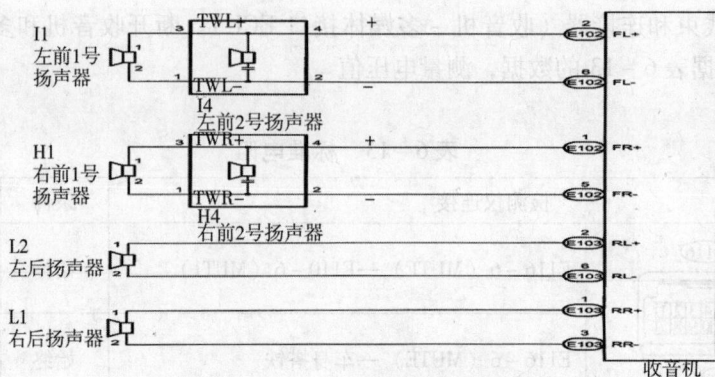

图 6-31　丰田卡罗拉轿车扬声器电路图

表 6-15　标准电阻

	检测仪连接	条件	规定状态
	E102-2（FL+）—I4-4（+）	始终	小于 1Ω
	E102-6（FL-）—I4-2（-）	始终	小于 1Ω
	E102-1（FR+）—H4-4（+）	始终	小于 1Ω
	E102-5（FR-）—H4-2（-）	始终	小于 1Ω

表 6-16　标准电阻

	检测仪连接	条件	规定状态
	I4-3（TWL+）—I1-1	始终	小于 1Ω
	I4-1（TWL-）—I1-2	始终	小于 1Ω
	H4-3（TWR+）—H1-1	始终	小于 1Ω
	H4-1（TWR-）—H1-2	始终	小于 1Ω

检查结果：检查电阻值是否正常，把实测数据填写在表 6-1 的第 8 项处，视情况检修或更换。

3）断开连接器，根据表 6-17 的数据，测量各后扬声器和收音机之间的电阻，以检查线束是否断路。

表6-17　标准电阻

检测仪连接		条件	规定状态
	E103-2（RL+）—L2-1	始终	小于1Ω
	E103-6（RL-）—L2-2	始终	小于1Ω
	E103-1（RR+）—L1-1	始终	小于1Ω
	E103-3（RR-）—L1-2	始终	小于1Ω

检查结果：检查电阻值是否正常，把实测数据填写在表6-1的第8项处，视情况检修或更换。

4）断开连接器，根据表6-18的数据，测量各扬声器和车身搭铁之间的电阻，以检查线束是否短路。

检查结果：检查电阻值是否正常，把实测数据填写在表6-1的第8项处，视情况检修或更换。

（2）检查前1号扬声器

断开连接器，根据表6-19的数据，测量扬声器端子之间的电阻值。

表6-18　标准电阻

检测仪连接		条件	规定状态
	E102-2（FL+）—车身搭铁	始终	10kΩ或更大
	E102-6（FL-）—车身搭铁	始终	10kΩ或更大
	E102-1（FR+）—车身搭铁	始终	10kΩ或更大
	E102-5（FR-）—车身搭铁	始终	10kΩ或更大
	I4-3（TWL+）—车身搭铁	始终	10kΩ或更大
	I4-1（TWL-）—车身搭铁	始终	10kΩ或更大
	H4-3（TWR+）—车身搭铁	始终	10kΩ或更大
	H4-1（TWR-）—车身搭铁	始终	10kΩ或更大
	E103-2（RL+）—车身搭铁	始终	10kΩ或更大
	E103-6（RL-）—L车身搭铁	始终	10kΩ或更大
	E103-1（RR+）—车身搭铁	始终	10kΩ或更大
	E103-3（RR-）—车身搭铁	始终	10kΩ或更大

表 6 - 19　标准电阻

检测仪连接		条件	规定状态
I1 H1 (连接器图)	I1 - 1—I1 - 2	始终	约 4Ω
	H1 - 1—H1 - 2	始终	约 4Ω

检查结果：检查电阻值是否正常，把实测数据填写在表 6 - 1 的第 8 项处，视情况检修或更换。

（3）检查前 2 号扬声器

安装另一正常扬声器后，检查故障是否消失。将所有连接器连接到前 2 号扬声器上。如果不能确定是左前扬声器还是右前扬声器出现故障，则互换这两个扬声器进行检查。对左侧和右侧执行以上检查。异常则更换前 2 号扬声器。

检查结果：检查视情况需要，把实施情况填写在表 6 - 1 的第 8 项处，视情况检修或更换。

（4）检查后扬声器

断开连接器，根据表 6 - 20 的数据，测量扬声器端子之间的电阻值。

表 6 - 20　标准电阻

检测仪连接		条件	规定状态
L2 L1 (连接器图)	L2 - 1—L2 - 2	始终	约 4Ω
	L1 - 1—L1 - 2	始终	约 4Ω

检查结果：检查电阻值是否正常，把实测数据填写在表 6 - 1 的第 8 项处，视情况检修或更换。

9. 安装收音机

按以下步骤依次安装收音机：（1）安装收音机总成。（2）用 4 个螺钉安装收音机 1 号支架。（3）用 4 个螺钉安装收音机 2 号支架。（4）连接各连接器。接合 4 个卡子，用 4 个螺栓安装带支架的收音机。（5）安装中央仪表板调风器总成。（6）安装仪表板左端装饰板。（7）安装仪表板右端装饰板。（8）安装仪表板左下装饰板。（9）安装仪表板右下装饰板。

检查结果：检查安装是否正常，把实施情况填写在表 6 - 1 的第 9 项处，视情况检修或更换。

10. 功能操作确认

收音机播放功能正常。

检查结果：检查播放功能是否正常，把实施情况填写在表 6 - 1 的第 10 项处，视情况检修或更换。

11．质检

自检和互检。在排除故障后，各小组同学之间互相检查一下本系统和相关的车身系统有没有受到检修过程中的影响，导致不能正常工作。

检查结果：检查本系统和相关的车身系统是否正常工作，把实施情况填写在表 6 - 1 的第 11 项处。

12．故障排除和结束

（1）装回所拆的零部件和附件，装回原位。

（2）收拾好所用的仪表、仪器、工具、量具、材料、资料等，物归原位。

（3）打扫、清洁实操场地。

检查结果：检查整理、清洁等工作是否正常完成，把实施情况填写在表 6 - 1 的第 12 项处。

项目拓展练习

请同学们自行根据某一车型轿车的音响静音（听不到扬声器的声音）的故障，制定一份完整而详细的解决方案，并对其进行全面而细致的说明。

_____

_____

_____

_____

_____

_____

_____

_____

_____

_____

_____

_____

_____

_____

_____

项目七
电动座椅（驾驶侧）不能工作故障检修

项目描述

汽车电动座椅是汽车车身电气系统的重要组成部分。检修电动座椅发生的各种故障是汽车维修企业经常处理的工作之一，规范地完成故障的检修是每个汽车维修中、高级工的常规工作。本项目是以一个电动座椅典型故障的检修为主线，指引汽车维修中、高级工学习接收顾客报修、收集信息、制订检修工作计划、实施维修作业、检查工作质量等故障检修的工作过程，并在此基础上进行项目学习总结、项目考核及相关知识的拓展。

项目目标

一、专业能力

1. 能够熟练规范地诊断与排除汽车电动座椅（驾驶侧）不能工作的故障。
2. 能够熟练使用汽车电动座椅系统故障诊断与检测设备。
3. 学会诊断与检测汽车电动座椅系统故障的方法。
4. 在实施过程中培养 6S 管理的工作意识。

二、方法能力

1. 具有根据工作任务制定工作计划的能力。
2. 具有实施、控制、评价和反馈工作计划的能力。
3. 培养查阅网上资料、原厂维修资料、汽车维修资料资源库等自主学习的能力。

三、社会能力

1. 培养学生分工合作和互相协助的团队精神。
2. 培养学生与他人交流沟通、表达意见的语言能力。
3. 培养对社会负责、对企业负责、对顾客负责的良好职业道德。

项目学时

建议学时：10 学时。

项目实施

从本项目实施开始，同学应分好组，确定好不同阶段各自的角色，比如：顾客、服务顾问、车间主任、维修工、质检等。

一、接待

1. 顾客报修

一辆丰田卡罗拉轿车电动座椅（驾驶侧）不能工作。

2. 迎接顾客

服务顾问按规定整理仪容仪表着装，出门迎接顾客入厂。

3. 问诊一：听取顾客要求，记录委托事项

服务顾问以亲切礼貌的态度认真听取顾客的描述，并在施工单上记录委托事项，见表 1-1。

4. 问诊二：讨论确定维修内容，填写施工单（R/O）上的内容

同学们分组学习相关知识，如有技术问题不明白或解决不了的，可以请老师参与进来一起学习、讨论，然后填写施工单（R/O）上维修内容项、必要零件项及交车时间。

见项目一的相关内容。

5. 实车检查

顾客在签订施工单后，服务顾客应尽快与顾客办理交车手续：接收顾客随车证件（特别是二保、年审车）并审验其证件有效性、完整性、完好性，如有差异应当时与顾客说明，并作相应处理。接收送修车时，应对所接车的外观、内饰表层、仪表、座椅等作一次视检，以确认有无异常，与顾客一起对表 1-2 中各事项进行确认，并记录在表中，将记录结果交与顾客签字确认。

6. 办理交车手续

根据项目实际维修工作量估价，如果不能保证质量，应事先向顾客作必要的说明。维修估价洽谈中，应明确维修配件是由维修厂还是由顾客方供应，用正厂件还是副厂件。把工具与物品装入为该车用户专门提供的存物箱内，车钥匙（总开关钥匙）要登记、编号并放在统一规定的车钥匙柜内。对当时油表、里程表标示的数字登记入表。

确定好维修任务的工时费、零件费用，进行报价，然后顾客在施工单上签字确认，即表示车辆进入车间维修环节。车辆送入车间时，车间接车人要办理接车签字手续。顾客办

完一切送修手续后，接待员应礼貌告知顾客手续全部办完，礼貌暗示可以离去。如顾客离去，接待员应起身致意送客，或送顾客至业务厅门口，致意："请走好，恕不远送"。

7. 办理进车间手续

顾客离去后，迅速处理"施工单"。接待员通知清洗车辆，然后将送修车送入车间，交车间主管或调度，并同时交随车的"施工单"，请接车人在"施工单"指定栏签名，并写明接车时间。

二、车间维修

1. 制订维修计划

根据施工单上的维修内容，按照原厂的维修资料和维修厂的要求，制订出规范的维修计划。

（1）分组学习相关知识，请各组同学根据丰田卡罗拉轿车原厂维修资料提供的检修步骤，在下面空白处绘制出丰田卡罗拉轿车电动座椅（驾驶侧）不能工作的诊断流程图。

（2）派工，安排施工人数和场地，确定所需施工设备。

2. 实施维修作业

表7-1为丰田卡罗拉轿车电动座椅（驾驶侧）故障诊断数据记录表，请各组同学根据图7-6丰田卡罗拉轿车电动座椅（驾驶侧）不能工作的故障诊断流程图，规范地实施维修作业，并将检测数据记录在相应格内。

表7-1 丰田卡罗拉轿车电动座椅（驾驶侧）不能工作的故障诊断数据记录表

流程	维修内容	维修技术要求		实施情况	技术要求标准
1	检查维修前准备工作	（1）整理仪容仪表		实施情况：	规定状态： 按规范穿着工作服，遵守仪容仪表的规范要求
		（2）准备仪表、仪器、设备、工具、量具		实施情况：	规定状态： 本项目需要用到的仪表、仪器、设备、工具、量具
		（3）准备材料、资料		实施情况：	规定状态： 本项目需要用到的材料、资料
2	检查安全防护工作	（1）安装五件套		实施情况：	规定状态： 按规定安装
		（2）安放三角木		实施情况：	规定状态： 按规定安放
		（3）视情况需要，安装抽排气管		实施情况：	规定状态： 视情况需要，按规定安装
3	检查蓄电池电压	（1）无负载电压测量：用万用表测量蓄电池的两端桩头的电压		实施情况：	规定状态： 11～14V

续上表

流程	维修内容	维修技术要求	实施情况	技术要求标准
3	检查蓄电池电压	（2）对亏电的蓄电池进行充电，对电容量不够的蓄电池进行修复或更换	实施情况：	规定状态： 11～14V
4	检查电动座椅系统保险丝	（1）在蓄电池电压正常的情况下：用塑料钳取出 P/SEAT 保险丝进行目视检查，看有无被烧毁的现象；或者测量电阻值	实施情况：	良好或者小于1Ω
		（2）如有烧毁，用万用表电阻档检查保险丝线路与车身之间是否短路	实施情况：	规定状态： 10kΩ 或更大
5	检查线束或连接器	检查线束或连接器（电动座椅开关、前排电动座椅腰部开关—电源、搭铁线路） 测量： P/SEAT—c3 – 1 P/SEAT—c4 – 3 c3 – 4—车身搭铁 c4 – 2—车身搭铁 c4 – 5—车身搭铁	实施情况：	规定状态： 点火开关位于"OFF"位置，始终小于1Ω
6	检查电动座椅开关	检查滑动开关，测量指定端子之间的电阻 测量： 状态：前 c3 – 1（B）—c3 – 9（SLDF） 状态：前 c3 – 4（E）—c3 – 6（SLDR） 状态：前 c3 – 1（B）—c3 – 6（SLDR） 状态：前 c3 – 4（E）—c3 – 9（SLDF）	实施情况：	规定状态： 小于1Ω 小于1Ω 10kΩ 或更大 10kΩ 或更大

续上表

流程	维修内容	维修技术要求		实施情况	技术要求标准
6	检查电动座椅开关	检查滑动开关，测量指定端子之间的电阻 	状态：OFF c3 - 4（E）—c3 - 6（SLDR）		小于1Ω
			状态：OFF c3 - 4（E）—c3 - 9（SLDF）		小于1Ω
			状态：OFF c3 - 1（B）—c3 - 6（SLDR）		10kΩ 或更大
			状态：OFF c3 - 1（B）—c3 - 9（SLDF）		10kΩ 或更大
			状态：后 c3 - 1（B）—c3 - 6（SLDR）		小于1Ω
			状态：后 c3 - 4（E）—c3 - 9（SLDF）		小于1Ω
			状态：后 c3 - 1（B）—c3 - 9（SLDF）		10kΩ 或更大
			状态：后 c3 - 4（E）—c3 - 6（SLDR）		10kΩ 或更大
		检查升降开关，测量指定端子之间的电阻	状态：开 c3 - 1（B）—c3 - 7（LUP）		小于1Ω
			状态：开 c3 - 4（E）—c3 - 8（LDWN）		小于1Ω
			状态：开 c3 - 1（B）—c3 - 8（LDWN）		10kΩ 或更大

续上表

流程	维修内容	维修技术要求		实施情况	技术要求标准
6	检查电动座椅开关	座椅靠背倾角调节开关 滑动开关　升降开关 c3　RCLF　RCLR　B E　4 3　2 1 10 9 8 7　6 5 SLDF LDWN LUP SLDR	状态：开 c3－4（E）—c3－7（LUP）		10kΩ 或更大
			状态：OFF c3－4（E）—c3－7（LUP）		小于1Ω
			状态：OFF c3－4（E）—c3－8（LDWN）		小于1Ω
			状态：OFF c3－1（B）—c3－7（LUP）		10kΩ 或更大
			状态：OFF c3－1（B）—c3－8（LDWN）		10kΩ 或更大
			状态：降 c3－1（B）—c3－8（LDWN）		小于1Ω
			状态：降 c3－4（E）—c3－7（LUP）		小于1Ω
			状态：降 c3－1（B）—c3－7（LUP）		10kΩ 或更大
			状态：降 c3－4（E）—c3－8（LDWN）		10kΩ 或更大
		检查座椅靠背倾角调节开关，测量指定端子之间的电阻	状态：前 c3－1（B）—c3－3（RCLF）		小于1Ω
			状态：前 c3－4（E）—c3－2（RCLR）		小于1Ω

续上表

流程	维修内容	维修技术要求		实施情况	技术要求标准
6	检查电动座椅开关		状态：前 c3 – 1 （B） —c3 – 2 （RCLR）		10kΩ 或更大
			状态：前 c3 – 4 （E） —c3 – 3 （RCLF）		10kΩ 或更大
			状态：OFF c3 – 4 （E） —c3 – 2 （RCLR）		小于1Ω
			状态：OFF c3 – 4 （E） —c3 – 3 （RCLF）		小于1Ω
			状态：OFF c3 – 1 （B） —c3 – 3 （RCLF）		10kΩ 或更大
			状态：OFF c3 – 1 （B） —c3 – 2 （RCLR）		10kΩ 或更大
			状态：后 c3 – 1 （B） —c3 – 2 （RCLR）		小于1Ω
			状态：后 c3 – 4 （E） —c3 – 3 （RCLF）		小于1Ω
			状态：后 c3 – 1 （B） —c3 – 3 （RCLF）		10kΩ 或更大
			状态：后 c3 – 4 （E） —c3 – 2 （RCLR）		10kΩ 或更大

159

续上表

流程	维修内容	维修技术要求	实施情况	技术要求标准
7	检查电动座椅总成	检查滑动调节电动机、升降器电动机和座椅靠背倾角调节电动机工作情况	操作：蓄电池连接到滑动调节电动机连接器端子上 c1 2 1	条件： 蓄电池正极（+）→ c1 − 1 蓄电池负极（−）→ c1 − 2
			实施情况：	规定状态： 方向向前
				条件： 蓄电池正极（+）→ c1 − 2 蓄电池负极（−）→ c1 − 1
			实施情况：	规定状态： 方向向后
			操作： 蓄电池连接到升降器电动机连接器端子上 c2 2 1	条件： 蓄电池正极（+）→ c2 − 2 蓄电池负极（−）→ c2 − 1
			实施情况：	规定状态： 方向向上
				条件： 蓄电池正极（+）→ c2 − 1 蓄电池负极（−）→ c2 − 2

续上表

流程	维修内容	维修技术要求		实施情况	技术要求标准
7	检查电动座椅总成	检查滑动调节电动机、升降器电动机和座椅靠背倾角调节电动机工作情况	操作：蓄电池连接到座椅靠背倾角调节电动机连接器端子上 d1	实施情况：	规定状态：方向向下
				条件：蓄电池正极（＋）→ d1－2 蓄电池负极（－）→ d1－1	
				实施情况：	规定状态：方向向前
				条件：蓄电池正极（＋）→ d1－1 蓄电池负极（－）→ d1－2	
				实施情况：	规定状态：方向向后
8	检查电动座椅腰部开关	检查电动座椅腰部开关	测量：状态：前 c4－1（R）—c4－2（E2）	实施情况：	规定状态：小于1Ω
			状态：前 c4－3（B）—c4－4（H）		小于1Ω
			状态：OFF c4－1（R）—c4－2（E2）		小于1Ω
			状态：OFF c4－4（H）—c4－5（E）		小于1Ω

续上表

流程	维修内容	维修技术要求		实施情况	技术要求标准
8	检查电动座椅腰部开关		状态：后 c4-1（R）—c4-3（B）		小于1Ω
			状态：后 c4-4（H）—c4-5（E）		小于1Ω
9	功能操作确认	操作电动座椅开关，检查并确认功能是否正常	操作： （1）滑动 （2）座椅靠背倾角调节 （3）腰部支撑 （4）升降	实施情况： 规定状态： 良好	
10	质检	自检和互检	操作： 检查本系统和相关的车身系统是否正常工作	实施情况： 规定状态： 良好	
11	故障排除和结束		操作： （1）是否装回所拆的零部件和附件，装回原位 （2）是否收拾好所用的仪器、仪表、工具、量具、材料、资料等，物归原位 （3）是否打扫、清洁好实操场地	实施情况： 规定状态：	按照6S管理的要求：整理、整顿、清扫、清洁、素养、安全

三、完工检查

维修工维修完工后，在施工单上签字，交给车间主任；车间主任确认施工单，向检查人员明确需修理的内容，确认没问题后，由检查人员在施工单（R/O）上签字；检查人员指示维修工在车辆维修之后把车辆清洗干净。

四、车辆检查

服务顾问从车间主任处收到施工单（R/O）、更换的零件及钥匙后，开始检查车辆。这是最后一次检查确认顾客所提出的检修部位，因此在检查时一定要注意以下几点：

1. 完工车辆是否干净、整洁。

2. 顾客的车辆是否受到损坏或划伤。

3. 修理中使用的工具、量具或其他维修设备是否遗忘在车上。

五、结算交车

项目评价与控制

一、接待环节评价

根据接待情况，在接待评价表 1 – 4 中打勾。

二、车间维修环节评价

根据车间维修情况，在车间维修评价表 1 – 5 中打勾。

项目总结与反馈

见项目一的相关内容。

项目相关知识

一、注意事项

见项目一的相关内容。

二、电动座椅组成、作用、工作原理、位置和功能

1. 电动座椅的作用、组成和工作原理

汽车座椅的主要作用是为驾驶员及乘员提供便于操作、舒适安全、不易疲劳的驾乘位置。电动座椅是指以电动机为动力，通过传动装置和执行机构来调节座椅的各种位置，使驾驶员或乘员乘坐舒适的座椅。

电动座椅因操作方便、结构简单被广泛应用。按照座椅电机的数目和调节方向数目的不同，电动座椅一般有两向、四向、六向、八向和多向可调等。更先进的电动座椅功能更加完善，可具备座椅的前后调节、上下调节、座位前部的上下调节、靠背的倾斜调节、侧背的倾斜调节、侧背支撑调节、腰椎支撑调节、靠枕的上下、前后调节等多向可调等。

（1）基本组成

为了实现座椅的调节，电动座椅一般由若干个双向电动机、传动装置和座椅调节器、控制电路等组成。

双向电动机用来产生动力。电动座椅中使用的电机一般为永磁式双向直流电动机，通过控制开关改变流经电机内部的电流方向，从而实现转动方向的改变。传动装置用来把电动机产生的动力传至座椅，通过控制开关实现座椅不同位置的调节。传动装置主要包括变速器、联轴节软轴及齿轮传动。卡罗拉电动座椅的结构和电机的安装位置分别如图 7 - 1 和图 7 - 2 所示。

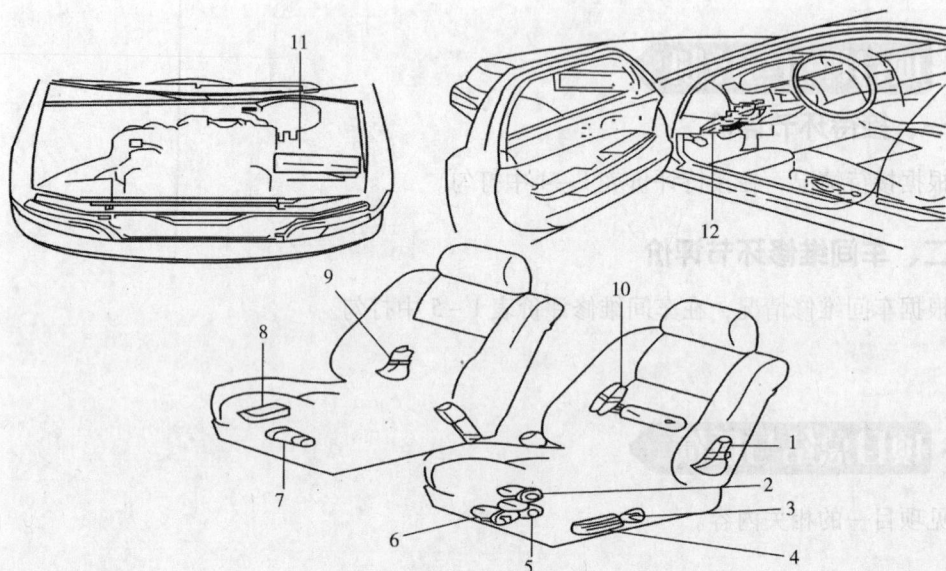

图 7 - 1　典型电动座椅的结构

1，9 - 倾斜电动机；2 - 后垂直电动机；3 - 腰垫开关；4，8 - 电动座椅开关；5 - 前垂直电动机；6，7 - 滑动电动机；
10 - 腰垫电动机；11 - 2 号接线盒；12 - 1 号接线盒

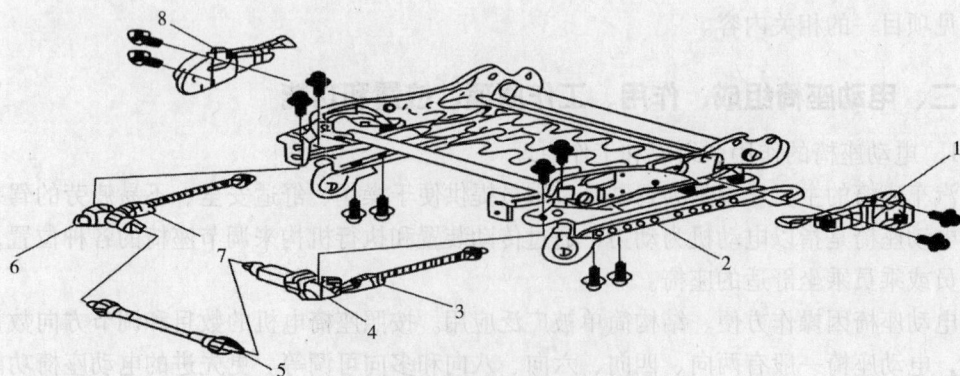

图 7 - 2　座椅电动机的安装位置

1 - 后部上下调整电动机；2 - 滑动导轨；3，7 - 调整螺栓；4 - 滑动电动传动齿轮箱；5 - 滑动连接拉线；
6 - 右侧滑动齿轮箱；8 - 前部上下调整电动机

（2）工作原理

图 7 – 3 为电动座椅控制电路，该电动座椅包括滑动电机、前垂直电机、倾斜电机、后垂直电机和腰椎电机，可以实现座椅的前后移动、前部高度调节、靠背倾斜程度调节、后部高度调节及腰部前后调节。下面以座椅靠背的倾斜调节为例，介绍电路的控制过程：

当电动座椅的开关处于倾斜位置时，如果要调整靠背向前倾斜，则闭合倾斜电机的前进方向开关，即端子 4 置于左位时，电路为：蓄电池正极→FLALT→FLAMI→DOOR CB→端子 14→（倾斜开关"前"）→端子 4→1（2）端子→倾斜电动机→2（1）端子→端子 3→端子 13→搭铁，此时座椅靠背前移；端子 3 置于右位时，倾斜电动机反转，座椅靠背后移，此时的电路为：蓄电池正极→FLALT→FLAMI→DOOR CB→端子 14→（倾斜开关"后"）→端子 3→2（1）端子→倾斜电动机→1（2）端子→端子 4→端子 13→搭铁。

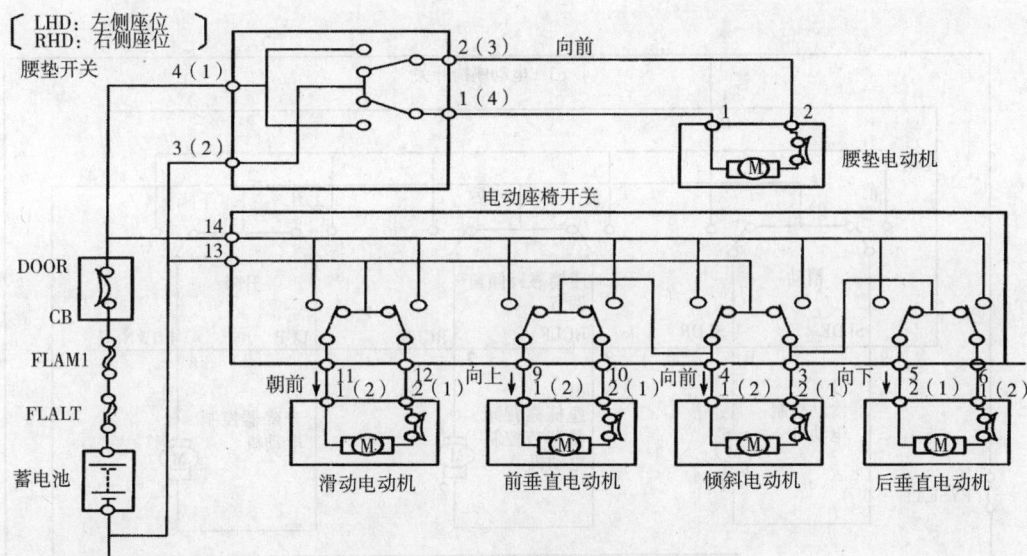

图 7 – 3　电动座椅的控制电路图

2. 前排电动座椅控制系统零件位置图

前排电动座椅控制系统零件位置如图 7 – 4 所示。

3. 前排电动座椅系统

前排电动座椅系统如图 7 – 5 所示。

4. 电动座椅系统功能

前排电动座椅控制系统具有滑动、座椅靠背倾角调节、升降和腰部支撑调节功能。各主要零部件的功能如表 7 – 2 所示。

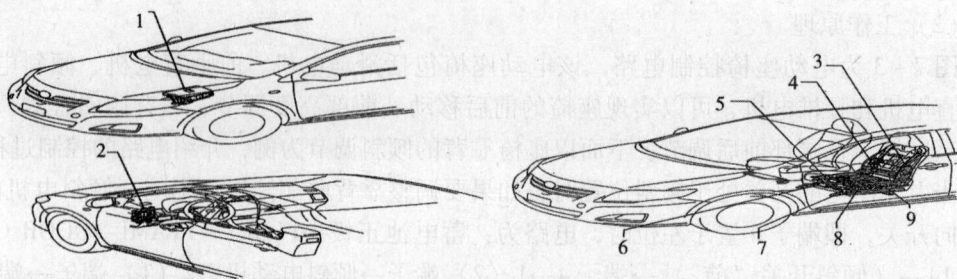

图 7-4 前排电动座椅控制系统零件位置图

1-发动机室接线盒和继电器盒，ALT 保险丝；2-仪表板接线盒，P/SEAT 保险丝；3-座椅靠背倾角调节电动机；
4-腰部支撑调节器总成；5-升降器电动机；6-滑动调节电动机；7-前排座椅总成（滑动调节电动机，升降器电
动机，座椅靠背倾角调节电动机）；8-电动座椅开关；9-前排电动座椅腰部开关

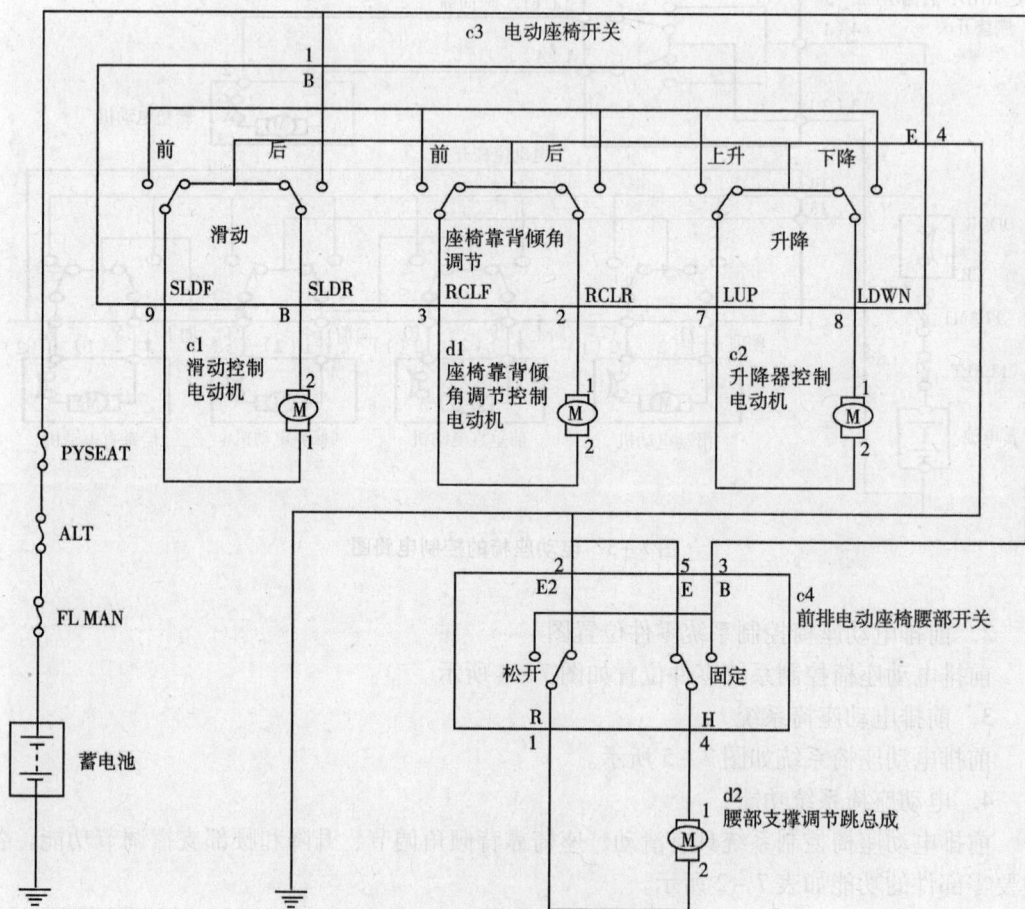

图 7-5 前排电动座椅系统图

表 7 - 2　功能表

零部件	功能
前排座椅总成（滑动调节电动机）	根据来自电动座椅开关的信号进行操作，电动机被激活，可以向前和向后滑动座椅
前排座椅总成（座椅靠背倾角调节电动机）	根据来自电动座椅开关的信号进行操作，电动机被激活，可以使座椅倾斜和调节座椅靠背倾角
前排座椅总成（升降器电动机）	根据来自电动座椅开关的信号进行操作，可以使座椅垂直上升和下降
腰部支撑调节器总成	根据来自前排电动座椅腰部开关的信号进行操作，可以调节腰部支撑
前排电动座椅腰部开关	根据开关操作，对座椅进行相应调节

三、故障诊断

根据故障诊断流程图 7 - 6 进行实际操作。

视实际情况需要，选择诊断流程。但是，检查维修前准备工作、检查安全防护工作、检查蓄电池电压项、功能操作确认项、质检项、故障排除和结束项一定要完成。

1．检查维修前准备工作

（1）检查仪容仪表是否符合要求。例如是否穿好工作服等。

（2）准备好本项目需要用到的仪表、仪器、设备、工具、量具。例如数字万用表、电脑检测仪、常用工具等。

（3）准备好本项目需要用到的材料、资料。例如抹布、维修手册、相关资料等。

检查结果：检查准备工作是否完成，把实施情况填写在表 7 - 1 的第 1 项处。

2．检查安全防护工作

（1）按规定安装好五件套，即方向盘套、挂档杆套、手刹杆套、椅套、脚垫等。

（2）按规定安放好三角木。

（3）视情况需要，按规定安装好抽排气管。

检查结果：检查安全防护工作是否完成，把实施情况填写在表 7 - 1 的第 2 项处。

3．检查蓄电池电压

检查蓄电池电压一般采用电压表测量蓄电池的两端桩头，进行无负载电压的检测，如果电压在 11V 以上即可认为蓄电池电压足够。若更准确地测量蓄电池的电压和容量，则要进行有负载蓄电池电压测量。这是因为蓄电池有负载时，电流消耗增加，当静态时处于 11V 电压状态，有负载时电压则会下降，因此可根据电压下降幅度判断电池容量的大小。

蓄电池的负载检测一般采用边起动发动机、边测量蓄电池两端电压的方法来进行。当通过电路的电流数值大约达到蓄电池容量数值的 4 倍时（例如以 50Ah 的蓄电池为例，有 200A 的电流通过电路），如果此时电压表显示电压为 9V 以上，可以判断蓄电池的电压正常，如图 7 - 7 所示。

```
┌─────────────────┐
│  电动座椅（驾驶侧）  │
│     不能工作      │
└─────────────────┘
         │
┌─────────────────┐
│       检查        │
│    维修前准备工作   │
└─────────────────┘
         │
┌─────────────────┐
│       检查        │
│    安全防护工作    │
└─────────────────┘
         │
    ◇───────────◇        ┌──────┐      ┌──────────┐
    检查蓄电池电压  ──────→│ 异常 │─────→│ 检修或更换 │
    ◇───────────◇        └──────┘      └──────────┘
         │
    ◇───────────◇        ┌──────┐      ┌──────────┐
    检查电动座椅    ──────→│ 异常 │─────→│ 检修或更换 │
     系统保险丝             └──────┘      └──────────┘
    ◇───────────◇
         │
    ◇───────────◇        ┌──────┐      ┌──────────┐
  检查线束或连接器  ──────→│ 异常 │─────→│ 检修或更换 │
    ◇───────────◇        └──────┘      └──────────┘
         │
    ◇───────────◇        ┌──────┐      ┌──────────┐
  检查电动座椅开关  ──────→│ 异常 │─────→│ 检修或更换 │
    ◇───────────◇        └──────┘      └──────────┘
         │
    ◇───────────◇        ┌──────┐      ┌──────────┐
  检查电动座椅总成  ──────→│ 异常 │─────→│ 检修或更换 │
    ◇───────────◇        └──────┘      └──────────┘
         │
    ◇───────────◇        ┌──────┐      ┌──────────┐
  检查电动座椅腰部开关──────→│ 异常 │─────→│ 检修或更换 │
    ◇───────────◇        └──────┘      └──────────┘
         │
    ◇───────────◇        ┌──────┐      ┌──────────┐
  功能操作确认    ──────→│ 异常 │─────→│ 检修或更换 │
    ◇───────────◇        └──────┘      └──────────┘
         │
    ┌────────┐
    │  质检   │
    └────────┘
         │
    ┌──────────────┐
    │  故障排除和结束  │
    └──────────────┘
```

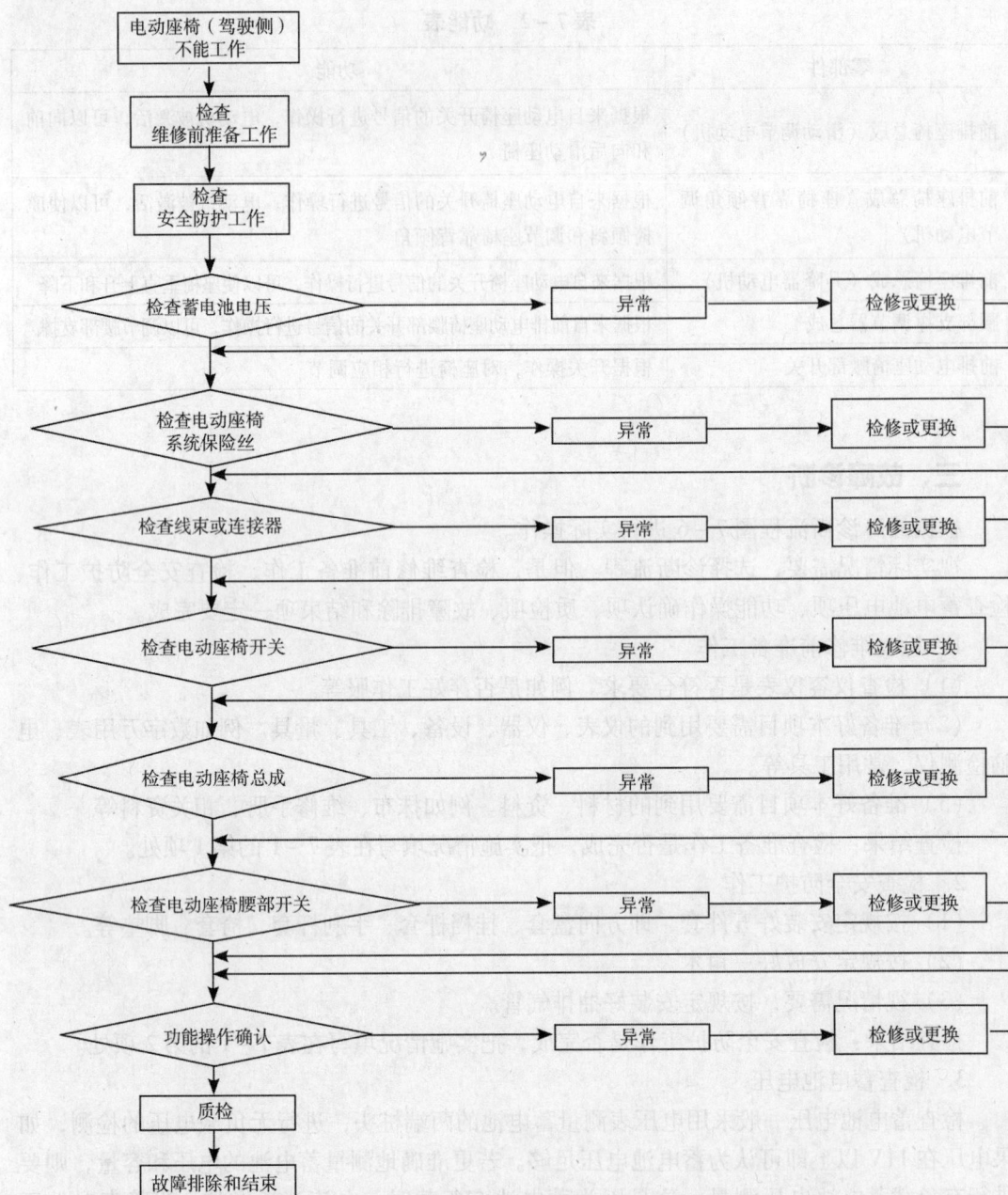

图 7-6 丰田卡罗拉轿车电动座椅（驾驶侧）不能工作的故障诊断流程图

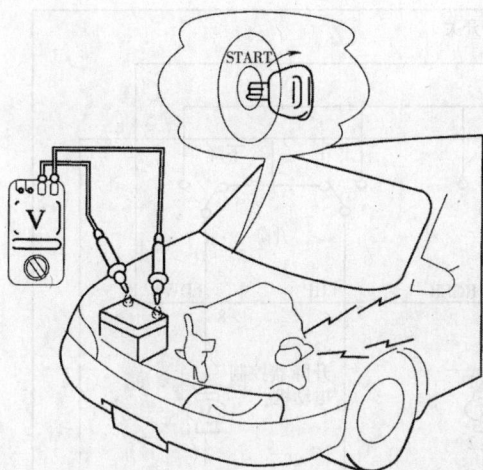

图 7-7　蓄电池电压负载检测图　　　　图 7-8　保险丝位置图

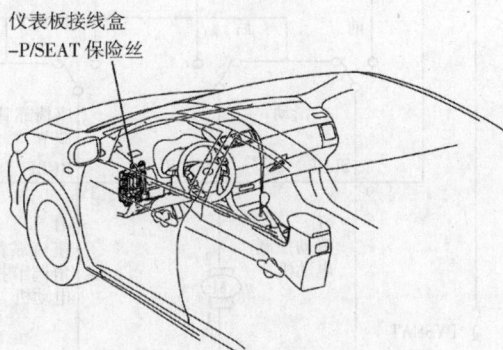

　　检查结果：检查蓄电池电压是否正常，把实测数据填写在表 7-1 的第 3 项处，视情况检修或更换。

　　此外，可通过一些简单的方法来判断蓄电池是否够电，例如是否能够起动发动机运转、大灯是否光亮等都可以判断蓄电池是否够电。

　　4. 检查电动座椅系统保险丝

　　参阅电路图和维修手册，查找保险丝位置，电动座椅 P/SEAT 保险丝一般安装在转向盘下仪表板接线盒内。取下保险丝盒，对照盒上所标注的位置，使用塑料钳取出 P/SEAT 保险丝进行目视检查和测量。保险丝位置如图 7-8 所示。

　　检查结果：检查 P/SEAT 保险丝是否正常，把实测数据填写在表 7-1 的第 4 项处，视情况检修或更换。

　　5. 检查线束或连接器

　　检查线束或连接器（电动座椅开关、前排电动座椅腰部开关—电源、搭铁线路），如图 7-9 所示。

　　（1）断开电动座椅连接器 c3 和前排电动座椅腰部连接器 c4。

　　（2）根据表 7-3 的数据，测量线路的电阻值。

表 7-3　标准电阻

开关条件	测量条件	规定状态
P/SEAT—c3-1	点火开关位于 OFF 位置	始终小于 1Ω
P/SEAT—c4-3	点火开关位于 OFF 位置	始终小于 1Ω
c3-4—车身搭铁	点火开关位于 OFF 位置	始终小于 1Ω
c4-2—车身搭铁	点火开关位于 OFF 位置	始终小于 1Ω
c4-5—车身搭铁	点火开关位于 OFF 位置	始终小于 1Ω

c3 电动座椅开关

1

B

前　后　前　后　上升　下降　E 4

滑动

座椅靠背倾角调节

升降

SLDF　SLDR　RCLF　RCLR　LUP　LDWN

9　B　3　2　7　8

c1 滑动控制电动机　d1 座椅靠背倾角调节控制电动机　c2 升降器控制电动机

PYSEAT

ALT

FL MAN

蓄电池

2　5　3

E2　E　B　c4 前排电动座椅腰部开关

松开　固定

R　H

1　4

d2 腰部支撑调节跳总成

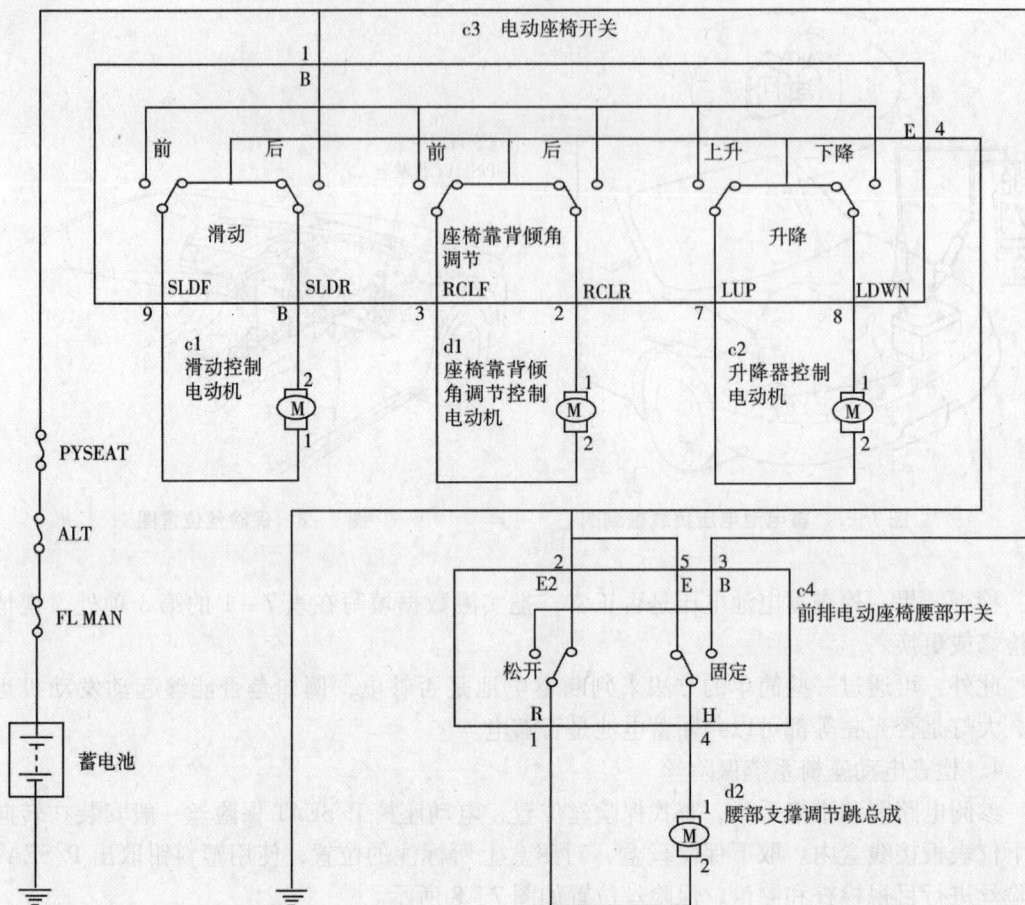

图7-9　电动座椅电路

检查结果：检查电阻值是否正常，把实测数据填写在表7-1的第5项处，视情况检修或更换。

6. 检查电动座椅开关

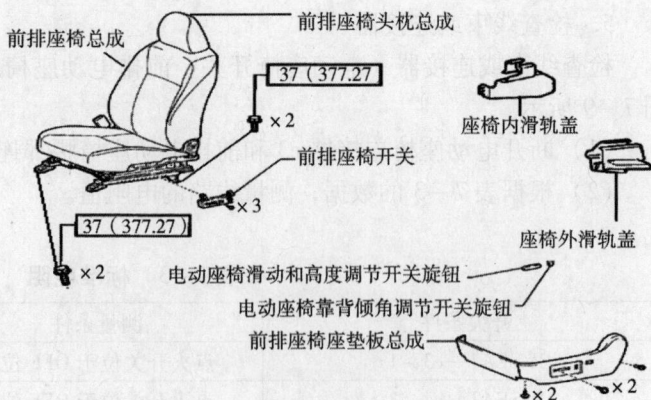

（1）拆卸。参照图7-10电动座椅开关系统零部件图依次拆卸前排座椅头枕总成、座椅外滑轨盖、座椅内滑轨盖、前排座椅总成、电动座椅靠背倾角调节开关旋钮、电动座椅

前排座椅头枕总成

前排座椅总成

37（377.27）

座椅内滑轨盖

前排座椅开关

×3

座椅外滑轨盖

37（377.27）

×2

电动座椅滑动和高度调节开关旋钮

电动座椅靠背倾角调节开关旋钮

前排座椅座垫板总成

×2　×2

图7-10　电动座椅开关系统零部件

滑动和高度调节开关旋钮、前排座椅座垫护板总成，拆下3个螺钉后断开连接器拆下电动座椅开关。

（2）检查。检查电动座椅开关，测量指定端子之间的电阻。滑动开关、升降开关、座椅靠背倾角调节开关的标准电阻分别如表7-4～表7-6所示。

表7-4 滑动开关标准电阻

检测仪连接		开关状态	规定状态
	c3-1（B）—c3-9（SLDF）	前	小于1Ω
	c3-4（E）—c3-6（SLDR）	前	小于1Ω
	c3-1（B）—c3-6（SLDR）	前	10kΩ 或更大
	c3-4（E）—c3-9（SLDF）	前	10kΩ 或更大
	c3-4（E）—c3-6（SLDR）	OFF	小于1Ω
	c3-4（E）—c3-9（SLDF）	OFF	小于1Ω
	c3-1（B）—c3-6（SLDR）	OFF	10kΩ 或更大
	c3-1（B）—c3-9（SLDF）	OFF	10kΩ 或更大
	c3-1（B）—c3-6（SLDR）	后	小于1Ω
	c3-4（E）—c3-9（SLDF）	后	小于1Ω
	c3-1（B）—c3-9（SLDF）	后	10kΩ 或更大
	c3-4（E）—c3-6（SLDR）	后	10kΩ 或更大

检查结果：检查电阻值是否正常，把实测数据填写在表7-1的第6项处，视情况检修或更换。

表7-5 升降开关标准电阻

检测仪连接		开关状态	规定状态
	c3-1（B）—c3-7（LUP）	开	小于1Ω
	c3-4（E）—c3-8（LDWN）	开	小于1Ω
	c3-1（B）—c3-8（LDWN）	开	10kΩ 或更大
	c3-4（E）—c3-7（LUP）	开	10kΩ 或更大
	c3-4（E）—c3-7（LUP）	OFF	小于1Ω
	c3-4（E）—c3-8（LDWN）	OFF	小于1Ω
	c3-1（B）—c3-7（LUP）	OFF	10kΩ 或更大
	c3-1（B）—c3-8（LDWN）	OFF	10kΩ 或更大
	c3-1（B）—c3-8（LDWN）	降	小于1Ω
	c3-4（E）—c3-7（LUP）	降	小于1Ω
	c3-1（B）—c3-7（LUP）	降	10kΩ 或更大
	c3-4（E）—c3-8（LDWN）	降	10kΩ 或更大

检查结果：检查电阻值是否正常，把实测数据填写在表 7 – 1 的第 6 项处，视情况检修或更换。

表 7 – 6　座椅靠背倾角调节开关标准电阻

检测仪连接		开关状态	规定状态
	c3 – 1（B）—c3 – 3（RCLF）	前	小于 1Ω
	c3 – 4（E）—c3 – 2（RCLR）	前	小于 1Ω
	c3 – 1（B）—c3 – 2（RCLR）	前	10kΩ 或更大
	c3 – 4（E）—c3 – 3（RCLF）	前	10kΩ 或更大
	c3 – 4（E）—c3 – 2（RCLR）	OFF	小于 1Ω
	c3 – 4（E）—c3 – 3（RCLF）	OFF	小于 1Ω
	c3 – 1（B）—c3 – 3（RCLF）	OFF	10kΩ 或更大
	c3 – 1（B）—c3 – 2（RCLR）	OFF	10kΩ 或更大
	c3 – 1（B）—c3 – 3（RCLF）	后	小于 1Ω
	c3 – 4（E）—c3 – 3（RCLF）	后	小于 1Ω
	c3 – 1（B）—c3 – 3（RCLF）	后	10kΩ 或更大
	c3 – 4（E）—c3 – 2（RCLR）	后	10kΩ 或更大

检查结果：检查电阻值是否正常，把实测数据填写在表 7 – 1 的第 6 项处，视情况检修或更换。

（3）安装。参照图 7 – 10 电动座椅开关系统零部件图安装电动座椅开关，连接连接器后用 3 个螺钉安装电动座椅开关，再依次安装前排座椅座垫护板总成、电动座椅滑动和高度调节开关旋钮、电动座椅靠背倾角调节开关旋钮、前排座椅总成、座椅内滑轨盖、座椅外滑轨盖和前排座椅头枕总成，然后检查前排座椅总成和 SRS 警告灯。

7. 检查电动座椅总成

（1）拆卸。参照图 7 – 11 电动座椅总成 1 和图 7 – 12 电动座椅总成 2，按以下步骤进行拆卸：

1）拆卸前排座椅头枕总成；

2）拆卸座椅外滑轨盖。操作电动座椅开关旋钮并将座椅移到最前位置，分离 2 个卡爪并拆下座椅外滑轨盖；

3）拆卸座椅内滑轨盖。分离卡爪，分离导销并拆下座椅内滑轨盖；

4）拆卸前排座椅总成。拆下座椅后侧的 2 个螺栓，操作电动座椅开关旋钮并将座椅移到最后位置，拆下座椅前侧的 2 个螺栓，操作电动座椅开关旋钮并将座椅移到中间位置。同时，操作电动座椅开关旋钮并将座椅靠背移动到直立位置，将电缆从蓄电池负极（ – ）端子上断开。注意断开电缆后等待 90s，以防止气囊展开。还要小心断开电缆后重新连接时，某些系统需要初始化。断开座椅下面的连接器，拆下座椅，小心不要损坏车身。

（2）拆解。参照图7－11电动座椅总成1和图7－12电动座椅总成2，按以下步骤进行拆解：

1）拆卸电动座椅靠背倾角调节开关旋钮。使用缠有保护胶带的螺丝刀，分离2个卡爪并拆下电动座椅靠背倾角调节开关旋钮；

2）拆卸电动座椅滑动和高度调节开关旋钮。使用缠有保护胶带的螺丝刀，分离4个卡爪并拆下电动座椅滑动和高度调节开关旋钮；

3）拆卸前排座椅座垫护扳总成。拆下挂钩，拆下5个螺钉，分离卡爪和导销，并拆下前排座椅座垫护板总成，从前排电动座椅腰部开关上断开连接器；

4）拆卸前排座椅座垫1号内护板。拆下螺钉，分离2个卡爪并拆下前排座椅座垫1号内护板；

5）拆卸前排电动座椅腰部开关。拆下2个螺钉和前排电动座椅腰部开关；

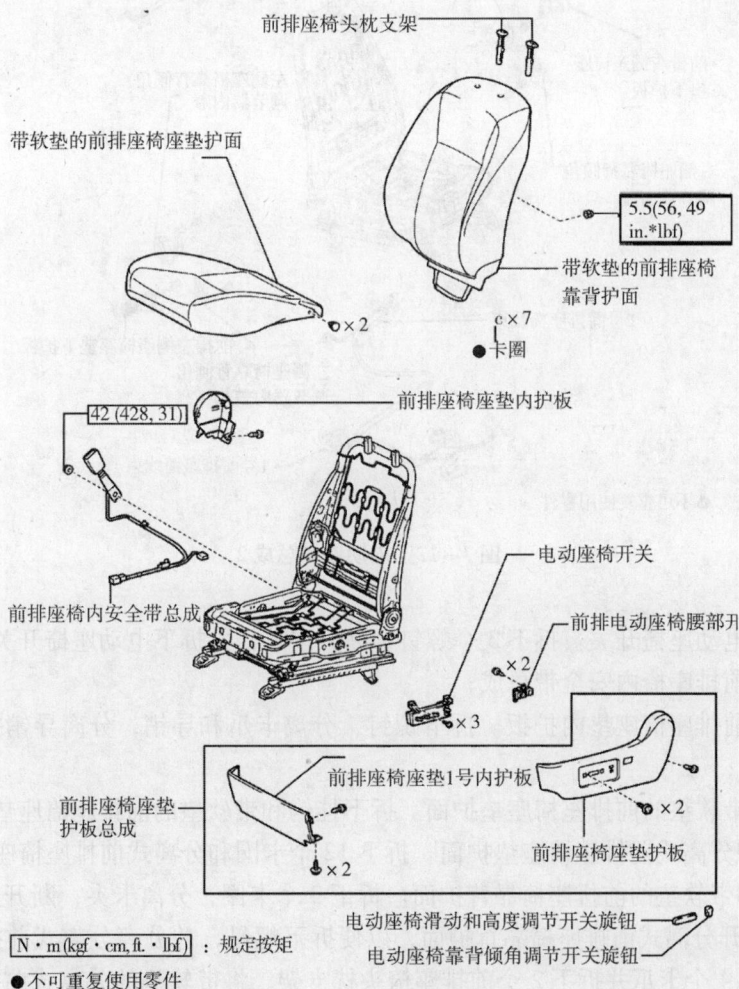

图7－11　电动座椅总成1

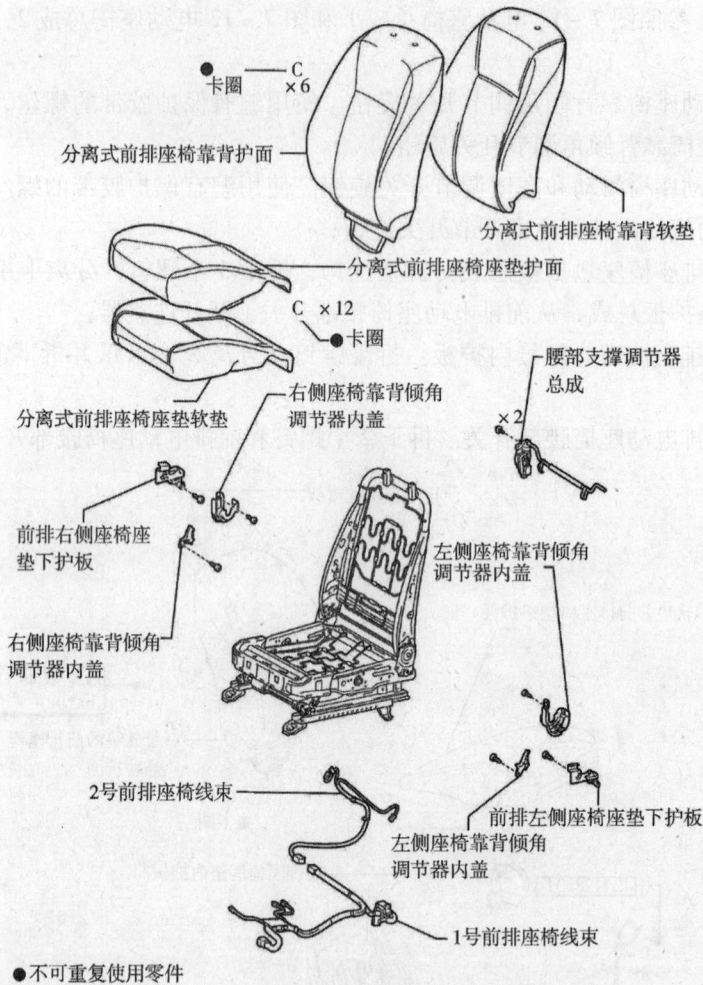

图 7-12　电动座椅总成 2

6）拆卸电动座椅开关。拆下 3 个螺钉，断开连接器并拆下电动座椅开关；

7）拆卸前排座椅内安全带总成；

8）拆卸前排座椅座垫内护扳。拆下螺钉，分离卡爪和导销，分离导销并拆下前排座椅座垫内护板；

9）拆卸带软垫的前排座椅座垫护面。拆下挂钩和带软垫的前排座椅座垫护面；

10）拆卸分离式前排座椅座垫护面。拆下 12 个卡圈和分离式前排座椅座垫护面；

11）拆卸带软垫的前排座椅靠背护面。拆下 3 个卡圈，分离卡夹，断开连接器，拆下 5 个卡圈，翻开分离式前排座椅靠背护面，以便拆下螺母，并分离分离式前排座椅靠背护面支架。分离 4 个卡爪并拆下 2 个前排座椅头枕支架，将带软垫的分离式前排座椅靠背护面从带调节器的前排座椅骨架总成上拆下；

12）拆卸分离式前排座椅靠背护面。拆下 6 个卡圈和分离式前排座椅靠背护面；

174

13）拆卸腰部支撑调节器总成。断开连接器，拆下 2 个螺钉和腰部支撑调节器总成；

14）拆卸左侧座椅靠背倾角调节器内盖。拆下螺钉，分离导销并拆下左侧座椅靠背倾角调节器内盖；

15）拆卸右侧座椅靠背倾角调节器内盖。拆下螺钉，分离导销并拆下右侧座椅靠背倾角调节器内盖；

16）拆卸前排左侧座椅座垫下护板。拆下螺钉，分离 4 个卡爪并拆下前排左侧座椅座垫下护板；

17）拆卸前排右侧座椅座垫下护板。拆下螺钉，分离 4 个卡爪并拆下前排右侧座椅座垫下护板；

18）拆卸 1 号前排座椅线束。分离 6 个卡夹，断开 3 个连接器并拆下 1 号前排座椅线束；

19）拆卸 2 号前排座椅线束。分离 3 个卡夹，断开连接器并拆下 2 号前排座椅线束。

（3）检查前排座椅总成，即检查座椅骨架的工作情况，需对滑动调节电动机、升降器电动机和座椅靠背倾角调节电动机工作情况进行检查。依次将蓄电池连接到滑动调节电动机、升降器电动机和座椅靠背倾角调节电动机连接器端子上时检查座椅骨架是否平稳移动。座椅骨架工作情况如表 7 - 7 所示。

检查结果：电动机是否正常工作，把实测数据填写在表 7 - 1 的第 7 项处。视情况检修或更换。

（4）重新装配。参照图 7 - 11 电动座椅总成 1 和图 7 - 12 电动座椅总成 2，按以下步骤进行重新装配：

1）安装 2 号前排座椅线束。连接连接器，接合 3 个卡夹并安装 2 号前排座椅线束；

2）安装 1 号前排座椅线束。连接 3 个连接器，接合 6 个卡夹并安装 1 号前排座椅线束；

表 7 - 7　座椅骨架正常工作情况

连接		测量条件	工作方向
蓄电池连接到滑动调节电动机连接器端子上	c1	蓄电池正极（+）→c1 - 1 蓄电池负极（-）→c1 - 2	前
	2 1	蓄电池正极（+）→c1 - 2 蓄电池负极（-）→c1 - 1	后
蓄电池连接到升降器电动机连接器端子上	c2	蓄电池正极（+）→c2 - 2 蓄电池负极（-）→c2 - 1	向上
	2 1	蓄电池正极（+）→c2 - 1 蓄电池负极（-）→c2 - 2	向下
蓄电池连接到座椅靠背倾角调节电动机连接器端子上	d1	蓄电池正极（+）→d1 - 2 蓄电池负极（-）→d1 - 1	前
	2 1	蓄电池正极（+）→d1 - 1 蓄电池负极（-）→d1 - 2	后

3）安装前排右侧座椅座垫下护板。接合 4 个卡爪，用螺钉安装前排右侧座椅座垫下护板；

4）安装前排左侧座椅座垫下护板。接合 4 个卡爪，用螺钉安装前排左侧座椅座垫下护板；

5）安装右侧座椅靠背倾角调节器内盖。接合导销，用螺钉安装右侧座椅靠背倾角调节器内盖；

6）安装左侧座椅靠背倾角调节器内盖。接合导销，用螺钉安装左侧座椅靠背倾角调节器内盖；

7）安装腰部支撑调节器总成。用 2 个螺钉安装腰部支撑调节器总成，连接连接器；

8）安装分离式前排座椅靠背护面。使用卡圈钳和 6 个新卡圈安装分离式前排座椅靠背护面。安装时小心不要损坏护面，安装卡圈时要尽量避免起皱；

9）安装带软垫的前排座椅靠背护面。将带软垫的前排座椅靠背护面临时安装至带调节器的前排座椅骨架总成，接合 4 个卡爪并安装 2 个前排座椅头枕支架，用螺母安装前排座椅靠背护面支架。安装扭矩为 5.5N·m，注意：对于带侧气囊的车辆，除非前排座椅靠背护面安装牢固，否则可能不能正常激活侧气囊。安装支架后，检查并确认线带未纽结。牢固安装支架。用卡圈钳安装 5 个新卡圈，使用卡圈钳和 3 个新卡圈安装分离式前排座椅靠背护面，接合卡夹，连接连接器；

10）安装分离式前排座椅座垫护面。使用卡圈钳和 12 个新卡圈安装分离式前排座椅座垫护面；

11）接合挂钩并安装带软垫的前排座椅座垫护面；

12）安装前排座椅座垫内护板。插入导销并临时安装前排座椅座垫内护板，接合导销和卡爪，用螺钉安装前排座椅座垫内护板；

13）安装前排座椅内安全带总成；

14）安装电动座椅开关。连接连接器，用 3 个螺钉安装电动座椅开关；

15）用 2 个螺钉安装前排电动座椅腰部开关；

16）安装前排座椅座垫 1 号内护板。接合 2 个卡爪，用螺钉安装前排座椅座垫 1 号内护板；

17）安装前排座椅座垫护板总成。将连接器连接到前排电动座椅腰部开关上，接合导销和卡爪，用 5 个螺钉安装前排座椅座垫护板总成，安装挂钩；

18）接合 4 个卡爪，并安装电动座椅滑动和高度调节开关旋钮；

19）接合 2 个卡爪并安装电动座椅靠背倾角调节开关旋钮。

（5）安装。参照图 7-11 电动座椅总成 1 和图 7-12 电动座椅总成 2，按以下步骤进行安装：

1）安装前排座椅总成。将前排座椅总成放入车厢内，小心不要损坏车身。连接座椅下面的连接器，小心断开电缆后重新连接时，某些系统需要初始化。用 4 个螺栓临时安装前排座椅总成，操作电动座椅开关旋钮并将座椅移到最后位置，使用 37N·m 的扭矩紧固座椅前侧的 2 个螺栓。操作电动座椅开关旋钮并将座椅移到最前位置，使用 37N·m 的扭矩紧固座椅后侧的 2 个螺栓；

2）安装座椅内滑轨盖。接合导销，接合卡爪并安装座椅内滑轨盖；

3）接合 2 个卡爪并安装座椅外滑轨盖；

4）安装前排座椅头枕总成；

5）检查前排座椅总成，检查电动座椅工作情况；

6）检查 SRS 警告灯。

8．检查电动座椅腰部开关

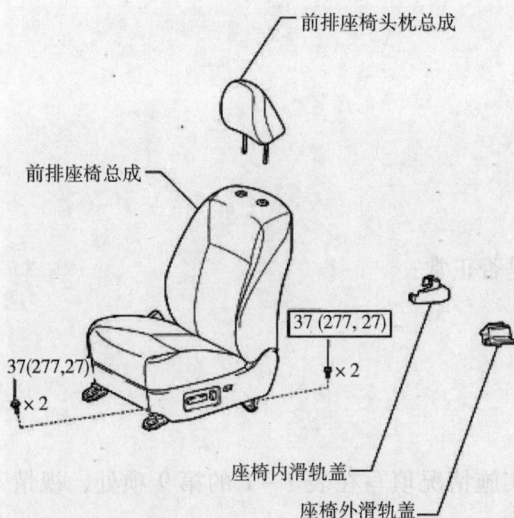

（1）拆卸。参照图 7 - 13 电动座椅零件位置 1 和图 7 - 14 电动座椅零件位置 2，按以下步骤进行拆卸：

1）拆卸前排座椅头枕总成；

2）拆卸座椅外滑轨盖。操作电动座椅开关旋钮并将座椅移到最前位置，分离 2 个卡爪并拆下座椅外滑轨盖；

3）拆卸座椅内滑轨盖。分离卡爪，分离导销并拆下座椅内滑轨盖；

4）拆卸前排座椅总成。拆下座椅后侧的 2 个螺栓，操作电动座椅开关旋钮并将座椅移到最后位置，拆下座椅前侧的 2 个螺栓，操作电动座椅开关旋钮并将座椅移到中间位置。同时，操作电动座椅开关旋钮并将座椅靠背移动到直立位置，将电缆从蓄电池负极（-）端子上断开。注意断开电缆后等待 90s，以防止气囊展开。注意：断开电缆后重新连接时，某些系统需要初始化。断开座椅下面的连接器，拆下座椅，小心不要损坏车身。

5）拆卸电动座椅靠背倾角调节开关旋钮；

6）拆卸电动座椅滑动和高度调节开关旋钮；

7）拆卸前排座椅座垫护板总成；

8）拆卸前排电动座椅腰部开关，拆下 2 个螺钉和前排前排电动座椅腰部开关。

图 7 - 13　电动座椅零件位置 1　　　　图 7 - 14　电动座椅零件位置 2

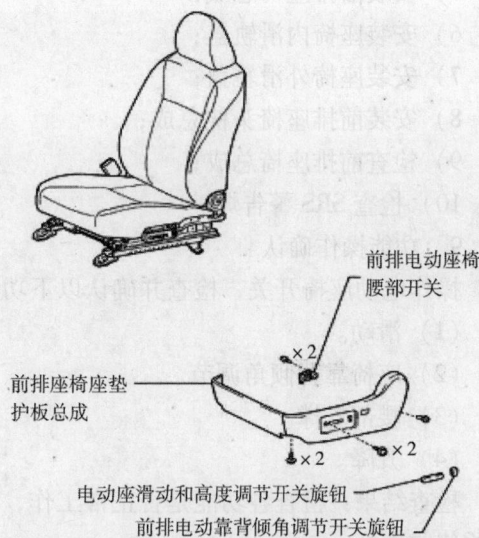

（2）检查前排电动座椅腰部开关，在操作开关时，测量端子之间的电阻。标准电阻值如表 7 - 8 所示。

表 7 - 8　标准电阻

检测仪连接		开关状态	规定状态
	c4 - 1（R）—c4 - 2（E2）	前	小于 1Ω
	c4 - 3（B）—c4 - 4（H）	前	小于 1Ω
	c4 - 1（R）—c4 - 2（E2）	OFF	小于 1Ω
	c4 - 4（H）—c4 - 5（E）	OFF	小于 1Ω
	c4 - 1（R）—c4 - 3（B）	后	小于 1Ω
	c4 - 4（H）—c4 - 5（E）	后	小于 1Ω

检查结果：检查开关电阻值是否正常工作，把实测数据填写在表 7 - 1 的第 8 项处，视情况检修或更换。

（3）安装。参照图 7 - 13 电动座椅零件位置 1 和图 7 - 14 电动座椅零件位置 2，按以下步骤进行安装：

1）安装前排电动座椅腰部开关。用 2 个螺钉安装前排电动座椅腰部开关；

2）安装前排座椅座垫护板总成；

3）安装电动座椅滑动和高度调节开关旋钮；

4）安装电动座椅靠背倾角调节开关旋钮；

5）安装前排座椅总成；

6）安装座椅内滑轨盖；

7）安装座椅外滑轨盖；

8）安装前排座椅头枕总成；

9）检查前排座椅总成；

10）检查 SRS 警告灯。

9. 功能操作确认

操作电动座椅开关，检查并确认以下功能是否正常：

（1）滑动。

（2）座椅靠背倾角调节。

（3）腰部支撑。

（4）升降。

检查结果：检查各功能是否正常工作，把实施情况填写在表 7 - 1 的第 9 项处，视情况检修或更换。

10. 质检

自检和互检。在排除故障后，各小组同学之间互相检查一下本系统和相关的车身系统有没有受到检修过程中的影响，导致不能正常工作。

检查结果：检查本系统和相关的车身系统是否正常工作，把实施情况填写在表 7 – 1 的第 10 项处。

11．故障排除和结束

（1）装回所拆的零部件和附件，装回原位。

（2）收拾好所用的仪表、仪器、工具、量具、材料、资料等，物归原位。

（3）打扫、清洁实操场地。

检查结果：检查整理、清洁等工作是否正常完成，把实施情况填写在表 7 – 1 的第 11 项处。

项目拓展练习

请同学们自行根据某一车型轿车电动座椅（驾驶侧）不能工作的故障，制定一份完整而详细的解决方案，并对其进行全面而细致的说明。

_____

_____

_____

_____

_____

_____

_____

_____

_____

_____

_____

_____

_____

_____

_____

_____

_____

_____

_____

项目八
防盗系统不能工作故障检修

项目描述

汽车防盗系统是汽车车身电气系统的重要组成部分。检修防盗系统发生的各种故障是汽车维修企业经常处理的工作之一，规范地完成故障的检修是每个汽车维修中、高级工的主要工作。本项目是以防盗系统典型故障的检修为主线，指引汽车维修中、高级工学习接收顾客报修、收集信息、制订检修工作计划、实施维修作业、检查工作质量等故障检修的工作过程，并在此基础上进行项目学习总结、项目考核及相关知识的拓展。

项目目标

一、专业能力

1. 能够熟练规范地诊断与排除汽车防盗系统不能工作的故障。
2. 能够熟练使用汽车防盗系统故障诊断与检测设备。
3. 学会诊断与检测汽车防盗系统故障的方法。
4. 在实施过程中培养 6S 管理的工作意识。

二、方法能力

1. 具有根据工作任务制定工作计划的能力。
2. 具有实施、控制、评价和反馈工作计划的能力。
3. 培养查阅网上资料、原厂维修资料、汽车维修资料资源库等自主学习的能力。

三、社会能力

1. 培养学生分工合作和互相协助的团队精神。
2. 培养学生与他人交流沟通、表达意见的语言能力。
3. 培养对社会负责、对企业负责、对顾客负责的良好职业道德。

📖 **项目学时**

建议学时：10 学时。

项目实施

从本项目实施开始，同学应分好组，确定好不同阶段各自的角色，比如：顾客、服务顾问、车间主任、维修工、质检等。

一、接待

1. 顾客报修

一辆丰田卡罗拉轿车防盗系统不能工作。

2. 迎接顾客

服务顾问按规定整理仪容仪表着装，出门迎接顾客入厂。

3. 问诊一：听取顾客要求，记录委托事项

服务顾问以亲切礼貌的态度认真听取顾客的描述，并在施工单上记录委托事项，见表1-1。

4. 问诊二：讨论确定维修内容，填写施工单（R/O）上的内容

同学们分组学习相关知识，如有技术问题不明白或解决不了的，可以请老师参与进来一起学习、讨论，然后填写施工单（R/O）上维修内容项、必要零件项及交车时间。

见项目一的相关内容。

5. 实车检查

顾客在签订施工单后，服务顾客应尽快与顾客办理交车手续：接收顾客随车证件（特别是二保、年审车）并审验其证件有效性、完整性、完好性，如有差异应当时与顾客说明，并作相应处理。接收送修车时，应对所接车的外观、内饰表层、仪表、座椅等作一次视检，以确认有无异常，与顾客一起对表1-2中各事项进行确认，并记录在表中，将记录结果交与顾客签字确认。

6. 办理交车手续

根据项目实际维修工作量估价，如果不能保证质量，应事先向顾客作必要的说明。维修估价洽谈中，应明确维修配件是由维修厂还是由顾客方供应，用正厂件还是副厂件。把工具与物品装入为该车用户专门提供的存物箱内，车钥匙（总开关钥匙）要登记、编号并放在统一规定的车钥匙柜内。对当时油表、里程表标示的数字登记入表。

确定好维修任务的工时费、零件费用，进行报价，然后顾客在施工单上签字确认，即表示车辆进入车间维修环节。车辆送入车间时，车间接车人要办理接车签字手续。顾客办

181

完一切送修手续后，接待员应礼貌告知顾客手续全部办完，礼貌暗示可以离去。如顾客离去，接待员应起身致意送客，或送顾客至业务厅门口，致意："请走好，恕不远送"。

7. 办理进车间手续

顾客离去后，迅速处理"施工单"。接待员通知清洗车辆，然后将送修车送入车间，交车间主管或调度，并同时交随车的"施工单"，请接车人在"施工单"指定栏签名，并写明接车时间。

二、车间维修

1. 制订维修计划

根据施工单上的维修内容，按照原厂的维修资料和维修厂的要求，制订出规范的维修计划。

（1）分组学习相关知识，请各组同学根据丰田卡罗拉原厂维修资料提供的检修步骤，在下面空白处绘制出丰田卡罗拉轿车防盗系统不能工作（防盗 ECU 通信中止）的诊断流程图。

（2）派工，安排施工人数和场地，确定所需施工设备。

2. 实施维修作业

如表 8 - 1 所示，为丰田卡罗拉轿车防盗系统不能工作（防盗 ECU 通信中止）的故障诊断数据记录表，请各组同学根据图 8 - 5 的丰田卡罗拉轿车防盗系统不能工作（ECU 通信中止）的故障诊断流程图，规范地实施维修作业，并将检测数据记录在相应的表格内。

表 8 – 1　丰田卡罗拉轿车防盗系统不能工作（防盗 ECU 通信中止）的故障诊断数据记录表

流程	维修内容	维修技术要求		实施情况	技术要求标准
1	检查维修前准备工作	（1）整理仪容仪表		实施情况：	规定状态：
					按规范穿着工作服，遵守仪容仪表的规范要求
		（2）准备仪表、仪器、设备、工具、量具		实施情况：	规定状态：
					本项目需要用到的仪表、仪器、设备、工具、量具
		（3）准备材料、资料		实施情况：	规定状态：
					本项目需要用到的材料、资料
2	检查安全防护工作	（1）安装五件套		实施情况：	规定状态：
					按规定安装
		（2）安放三角木		实施情况：	规定状态：
					按规定安放
		（3）视情况需要，安装抽排气管		实施情况：	规定状态：
					视情况需要，按规定安装
3	检查蓄电池电压	（1）无负载电压测量：用万用表测量蓄电池的两端桩头的电压		实施情况：	规定状态：
					11 ~ 14V
		（2）对亏电的蓄电池进行充电，对电容量不够的蓄电池进行修复或更换		实施情况：	规定状态：
					11 ~ 14V

183

续上表

流程	维修内容	维修技术要求		实施情况	技术要求标准
4	检查防盗系统保险丝	(1) 在蓄电池电压正常的情况下：用塑料钳取 ECU – IG（NO.1）ECU – B、DOMB 保险丝进行目视检查，看有无被烧毁的现象；或者测量电阻值		实施情况：	规定状态： 良好或者小于 1Ω
		(2) 如有烧毁，用万用表电阻档检查保险丝线路与车身之间是否短路		实施情况：	规定状态： 10kΩ 或更大
5	读取故障码	使用手持式智能检测仪，对防盗系统进行故障码检测		实施情况：	规定状态： 查阅维修手册的内容
6	检查防盗 ECU 和主车身 ECU 之间的线路		测量：	实施情况：	规定状态：
			E75 – 24（BRK + ）– E61 – 18（SRX）		始终小于 1Ω
			E75 – 25（BRK – ）– E61 – 19（STX）		始终小于 1Ω
			E75 – 24（BRK + ）– 车身搭铁		始终 10kΩ 或更大
			E75 – 25（BRK）– 车身搭铁		始终 10kΩ 或更大
			E75 – 16（E）– 车身搭铁		始终小于 1Ω
7	检查防盗系统电压（线束和连接器的电压）		测量： E75 – 11（ + B1）– 车身搭铁	实施情况：	规定状态： 始终 11 ~ 14V

续上表

流程	维修内容	维修技术要求		实施情况	技术要求标准
8	确认故障码DTC	使用手持式智能检测仪,对防盗系统进行故障码检测		实施情况:	规定状态: 无故障码DTC
9	功能操作确认	操作:		实施情况:	规定状态:
		(1) 使用发射器锁止车门时,可设定防盗系统			良好
		(2) 系统处于警戒状态时,如果有人试图强行解锁任一车门或打开任一车门、发动机盖或行李箱门,警报功能就会激活			
		(3) 在警报鸣响状态下,系统使危险警告灯闪烁。同时,系统会鸣响车辆喇叭和警报喇叭以阻止非法闯入和盗窃,同时也向车辆周围的人们报警			
10	质检	操作:		实施情况:	规定状态:
		自检和互检	检查本系统和相关的车身系统是否正常工作		良好
11	故障排除和结束	操作:		实施情况:	规定状态: 按照6S管理的要求:整理、整顿、清扫、清洁、素养、安全
		(1) 是否装回所拆的零部件和附件,装回原位			
		(2) 是否收拾好所用的仪器、仪表、工具、量具、材料、资料等,物归原位			
		(3) 是否打扫、清洁好实操场地			

三、完工检查

维修工维修完工后，在施工单上签字，交给车间主任；车间主任确认施工单，向检查人员明确需修理的内容，确认没问题后，由检查人员在施工单（R/O）上签字；检查人员指示维修工在车辆维修之后把车辆清洗干净。

四、车辆检查

服务顾问从车间主任处收到施工单（R/O）、更换的零件及钥匙后，开始检查车辆。这是最后一次检查确认顾客所提出的检修部位，因此在检查时一定要注意以下几点：

1. 完工车辆是否干净、整洁。
2. 顾客的车辆是否受到损坏或划伤。
3. 修理中使用的工具、量具或其他维修设备是否遗忘在车上。

五、结算交车

项目评价与控制

一、接待环节评价内容

根据接待情况，在接待评价表1-4中打勾。

二、车间维修环节内容

根据车间维修情况，在车间维修评价表1-5中打勾。

项目总结与反馈

见项目一的相关内容。

项目相关知识

一、注意事项

见项目一的相关内容。

二、防盗报警系统组成、功能、工作原理和系统电路

1. 防盗报警系统的组成、功能

防盗报警系统主要由各种开关、ECU和报警装置等组成。如图8-1所示。

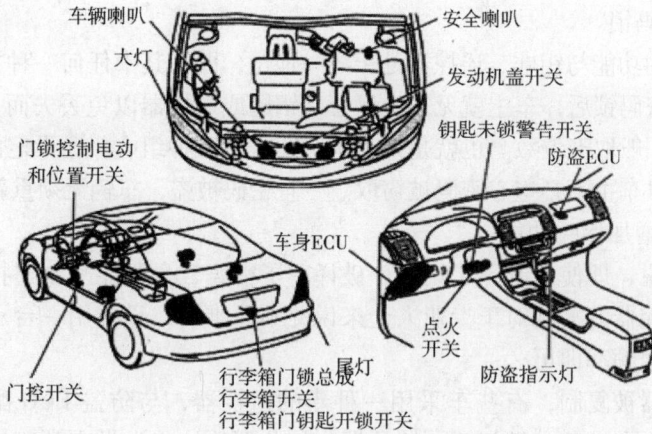

车辆喇叭　　　　　　　　　安全喇叭
大灯　　　　　　　　　　发动机盖开关
门锁控制电动　　　　　　　　钥匙未锁警告开关
和位置开关　　　　　　　　　防盗ECU
　　　　　　　　　　车身ECU
　　　　　　　　　　　　　点火
　　　　　　　　　　　　开关
　　　　　　　　　　　　防盗指示灯
门控开关　　行李箱门锁总成　尾灯
　　　　　　行李箱开关
　　　　　　行李箱门钥匙开锁开关

图 8 - 1　防盗报警系统组成

2. 基本工作原理

当启动防盗报警系统后，只有通过遥控器发出的开锁信号被 ECU 接收到或用车钥匙插入锁孔开关，才能使防盗 ECU 解除警戒状态，此时可正常开门。否则，防盗 ECU 根据各种开关信号及 ECU 反馈信号判定为非法开启，于是接通喇叭线路和各种报警装置进行报警。

上述防盗方法简单，防止开门的手段只有门锁、遥控器和开关，而没有办法防止盗贼将车开走。为此防盗报警系统增加了防盗功能，主要有增强中控门锁功能和增强车辆锁止功能。

3. 增强中控门锁功能

（1）测量门锁钥匙电阻

如图 8 - 2 所示，车辆的每把钥匙均设有一定电阻，并存储在防盗 ECU 中。用正常的点火钥匙插入锁体时，芯片与电阻检测触头接触。当锁体转到起动挡时，钥匙芯片的电阻值输送到电子钥匙解码器。若钥匙芯片的电阻值与电子钥匙解码器中存储的电阻值一致，则起动机和发动机电控系统工作。当防盗报警系统启动后，所有车门被锁住，此时若用齿形相同但阻值不同的钥匙开启车门或启动发动机，则防盗报警系统判定为非法进入，并进行防盗报警，同时切断启动继电器控制线圈的搭铁回路，使启动机不能工

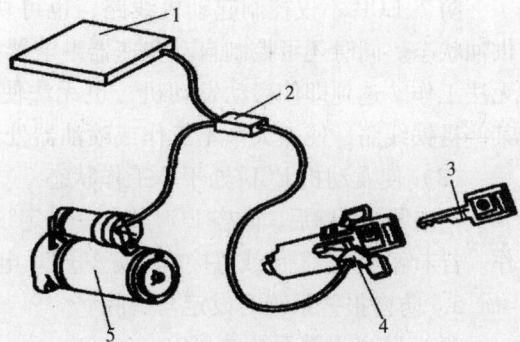

图 8 - 2　增强功能的防盗报警系统
1 - 发动机 ECU；2 - 电子钥匙解码器；3 - 芯片；
4 - 电子检测接头；5 - 启动机

作或向发动机 ECU 通信，控制喷油器不喷油。该方法防盗效果好，但缺点是拆下蓄电池电缆后，需向防盗 ECU 重新输入钥匙中设定的电阻值，因此需要维修人员了解重新设定技术，也给防盗报警系统留下了漏洞。

（2）加装密码锁

车用密码锁的功能与钥匙、遥控器处于同一地位，即用其中任何一种方法都可以打开车门，这样，加装密码锁后，车主就无须为保管好钥匙或遥控器以免丢失而头疼。密码锁有十位键，而密码则一般取五位数。也就是说，密码共有十万种组合。已设定的密码也可以由车主任意改变，所以车主不必担心密码被窃取。一旦密码被盗，车辆无须重新解码即可使用。

（3）遥控器增加保险功能

对于窃贼来说，即使复制不了钥匙，破译不了密码，只要能复制遥控器就可以轻松打开车门。普通遥控器的复制对于专业人士来说并不是难事，只要用一台示波器测出遥控器发出的无线电信号频率即可。

为防止遥控器被复制，有些车采用一种新的遥控器，与防盗 ECU 配合，由固定程序设定频率，即每次车主重新锁门后，遥控器与接收器均按事先设定的程序同时改成另一频率，这样遥控器便无法复制。

（4）意外振动报警器

在车辆内部加装一个振动传感器，防盗报警系统启动后，若汽车受到意外移动、碰撞，使传感器反馈信号大于设定值时，有阻吓功能的灯光、喇叭同时工作，并提醒车主注意。

4．增强汽车锁止功能

（1）使起动机无法工作

使用这种方法的汽车上，采用防盗 ECU 控制启动继电器线圈的搭铁电路，从而控制起动机是否工作。若通过正常途径解除防盗警戒，则起动机、喇叭和灯光处于正常工作状态。若未解除防盗警戒，即使短接钥匙孔后部的启动线，也无法启动发动机。

（2）使发动机无法工作

防盗 ECU 不仅控制起动机线路，也可切断燃油泵继电器控制线路，使发动机处于不供油状态。同时还可控制自动变速器继电器控制线路，使自动变速器液压油路控制电磁阀无法工作，达到即使启动发动机，也无法使变速器运转的目的。同时还可切断 ECU 中的某些搭铁线路，使点火系不工作或喷油器处于切断位置，从而使发动机无法工作。

（3）使发动机 ECU 处于非工作状态

防盗警戒解除后，防盗 ECU 将某一特定频率的信号送至发动机 ECU，发动机 ECU 正常工作。若未解除防盗警戒或直接切断防盗 ECU 电源，则该信号不存在，发动机 ECU 停止工作。

5．防盗报警系统的设定与解除

（1）防盗报警系统的设定

1）关闭所有车门，关闭发动机罩盖和行李箱门，从点火开关锁芯中拔出点火钥匙。

2）当下述其中任一项操作完成时，防盗指示灯亮，30s 后防盗指示灯闪烁，防盗报警系统进入工作状态。

①用钥匙锁住左侧或右侧前门。

②用门锁遥控器锁住所有车门。

③保持所有后门锁住及一扇前门锁住，不用钥匙锁住另一扇前门（无钥匙门锁）。

（2）解除防盗报警功能

检查防盗指示灯是否闪烁，完成下述任一操作时，防盗报警系统即被解除，指示灯熄灭。

①用钥匙打开左侧或右侧前门。

②用无线遥控器打开所有车门。

③将点火钥匙插入点火锁芯，并将其转至"ACC"或"ON"位置时（只有在防盗报警系统从未动作过时，该项操作才可执行）。

④用钥匙打开行李箱门（防盗报警系统仅在行李箱门打开时临时解除。在行李箱门关闭约20s后，防盗报警系统重新设定）。

6. 丰田卡罗拉轿车防盗报警系统的主要零件位置

丰田卡罗拉轿车防盗报警系统的主要零件位置如图8-3所示。

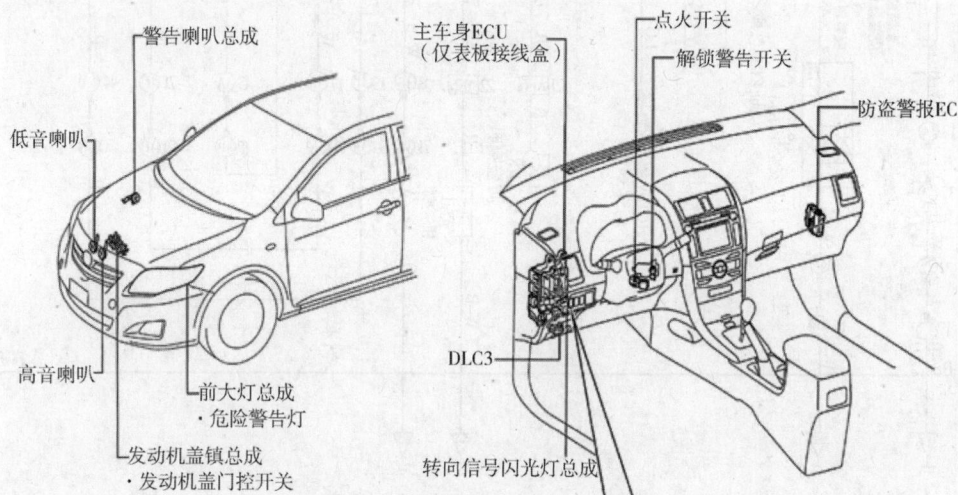

图8-4　防盗系统的主要零件位置图

7. 丰田卡罗拉轿车防盗报警系统电路

丰田卡罗拉轿车防盗报警系统电路如图8-4所示。

三、故障诊断

根据故障诊断流程图8-5所示进行实际操作。

视实际情况需要，选择诊断流程。但是，检查维修前准备工作、检查安全防护工作、检查蓄电池电压项、功能操作确认项、质检项、故障排除和结束项一定要完成。

1. 检查维修前准备工作

（1）检查仪容仪表是否符合要求。例如是否穿好工作服等。

（2）准备好本项目需要用到的仪表、仪器、设备、工具、量具。例如数字万用表、电脑检测仪、常用工具等。

（3）准备好本项目需要用到的材料、资料。例如抹布、维修手册、相关资料等。

检查结果：检查维修前准备工作是否完成，把实施情况填写在表8-1的第1项处。

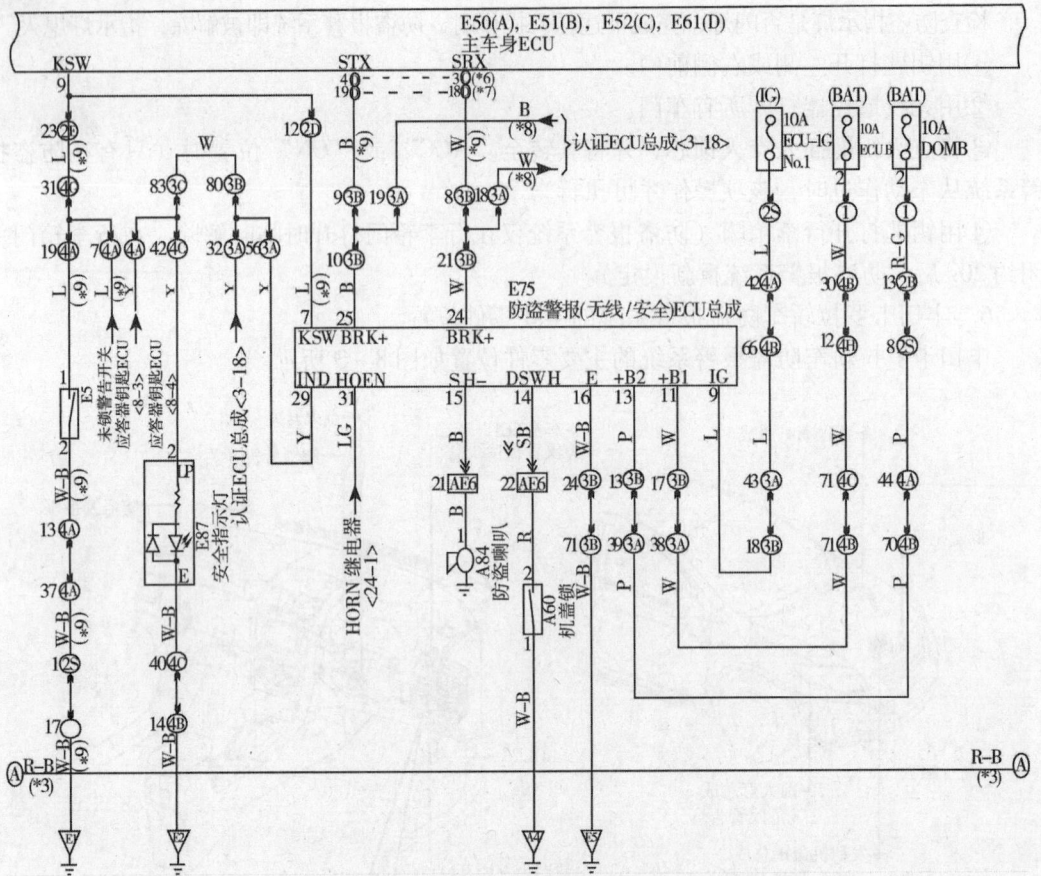

图 8 - 4　防盗报警系统电路图

2. 检查安全防护工作

（1）按规定安装好五件套，即方向盘套、挂档杆套、手刹杆套、椅套、脚垫等。

（2）按规定安放好三角木。

（3）视情况需要，按规定安装好抽排气管。

检查结果：检查安全防护工作是否完成，把实施情况填写在表 8 - 1 的第 2 项处。

3. 检查蓄电池电压

检查蓄电池电压一般采用电压表测量蓄电池的两端桩头，进行无负载电压的检测，如果电压在 11V 以上即可认为蓄电池电压足够。若更准确地测量蓄电池的电压和容量，则要进行有负载蓄电池电压测量。这是因为蓄电池有负载时，电流消耗增加，当静态时处于 11V 电压状态，有负载时电压则会下降，因此可根据电压下降幅度判断电池容量的大小。

蓄电池的负载检测一般采用边起动发动机、边测量蓄电池两端电压的方法来进行。当通过电路的电流数值大约达到蓄电池容量数值的 4 倍时（例如以 50Ah 的蓄电池为例，有 200A 的电流通过电路），如果此时电压表显示电压为 9V 以上，可以判断蓄电池的电压正常，如图 8 - 6 所示。

```
┌─────────────┐
│ 防盗系统不能  │
│    工作      │
└─────────────┘
       ↓
┌─────────────┐
│ 检查维修前准备 │
│    工作      │
└─────────────┘
       ↓
┌─────────────┐
│ 检查安全防护  │
│    工作      │
└─────────────┘
       ↓
   ◇检查蓄电池电压◇ ──────→ [异常] ──────→ [检修或更换]
       ↓
   ◇检查防盗系统保险丝◇ ──────→ [异常] ──────→ [检修或更换]
       ↓
   ◇读取故障码
    对照故障码表检修故障部位◇
       ↓ 有
   ◇检查防盗ECU与主车身
    ECU之间的线路◇ ──────→ [异常] ──────→ [检修或更换]
       ↓
   ◇检查防盗系统电压◇ ──────→ [异常] ──────→ [检修或更换]
       ↓
   ◇确认故障码DTC◇ ──────→ [有] ──────→ [检修或更换]
       ↓ 无
   ◇功能操作确认◇ ──────→ [异常] ──────→ [检修或更换]
       ↓
┌─────────────┐
│    质检      │
└─────────────┘
       ↓
┌─────────────┐
│ 故障排除和结束 │
└─────────────┘
```

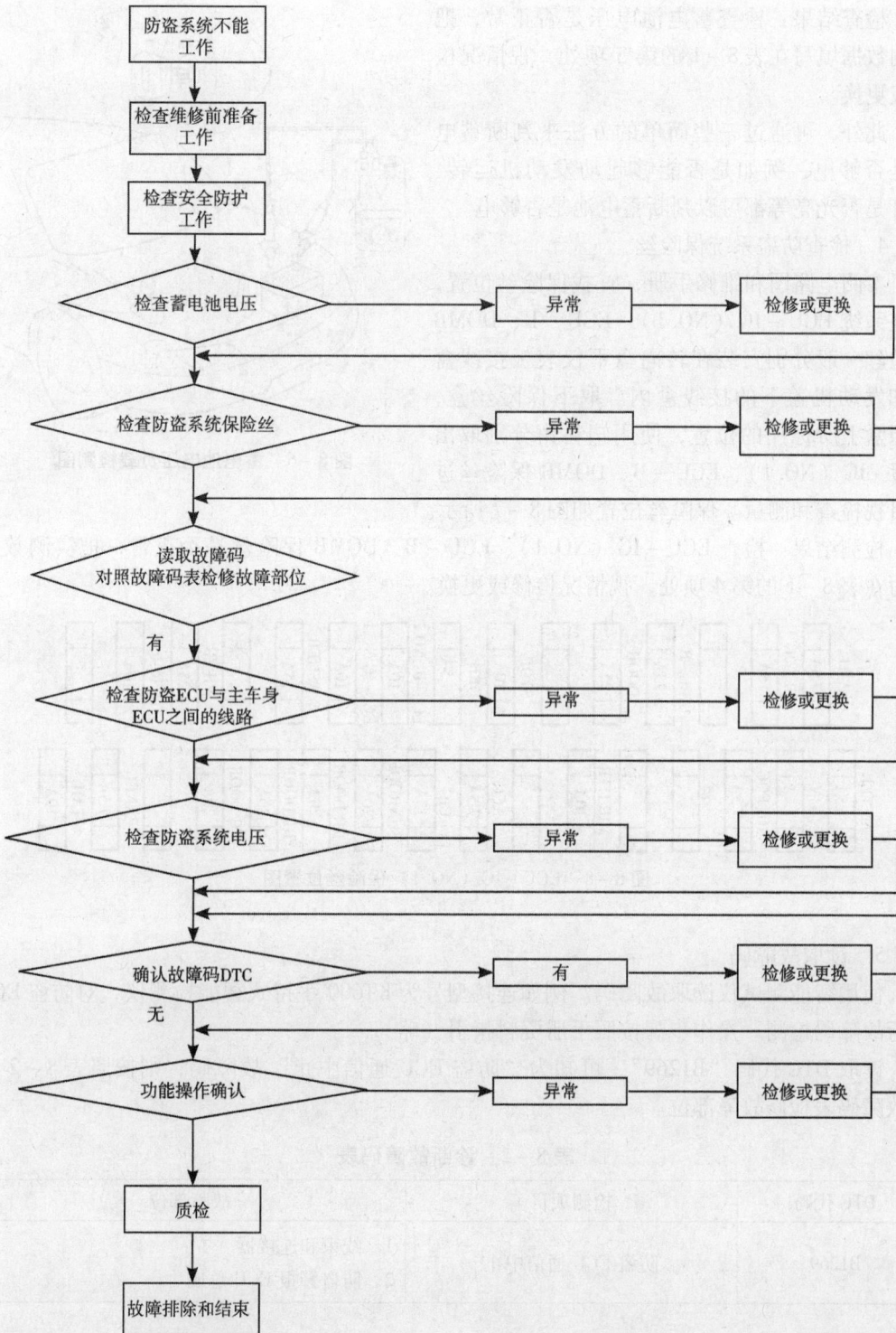

图 8 – 5   丰田卡罗拉轿车防盗系统不能工作（防盗 ECU 通信中止）的故障诊断流程图

191

检查结果：检查蓄电池电压是否正常，把实测数据填写在表8－1的第3项处，视情况检修或更换。

此外，可通过一些简单的方法来判断蓄电池是否够电，例如是否能够起动发动机运转、大灯是否光亮等都可以判断蓄电池是否够电。

4．检查防盗系统保险丝

参阅电路图和维修手册，查找保险丝位置，防盗系统 ECU－IG（NO.1）、ECU－B、DOMB 保险丝一般分别安装在转向盘下仪表板接线盒内和发动机盖下的接线盒内。取下保险丝盒，对照盒上所标注的位置，使用塑料钳分别取出 ECU－IG（NO.1）、ECU－B、DOMB 保险丝进行目视检查和测量。保险丝位置如图8－7所示。

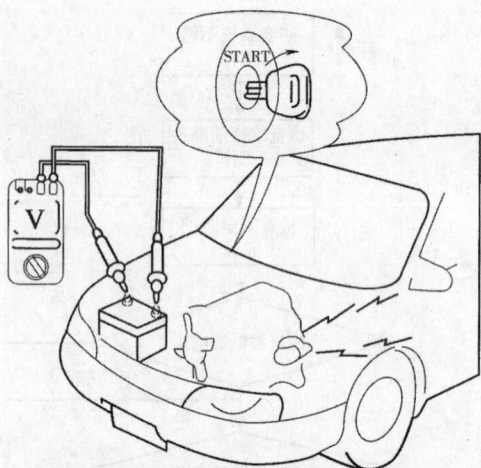

图8－6　蓄电池电压负载检测图

检测结果：检查 ECU－IG（NO.1）、ECU－B、DOMB 保险丝是否正常，把实测数据填写在表8－1的第4项处，视情况检修或更换。

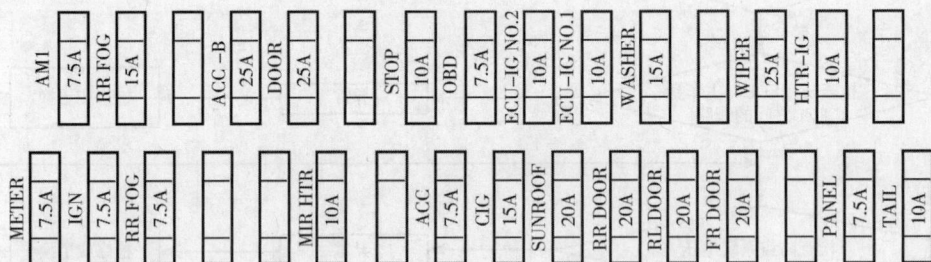

图8－8　ECU－IG（NO.1）保险丝位置图

5．读取故障码

使用智能测试仪读取故障码。例如连接型号为 KT600 手持式智能检测仪，对防盗 ECU 进行故障码检测。操作步骤按照手册资料指引（略）。

读取 DTC 代码"B1269"，可知为"防盗 ECU 通信中止"故障码，则按照表8－2诊断故障码表检修故障部位。

表8－2　诊断故障码表

DTC 代码	检测项目	故障部位
B1269	防盗 ECU 通信中止	1．线束和连接器 2．防盗警报 ECU 总成

检查结果：检查是否有故障码，把实施情况填写在表8－1的第5项处。

6. 检查防盗 ECU 与主车身 ECU 之间的线路，如图 8-8、图 8-9 所示。

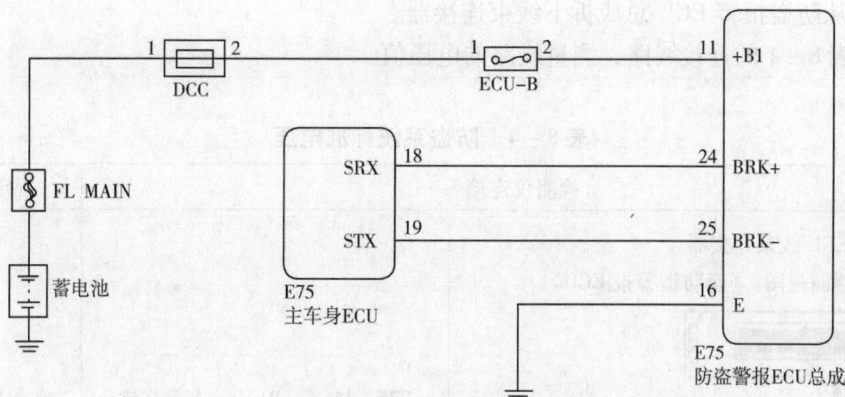

图 8-8　防盗警报 ECU 电路图

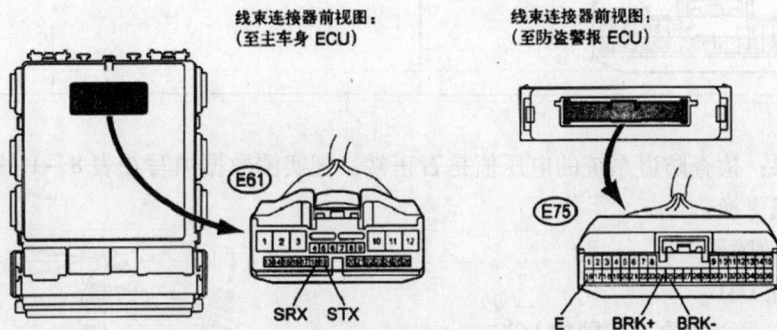

图 8-9　线路两端连接器管脚示意图

根据表 8-3 的连接方式，测量线路的电阻值。

表 8-3　防盗警报 ECU 与主车身 ECU 之间线路的标准电阻

检测仪连接	条件	规定状态
E75-24（BRK+）-E61-18（SRX）	始终	小于 1Ω
E75-25（BRK-）-E61-19（STX）	始终	小于 1Ω
E75-24（BRK+）- 车身搭铁	始终	10kΩ 或更大
E75-25（BRK-）- 车身搭铁	始终	10kΩ 或更大
E75-16（E）- 车身搭铁	始终	小于 1Ω

检查结果：检查防盗警报 ECU 与主车身 ECU 之间线路是否正常，把实测数据填写在表 8-1 的第 6 项处，视情况检修或更换。

7. 检查防盗系统电压

（1）从防盗报警 ECU 总成拆下线束连接器。

按照表 8-4 的连接线路，测量线路的电压值。

表 8-4　防盗系统标准电压

检测仪连接		规定状态
防盗报警 ECU 线束连接器 线束连接器前视图：（至防盗警报 ECU） 	E75-11（+B1）-车身搭铁	始终 11~14V

检查结果：检查防盗系统的电压值是否正常，把实测数据填写在表 8-1 的第 7 项处，视情况检修或更换。

8. 确认故障码 DTC

（1）消除 DTC

（2）检查是否删除了相同的 DTC。

提示：再次检查 DTC 前，应重新安装传感器连接器等并使车辆恢复到以前的状态。

检查结果：检查是否有相同的故障码，把实施情况写在表 8-1 的第 8 项处，如果有相同的故障码，则更换防盗警报 ECU 总成。如图 8-10 所示。

9. 功能操作确认

（1）使用发射器锁止车门时，可设定防盗系统。

（2）系统处于警戒状态时，如果有人试图强行解锁

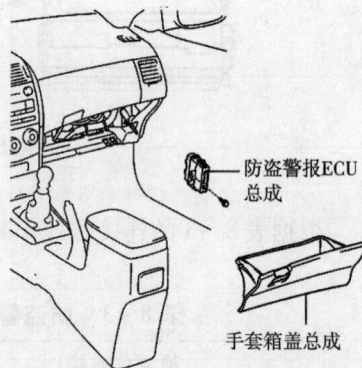

图 8-10　防盗警报 ECU 图

任一车门或打开任一车门、发动机盖或行李箱门，警报功能就会激活。

（3）在警报鸣响状态下，系统使危险警告灯闪烁。同时，系统会鸣响车辆喇叭和警报喇叭以阻止非法闯入和盗窃，同时也向车辆周围的人们报警。

（4）防盗系统有主动警戒模式。有 4 种状态：解除警戒状态、警戒准备状态、警戒状态和警报鸣响状态。

1）解除警戒状态：警报功能不工作；防盗系统不工作。

2）警戒准备状态：系统进入警戒状态之前的时间；防盗系统不工作。

3）警戒状态：防盗系统正在工作。

4）警报鸣响状态：警报功能工作；警报时间约 30s。

检查结果：把实施情况填写在表 8 – 1 的第 9 项处。视情况检修或更换。

10. 质检

自检和互检。在排除故障后，各小组同学之间互相检查一下本系统和相关的车身系统有没有受到检修过程中的影响，导致不能正常工作。

检查结果：检查本系统和相关的车身系统是否正常工作，把实施情况填写在表 8 – 1 的第 10 项处。

11. 故障排除和结束

（1）装回所拆的零部件和附件，装回原位。

（2）收拾好所用的仪表、仪器、工具、量具、材料、资料等，物归原位。

（3）打扫、清洁实操场地。

检查结果：整理、清洁等工作是否完成，把实施情况填写在表 8 – 1 的第 11 项处。

📓 项目拓展练习

请同学们自行根据某一车型轿车的防盗系统不能工作的故障，制定一份完整而详细的解决方案，并对其进行全面而细致的说明。

项目九
安全气囊（SRS）系统警告灯亮故障检修

项目描述

汽车安全气囊系统是汽车车身电气系统的重要组成部分。检修安全气囊系统发生的各种故障是汽车维修企业经常处理的工作之一，规范地完成故障的检修是每个汽车维修中、高级工的主要工作。本项目是以一个安全气囊系统典型故障的检修为主线，指引汽车维修中、高级工学习接收顾客报修、收集信息、制订检修工作计划、实施维修作业、检查工作质量等故障检修的工作过程，并在此基础上进行项目学习总结、项目考核及相关知识的拓展。

项目目标

一、专业能力

1. 能够熟练规范地诊断与排除汽车安全气囊系统警告灯亮的故障。
2. 能够熟练使用汽车安全气囊系统故障诊断与检测设备。
3. 学会诊断与检测汽车安全气囊系统故障的方法。
4. 在实施过程中培养 6S 管理的工作意识。

二、方法能力

1. 具有根据工作任务制定工作计划的能力。
2. 具有实施、控制、评价和反馈工作计划的能力。
3. 培养查阅网上资料、原厂维修资料、汽车维修资料资源库等自主学习的能力。

三、社会能力

1. 培养学生分工合作和互相协助的团队精神。
2. 培养学生与他人交流沟通、表达意见的语言能力。
3. 培养对社会负责、对企业负责、对顾客负责的良好职业道德。

项目学时

建议学时：10 学时。

项目实施

从本项目实施开始，同学应分好组，确定好不同阶段各自的角色，比如：顾客、服务顾问、车间主任、维修工、质检等。

一、接待

1. 顾客报修

一辆丰田卡罗拉轿车安全气囊（SRS）系统警告灯亮。

2. 迎接顾客

服务顾问按规定整理仪容仪表着装，出门迎接顾客入厂。

3. 问诊一：听取顾客要求，记录委托事项

服务顾问以亲切礼貌的态度认真听取顾客的描述，并在施工单上记录委托事项，见表1-1。

4. 问诊二：讨论确定维修内容，填写施工单（R/O）上的内容

同学们分组学习相关知识，如有技术问题不明白或解决不了的，可以请老师参与进来一起学习、讨论，然后填写施工单（R/O）上维修内容项、必要零件项及交车时间。

见项目一的相关内容。

5. 实车检查

顾客在签订施工单后，服务顾客应尽快与顾客办理交车手续：接收顾客随车证件（特别是二保、年审车）并审验其证件有效性、完整性、完好性，如有差异应当时与顾客说明，并作相应处理。接收送修车时，应对所接车的外观、内饰表层、仪表、座椅等作一次视检，以确认有无异常，与顾客一起对表1-2中各事项进行确认，并记录在表中，将记录结果交与顾客签字确认。

6. 办理交车手续

根据项目实际维修工作量估价，如果不能保证质量，应事先向顾客作必要的说明。维修估价洽谈中，应明确维修配件是由维修厂还是由顾客方供应，用正厂件还是副厂件。把工具与物品装入为该车用户专门提供的存物箱内，车钥匙（总开关钥匙）要登记、编号并放在统一规定的车钥匙柜内。对当时油表、里程表标示的数字登记入表。

确定好维修任务的工时费、零件费用，进行报价，然后顾客在施工单上签字确认，即表示车辆进入车间维修环节。车辆送入车间时，车间接车人要办理接车签字手续。顾客办

完一切送修手续后，接待员应礼貌告知顾客手续全部办完，礼貌暗示可以离去。如顾客离去，接待员应起身致意送客，或送顾客至业务厅门口，致意："请走好，恕不远送"。

7. 办理进车间手续

顾客离去后，迅速处理"施工单"。接待员通知清洗车辆，然后将送修车送入车间，交车间主管或调度，并同时交随车的"施工单"，请接车人在"施工单"指定栏签名，并写明接车时间。

二、车间维修

1. 制订维修计划

根据施工单上的维修内容，按照原厂的维修资料和维修厂的要求，制订出规范的维修计划。

（1）分组学习相关知识，请各组同学根据丰田卡罗拉原厂维修资料提供的检修步骤，在下面空白处绘制出丰田卡罗拉轿车安全气囊（SRS）系统警告灯亮的诊断流程图。

（2）派工，安排施工人数和场地，确定所需施工设备。

2. 实施维修作业

表9-1为丰田卡罗拉轿车安全气囊故障诊断数据记录表，请各组同学根据图9-23的丰田卡罗拉轿车安全气囊（SRS）系统警告灯亮的故障诊断流程图，规范地实施维修作业，并将检测数据记录在相应的表格内。

表 9 - 1　丰田卡罗拉轿车安全气囊 （SRS） 系统警告灯亮的故障诊断数据记录表

流程	维修内容	维修技术要求		实施情况	技术要求标准
1	检查维修前准备工作	（1） 整理仪容仪表		实施情况：	规定状态： 按规范穿着工作服，遵守仪容仪表的规范要求
		（2） 准备仪表、仪器、设备、工具、量具		实施情况：	规定状态： 本项目需要用到的仪表、仪器、设备、工具、量具
		（3） 准备材料、资料		实施情况：	规定状态： 本项目需要用到的材料、资料
2	检查安全防护工作	（1） 安装五件套		实施情况：	规定状态： 按规定安装
		（2） 安放三角木安装		实施情况：	规定状态： 按规定安放
		（3） 视情况需要，安装抽排气管		实施情况：	规定状态： 视情况需要，按规定安装
3	检查蓄电池电压	（1） 无负载电压测量：用万用表测量蓄电池的两端桩头的电压		实施情况：	规定状态： 11～14V
		（2） 对亏电的蓄电池进行充电，对电容量不够的蓄电池进行修复或更换		实施情况：	规定状态： 11～14V

续上表

流程	维修内容	维修技术要求		实施情况	技术要求标准
4	检查安全气囊（SRS）系统保险丝	（1）在蓄电池电压正常的情况下：用塑料钳取出 IGN7.5A 保险丝进行目视检查，看有无被烧毁的现象；或者测量电阻值		实施情况：	规定状态： 良好或者小于 1Ω
		（2）如有烧毁，用万用表电阻档检查保险丝线路与车身之间是否短路		实施情况：	规定状态： 10kΩ 或更大
5	读取故障码	使用手持式智能检测仪，对安全气囊（SRS）系统进行故障码检测		实施情况：	规定状态： 查阅维修手册的内容
6	检查左前气囊传感器和中央气囊传感器总成之间的连接器		操作：	实施情况：	规定状态：
			检查连接器		连接器正确连接
			检查连接器各端子		连接器各端子未变形或破坏
7	检查左前气囊传感器电路（断路和短路）		测量：	实施情况：	规定状态：
			断路检查： 使用 SST，连接连接器 B 的端子 30（+SL）和 28（-SL），A10-2（+SL）— A10-1（-SL）		始终小于 1Ω
			短路检查： 将 SST 从连接器 B 上断开，A10-2（+SL）— A10-1（-SL）		始终大于 1MΩ 或更大

续上表

流程	维修内容	维修技术要求		实施情况	技术要求标准
8	检查左前气囊传感器电路（对B+短路和对搭铁短路）	仪表板线束 F E D C B A 左前气囊传感器　中央气囊传感器总成 发动机室主线束 线束连接器前视图：（至左前气囊传感器） 连接器E A10　-SL　+SL	测量： 对B+短路： A10-2（+SL）—车身搭铁 A10-1（-SL）—车身搭铁 对搭铁短路： A10-2（+SL）—车身搭铁 A10-1（-SL）—车身搭铁	实施情况： 对B+短路：	规定状态： 点火开关置于"ON（IG）"位置，低于1V 始终大于1MΩ或更大
9	检查左前气囊传感器	右前气囊传感器电路图 D C 右前气囊传感器　中央气囊传感器总成	操作： 互换右前、左前气囊传感器，并将连接器连接到这两个传感器上	实施情况：	规定状态： 如果输出DTC B1612/83和B1613/83，则更换左前气囊传感器 如果输出DTC B1617/84和B1618/84，更换中央气囊传感器总成
10	检查发动机室主线束	仪表板线束 F E D C B A 左前气囊传感器　中央气囊传感器总成 发动机室主线束	操作： 检查发动机室主线束	实施情况：	规定状态： 良好，连接正常
11	功能操作确认	SRS警告灯	操作： 将点火开关置于"ON（IG）"位置，检查并确认SRS警告灯亮起约6s 检查并确认点火开关置于"ON（IG）"位置大约6s后，SRS警告灯熄灭	实施情况：	规定状态： 初步检查，SRS警告灯亮起约6s 常态检查，大约6s后，SRS警告灯熄灭

续上表

流程	维修内容	维修技术要求		实施情况	技术要求标准
12	质检	自检和互检	操作： 检查本系统和相关的车身系统是否正常工作	实施情况：	规定状态： 良好
13	故障排除和结束	操作： （1）是否装回所拆的零部件和附件，装回原位 （2）是否收拾好所用的仪器、仪表、工具、量具、材料、资料等，物归原位 （3）是否打扫、清洁好实操场地		实施情况：	规定状态： 按照 6S 管理的要求：整理、整顿、清扫、清洁、素养、安全

三、完工检查

维修工维修完工后，在施工单上签字，交给车间主任；车间主任确认施工单，向检查人员明确需修理的内容，确认没问题后，由检查人员在施工单（R/O）上签字；检查人员指示维修工在车辆维修之后把车辆清洗干净。

四、车辆检查

服务顾问从车间主任处收到施工单（R/O）、更换的零件及钥匙后，开始检查车辆。这是最后一次检查确认顾客所提出的检修部位，因此在检查时一定要注意以下几点：

1. 完工车辆是否干净、整洁。
2. 顾客的车辆是否受到损坏或划伤。
3. 修理中使用的工具、量具或其他维修设备是否遗忘在车上。

五、结算交车

项目评价与控制

一、接待环节评价内容

根据接待情况，在接待评价表 1 - 4 中打勾。

二、车间维修环节内容

根据车间维修情况，在车间维修评价表 1 - 5 中打勾。

项目总结与反馈

见项目一的相关内容。

项目相关知识

一、注意事项

1. 开始维修时，首先把点火开关置于"OFF"位置，断开蓄电池负极（至少90s）；然后拔开或者插回电脑连接器。（因为安全气囊系统装备有备用电源，若检查工作在拆下蓄电池负极电缆后20s以内就开始，气囊系统有备用电源供电，检查中很可能使气囊误爆。）

2. 另外，汽车音响系统、防盗系统、时钟、电控座椅、微机控制驾驶位置设定的电控倾斜和伸缩转向系统、电控车外后视镜等系统均具有存储功能，当蓄电池负极电缆拆下后，存储的内容将会丢失。因此在检查工作开始之前，应通知汽车用户将音响、防盗系统的密码和其他控制系统的有关内容记录下来。当检查工作结束之后，再由维修人员或汽车用户重新设置密码和有关内容并调整时钟。绝不允许使用车外电源来避免各系统存储内容丢失，以免导致安全气囊误爆。

3. 如果拆装时会对气囊传感器产生冲击，应在开始维修前拆下气囊传感器。

4. 气囊一旦引爆胀开后，SRS ECU就不能继续使用。

5. 按照相关资料的指引，正确使用所需要的仪表、仪器、设备、工具、量具等。

6. 按照维修手册的指引，正确操作相关的系统。绝对不能用万用表直接检测点火器的电阻，否则有可能引爆气囊。检测其他部件电阻和检测安全气囊系统故障时，必须使用高阻抗万用表，即最好使用数字式万用表。如果使用指针式万用表，由于其阻抗小，表内电源的电压加到气囊系统上就有可能引爆气囊。

二、安全气囊系统组成、功能、工作原理和系统电路

安全气囊系统（Supplemental Restraint System，缩写为SRS），也称辅助乘员保护系统。它是一种当汽车遇到冲撞而急剧减速时能很快膨胀的缓冲垫，可以避免车内乘员直接碰撞到车内构件造成伤害，是一种被动安全装置，具有不受约束、使用方便等优点。

1. 安全气囊的基本组成和分类

安全气囊系统主要由传感器、安全气囊组件和安全气囊ECU等组成。安全气囊系统有多种类别。

（1）按碰撞类型分类

根据碰撞类型的不同，安全气囊可分为正面碰撞防护安全气囊（如图9-1）、侧面碰

撞防护安全气囊（如图9-2）、膝部碰撞防护安全气囊和幕帘式安全气囊（如图9-3）。

图9-1　正面碰撞防护
　　　　安全气囊

图9-2　侧面碰撞防护
　　　　安全气囊

图9-3　膝部碰撞防护安全气囊和
　　　　幕帘式安全气囊

（2）按照安全气囊安装数量分类

根据安全气囊安装数量可分为单气囊系统（只装在驾驶员侧）、双气囊系统（驾驶员侧和前排乘客侧各有一个安全气囊）和多气囊系统。

（3）按照安全气囊的触发机构分类

根据安全气囊的触发机构的不同可分为机械式和电子式两种。机械触发式安全气囊系统已被淘汰，目前应用的都是电子式安全气囊系统。

2. 安全气囊工作原理

驾驶员如果不使用安全气囊和安全带，若以48km/h的车速行驶，在发生撞车后90ms时，人体和转向盘接触处的受力约为9kN，下肢受力接近10kN，将导致多处骨折，头部和胸部的受伤程度也将大大超过其允许的范围。一般说来，在这种情况下死亡在所难免。

副驾驶员位置的前排乘员，在上述条件下的碰撞除造成下肢骨折外，面部还将受到严重损伤。虽然胸部损伤相对小些，但头部的损伤将导致其死亡。

如果驾驶员和前排乘员只使用了安全带而没有使用安全气囊，仍以48km/h的车速行驶，此时发生正面撞车后的情形为：头部受伤较重，胸部由于被安全带所约束，其受力接近10kN，将造成胸骨和肋骨的骨折，严重时会导致死亡。

安全气囊的工作原理是：当汽车发生碰撞事故时的速度达到或超过某个设定速度时（科学地说，是加速度为负且达到某个设定值时），安全气囊立即被引爆、展开，从而对驾驶员或乘员起到安全保护作用。其作用过程如下：碰撞→碰撞传感器→电子控制器→电脉冲→气体发生器→气囊展开→驾驶员和乘员受到保护。汽车发生正面碰撞时安全气囊展开过程如图9-4所示（其中具体时间与多种因素有关，图示时间仅供参考）。

以图9-4驾驶员安全气囊展开过程为例，从汽车开始碰撞计时：

a. 0~10ms：在汽车特定的敏感部位处，装置碰撞传感器。碰撞传感器受到足够的碰撞冲量作用时，在10ms的瞬间内，将触发信号输送到中央电子控制器。

b. 10~20ms：在中央电子控制器中，有对安全气囊系统进行监测和控制的微处理器，能够对传感器输入的触发信号立即进行计算、比较和判断。如果碰撞冲量超过预先的设定值，中央电子控制器立即释放一个电脉冲点火信号，使气体发生器中的点火管迅速点火。

c. 20~60ms：点火管的点火击穿装气体发生器的燃料盒，将固体燃料点燃并产生大量高温、高压气体（氮气），经过滤器过滤冷却后充入安全气囊。气囊在20~60ms内展开达到最大容积，在驾驶员与转向盘之间形成一个气垫。在同一瞬间，驾驶员由于惯性力的作用，向前冲出 150～200mm，头部、脸部和胸部正好与迎面而来的气囊相接触。膨胀的高压气囊开始吸收驾驶员前冲的能量。

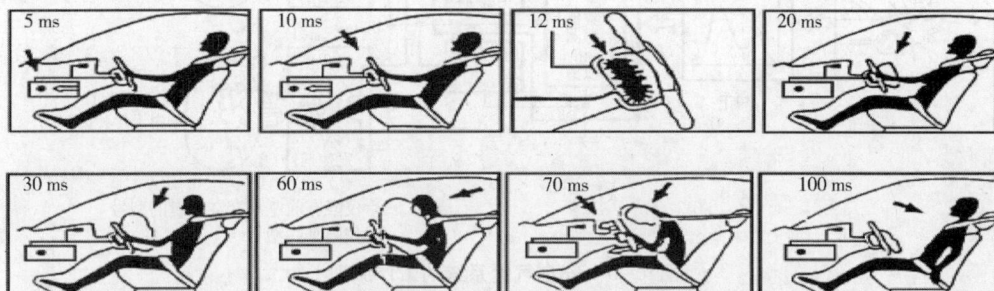

图9-4　汽车正面碰撞时安全气囊发生作用的过程示意图

d. 60～100ms：与此同时，在气囊后面的排气孔的作用下，气囊泄气并收缩。由于气体的阻尼作用，吸收了碰撞的能量，缓解了气囊对乘员头部和脸部的压力，使乘员陷入较柔软的气囊中。由于安全气囊将驾驶员与车内装备隔开，而使驾驶员得到保护。最后气体全部从排气孔排出，气囊瘪下。

整个碰撞－安全气囊展开对乘员的安全保护过程，大约经历 60～100ms。安全气囊展开进行保护的过程，是一种不可逆的过程，在完成上述过程后，必须重新装置整个驾驶员安全气囊模块。如图 9-5 所示。

3. 安全气囊系统的有效范围

在行驶过程中，若汽车以超过 23km/h 的速度正面撞在混凝土之类的硬墙壁上而造成汽车前纵梁等部件正面整体严重受损时，碰撞传感器安装位置处的减速度阀值一般将大于 ECU 设定的临界值，系统将触发安全气囊。SRS 前气囊系统的设计，如图 9-6 所示，对图中的阴影区域产生的正面撞击能够作出反应。

如果撞击的强度大于设计的门限值，SRS 前气囊将展开。此门限值大约相当于以 20～25km/h（12～15mph）的速度与不移动或不变形的固定障碍物直接撞击。如果撞击的强度低于上述的门限值，SRS 前气囊可能不展开。然而，如果车辆撞击一物体时，例如停放的车辆或招牌杆，此临界速度可能是相当高的，因为撞击时它们尚可以移动或变形，或可能是钻撞（碰撞时车辆的突出部分钻到下面，或进入卡车底下等等）。

（1）在下列条件之一的情况下，正面碰撞安全气囊系统不会引爆点火剂给气囊充气，如图 9-7 所示：

1）汽车遭受的碰撞超过前方 ±30° 范围时。

2）汽车遭受横向碰撞时。

3）汽车遭受后方碰撞时。

4）汽车发生绕纵向轴线侧翻时。

5）纵向减速度未达到设定阈值时。

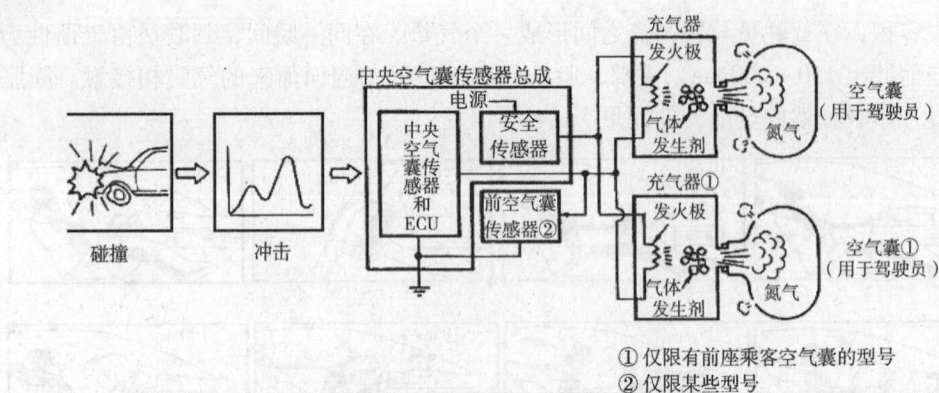

图 9 – 5 安全气囊系统的工作原理

6）汽车正常行驶、正常制动或在不平路面的道路上行驶时。

（2）SRS 气囊展开（侧面，帘式），如图 9 – 8 所示。

1）侧面气囊 + 帘式气囊（只是前排有）。

2）SRS 侧面气囊和帘式气囊被设计成当车辆受到侧面碰撞能展开。

3）当车辆受到来自对角线方向或图 9 – 8 中左方的侧面碰撞时，如果是车厢处，SRS 侧面气囊和帘式气囊可能不会展开。

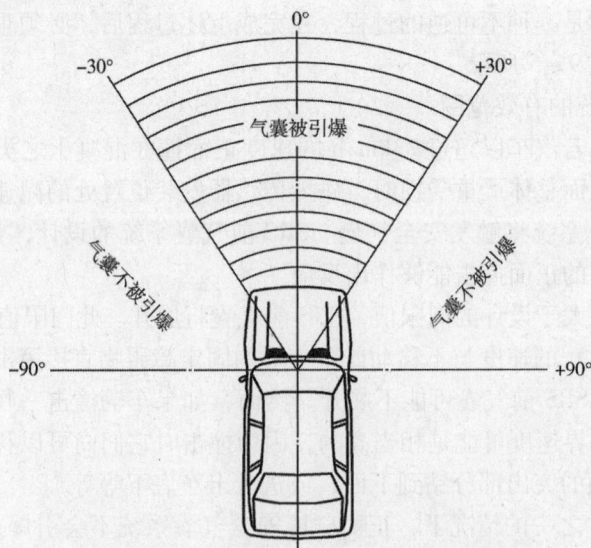

图 9 – 6 正面碰撞时 SRS 的有效范围

4）侧面气囊 + 帘式气囊（前排 + 后排）。

5）SRS 气囊和帘式气囊被设计成当车厢受到侧面碰撞或后侧碰撞时能展开。

6）当车辆受到来自对角线方向或图中左方的侧面碰撞时，但是不是车厢处，SRS 侧面气囊和帘式气囊可能不会展开。

(1)

(2)

（2）

(1)

(2)

(3)

(4)

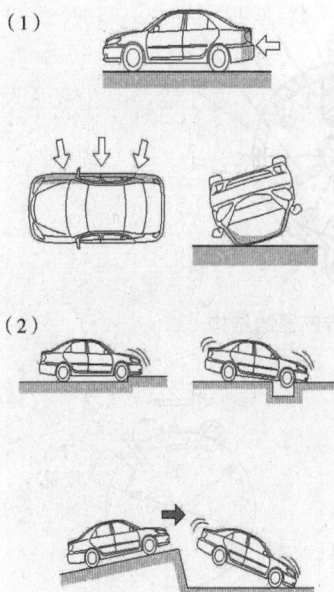

图9-7　安全气囊系统不会引爆点火剂　　　　图9-8　SRS空气囊展开条件

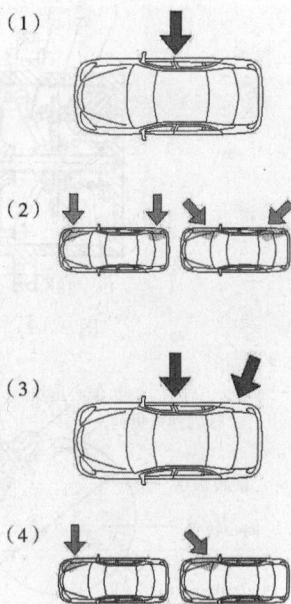

4. 传感器

碰撞传感器是电脑判断是否引爆点火剂的主要依据。防护碰撞传感器与碰撞烈度传感器串联，用于防止前碰撞传感器短路而造成气囊误爆现象，其信号是电脑确定是否发生碰撞的依据。

（1）按照传感器的功能分类：可分为碰撞传感器和保险传感器两类。

（2）按照传感器的结构原理分类：可分为机电式、电子式和水银开关式三类。

1）偏心式碰撞传感器

丰田雷克萨斯 LS400 轿车使用的是偏心锤式碰撞传感器。该碰撞传感器又叫做偏心转子式碰撞传感器，它用于丰田汽车安全气囊系统和马自达汽车安全气囊系统。传感器的结构如图9-9所示，主要由偏心锤1、偏心锤臂2、转动触点臂3及转动触点6与13、固定触点10与16、复位弹簧19、挡块9和壳体4与12等组成。转子总成由偏心锤1、转动触点臂3、11及转动触点6、13组成，安装在传感器轴上。偏心锤1偏置安装在偏心锤臂2与15上。转动触点臂3、11两端固定有触点6、13，触点随触点臂一起转动。两个固定触点10、16绝缘固定在传感器壳体上，并用导线分别将传感器接线端子7、14与5、17连接。

偏心锤式碰撞传感器的工作原理如图9-10所示。当传感器处在静止状态时，在复位弹簧弹力作用下，偏心锤与挡块保持接触，转子总处于静止状态，转动触点与固定触点处于断开状态，如图9-11（a）所示。

当汽车遭受碰撞使偏心锤的惯性力矩大于复位弹簧的弹力力矩时，惯性力矩就会克服弹簧力矩使转子总成转动，从而带动转动触点臂转动，使转动触点与固定触点接触，如图9-10（b）所示，接通 SRS 气囊的搭铁回路。

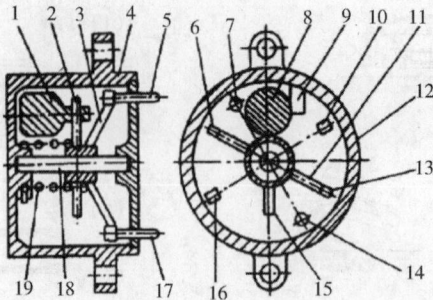

图 9 - 9　偏心锤式碰撞传感器的结构

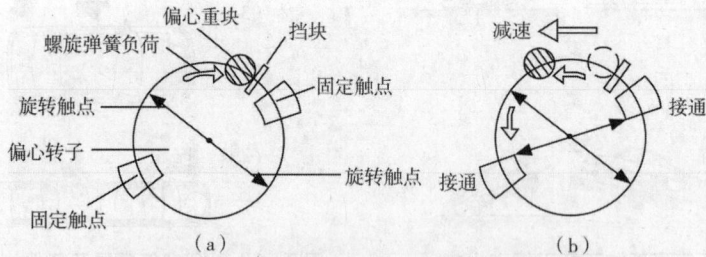

图 9 - 10　偏心锤式碰撞传感器的工作原理如图

2）滚轮式碰撞传感器

滚轮式碰撞传感器又称偏压磁铁传感器，其结构如图 9 - 11 所示。

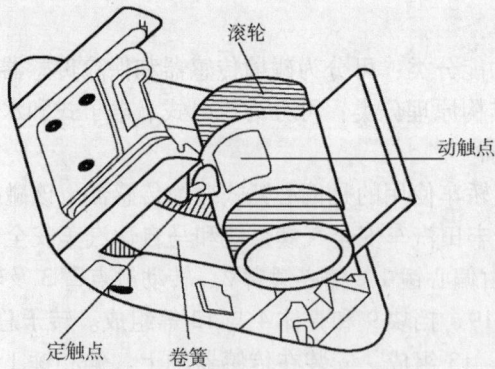

图 9 - 11　滚轮式碰撞传感器

3）滚球式碰撞传感器

滚球式传感器又称机电式传感器，如图 9 - 12 所示，平时小钢球被磁场力所约束，当碰撞时，在圆柱形钢套内小钢球就向前运动，一旦接触到前面的触点，则将局部电路接通。这种传感器的灵敏度由 3 个参数确定，即磁场大小、小钢球和圆柱形钢套之间的间隙以及小钢球与触点间距离。这种传感器目前应用很广，可以检测各种撞击信号。

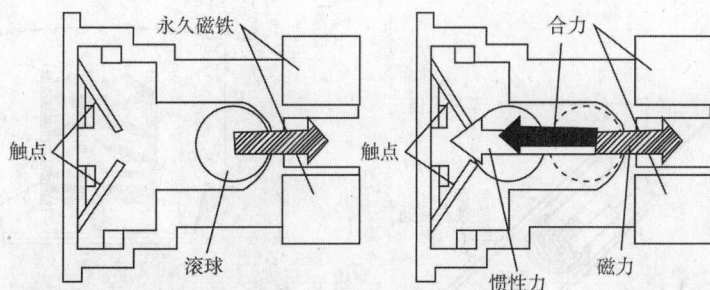

图 9 – 12　滚球式碰撞传感器

4）压电效应式碰撞传感器

压电效应式碰撞传感器是利用石英或陶瓷制成的压电晶体在压力作用下晶体外形发生变化而使其输出电压发生变化制成的传感器，如图 9 – 13 所示。当汽车发生碰撞时，传感器内的压电晶体在碰撞产生的压力作用下变形，产生压电效应，输出的电压发生变化。SRS电脑就根据电压信号强弱便可判断碰撞的程度，从而控制安全气囊是否引爆。前空气囊传感器被安装在左右前侧梁上。传感器不能被分解。

图 9 – 13　压电效应式碰撞传感器

提示：过去有一种车型，没有前空气囊传感器，只用中央空气囊传感器总成控制前空气囊。

5）水银开关式保险传感器

如图 9 – 14 所示，当汽车碰撞时，水银由于惯性，抛向电极，使两极接通，并使点火器接通。安全传感器一般比碰撞传感器所需的惯性力或减速小，以保证碰撞传感器的可靠工作。

6）乘员检测传感器

装在前面乘员座椅座垫中的乘员检测传感器用于检测前面乘员座椅是否有人。

如图 9 – 15 中所示的是传感器结构，它用两片电极夹住一块隔片。当乘员坐在座椅中时，电极片通过垫片的孔彼此接触，电流流动产生信号，于是中央空气囊传感器总成就可检测到有乘员。通过这信号，某些车型在前面乘员座椅无人时不操作此空气囊。这信号也控制前面乘员座椅的安全带警告信号灯（当没有人时，警告信号灯不点亮）。

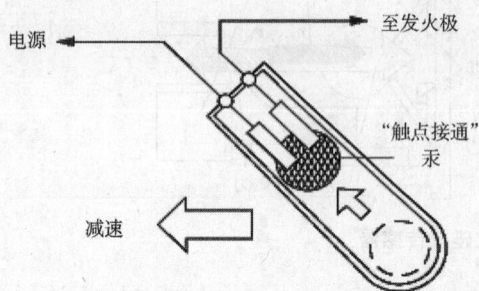

图 9 - 14　水银开关式保险传感器

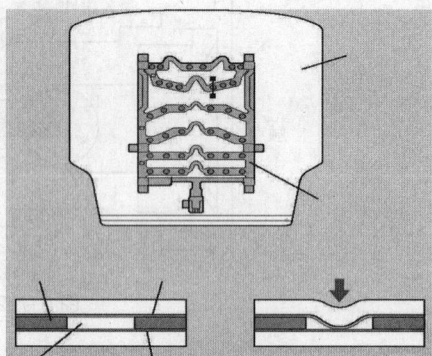

图 9 - 15　乘员检测传感器

5. 螺旋电缆

从车身到方向盘使用一螺旋电缆作为电气接头，如图 9 - 16 所示。螺旋电缆由旋转器、外壳、电缆、取消凸轮等组成。外壳安装在组合开关总成中。旋转器和方向盘一起转动。电缆长 4.8m 并存放在外壳内部，因此有些松弛。电缆的一端被固定到外壳上，而另一端被固定到旋转器上。当方向盘向右或左转动时，因为电缆有松弛的余量，螺旋电缆可转动 2.5 圈（不同车型有所不同）。

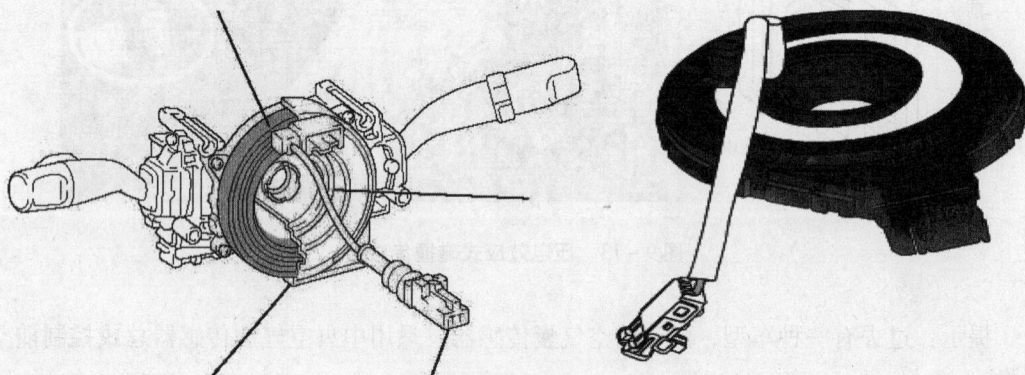

图 9 - 16　螺旋电缆

提示：拆卸时不能扭曲，否则可能出现故障。安装时切记要对正。

6. 气体发生器

气体发生器又称充气器如图 9 - 17 所示，用于在点火器引爆点火剂时，产生气体向气囊充气，使气囊胀开。

7. 安全气囊 ECU

ECU 的主要功用是检测汽车纵向减速度或惯性力是否达到设定值，控制气囊组件中的点火器引爆点火剂。SRS 电脑模块主要由模/数（A/D）、数/模（D/A）转换器、串行输入/输出（I/O）接口、只读存储器 ROM、随机存储器，电可擦除编程只读存储器 EEP-

ROM 和定时器等组成。

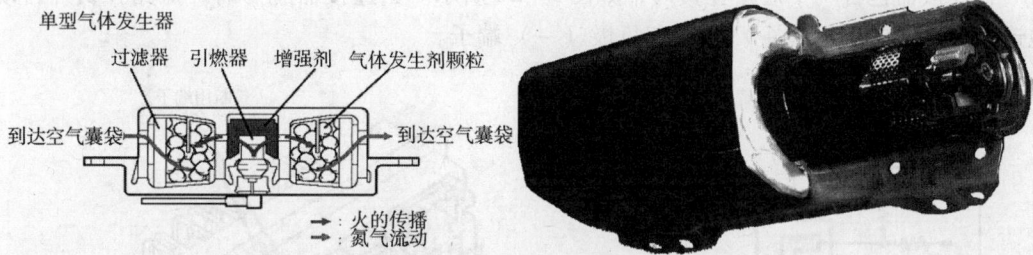

图 9 - 17　气体发生器

　　汽车行驶过程中，SRS 电脑不断接收碰撞传感器传来的车速变化信号，经过数学计算和逻辑分析判断后，确定是否发生碰撞。当判断结果为发生碰撞时，立即运行控制点火的软件程序，并向点火电路发出点火指令引爆点火剂，使充气剂受热分解释放气体给 SRS 气囊充气。

　　除此之外，SRS 电脑还要对控制组件中关键部分的电路（如传感器电路、备用电源电路、点火电路、SRS 指示灯及其驱动电路）不断进行诊断检测，并通过 SRS 指示灯和存储在存储器中的故障代码来显示测试结果，其电路如图 9 - 18 所示。

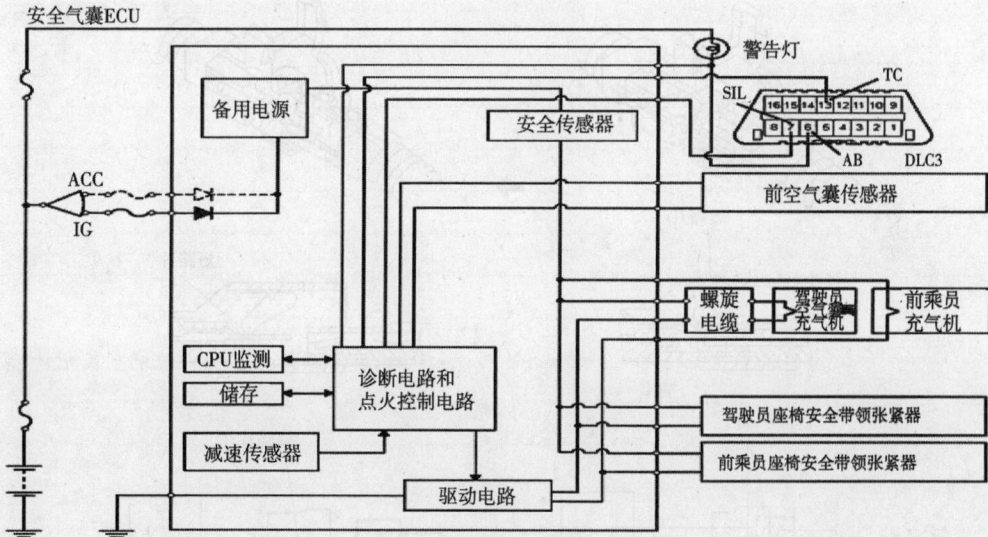

图 9 - 18　中央空气囊传感器总成电路

8. 电气连接检验机构

　　此机构检验连接器的连接是否正确和畅通，如图 9 - 19 所示。电气连接检验机构的工作原理是：当连接器壳被锁定时，断开检测销与诊断端子相连接。

9. 气囊触发阻止机构

各连接器包含一个短路弹簧片，如图 9 – 20 所示。当连接器脱开时，短路弹簧片自动地连接引燃器的正极（＋）端子和负极（－）端子。

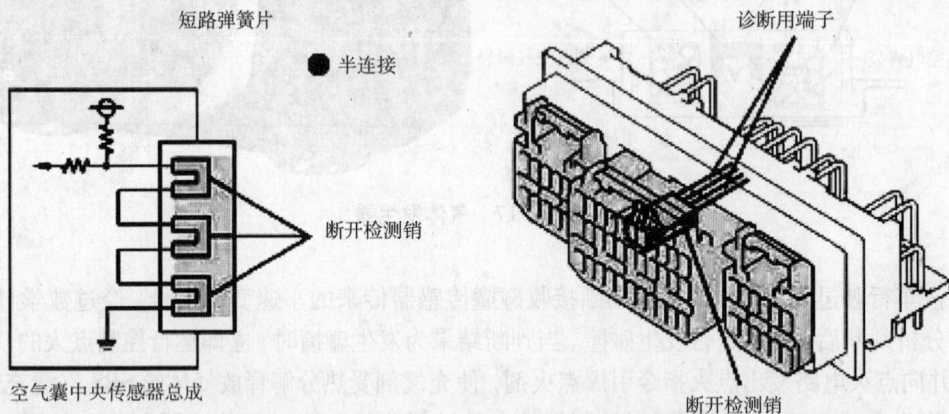

图 9 – 19　丰田安全气囊系统插接器 1

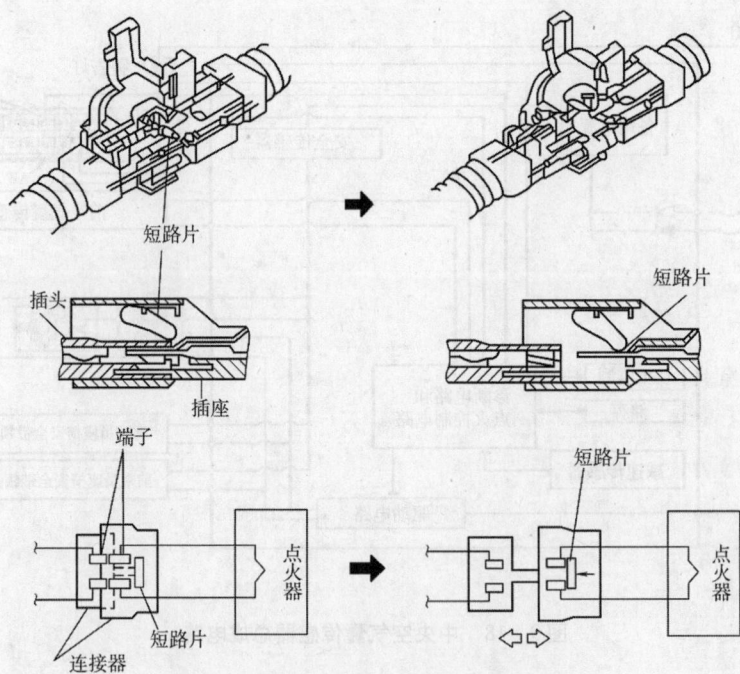

图 9 – 20　丰田安全气囊系统插接器 2

10. 丰田卡罗拉轿车的安全气囊 SRS 系统主要零件位置

丰田卡罗拉轿车的安全气囊 SRS 系统主要零件位置如图 9 – 21 所示。

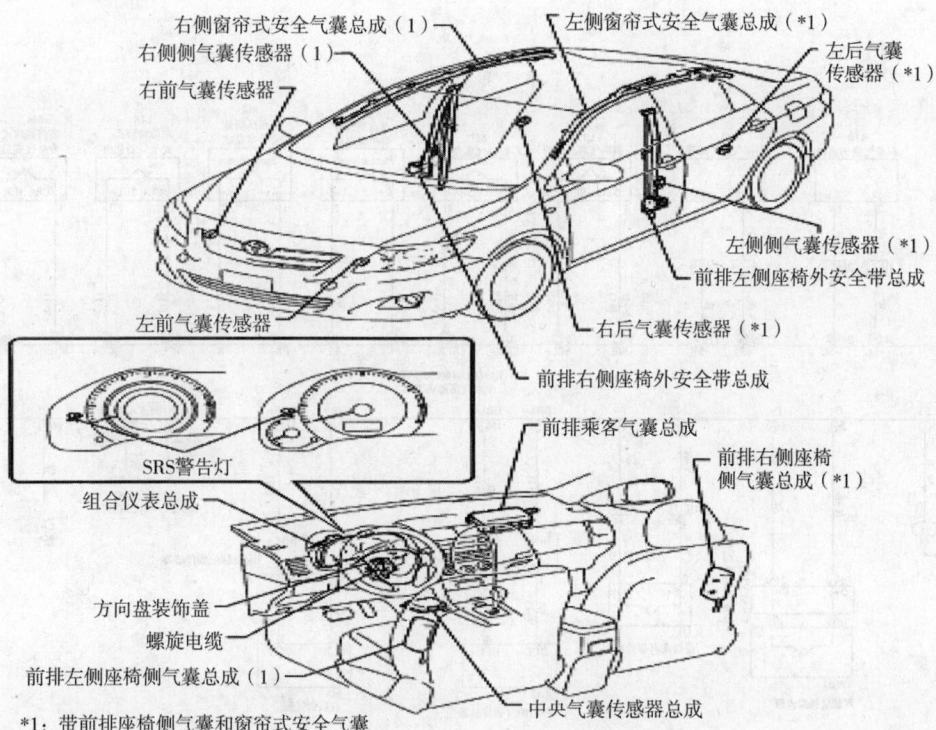

图9-21　安全气囊 SRS 系统主要零件位置图

11．丰田卡罗拉轿车的安全气囊 SRS 系统电路图

丰田卡罗拉轿车的安全气囊 SRS 系统电路如图9-22所示。

12．安全气囊 SRS 系统功能描述

（1）正面碰撞

1）驾驶员气囊和前排乘客气囊用来辅助座椅安全带，正面碰撞的情况下减小对驾驶员和前排乘客头部和胸腔的冲击。

2）通过中央气囊传感器和两个前气囊传感器检测正面碰撞。然后，驾驶员气囊、前排乘客气囊和座椅安全带预紧器同时工作。

（2）侧面碰撞

1）前排座椅侧气囊和窗帘式安全气囊用来在侧面碰撞情况下减少对驾驶员、前排乘客和后排外侧乘客的冲击。

2）通过安装在中柱底部的侧气囊传感器和安装在后柱底部的后气囊传感器检测侧面碰撞。

3）侧气囊传感器检测前部侧面撞击，同时展开前排座椅侧气囊和窗帘式安全气囊。后气囊传感器检测后侧碰撞，仅展开窗帘式安全气囊。

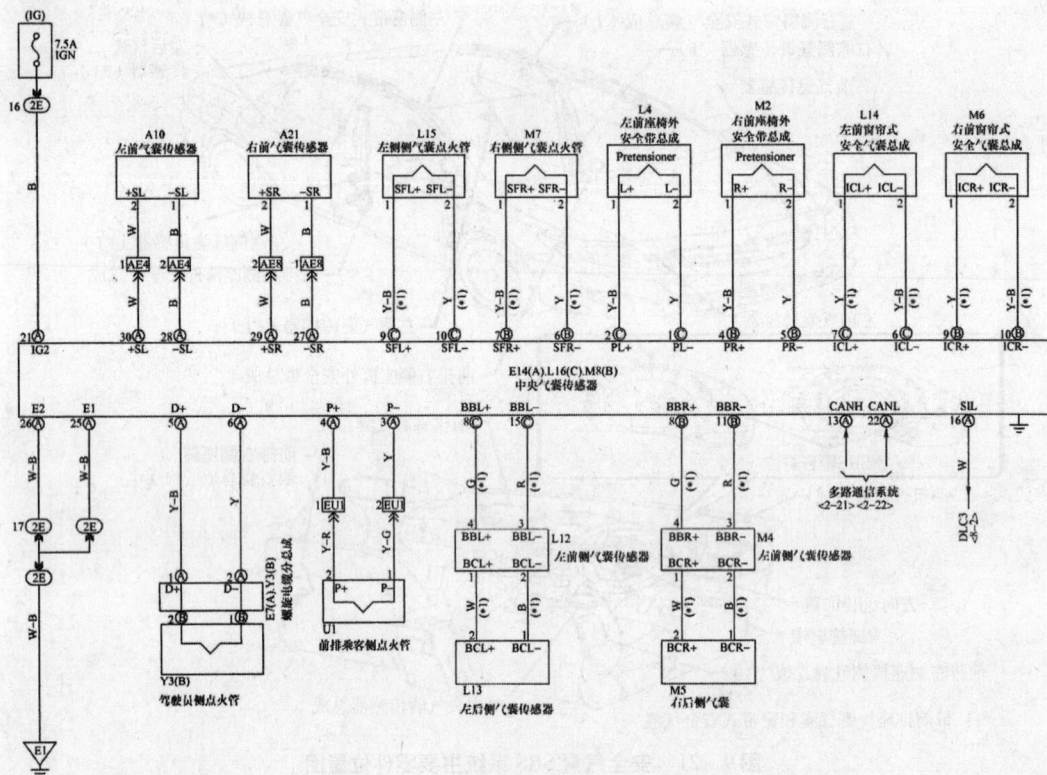

图 9 - 22　安全气囊 SRS 系统电路图

三、故障诊断

根据故障诊断流程图 9 - 23 进行实际操作。

视实际情况需要，选择诊断流程。但是，检查维修前准备工作、检查安全防护工作、检查蓄电池电压项、功能操作确认项、质检项、故障排除和结束项一定要完成。

1. 检查维修前准备工作

（1）检查仪容仪表是否符合要求。例如是否穿好工作服等。

（2）准备好本项目需要用到的仪表、仪器、设备、工具、量具。例如数字万用表、电脑检测仪、常用工具等。

（3）准备好本项目需要用到的材料、资料。例如抹布、维修手册、相关资料等。

检查结果：检查维修前准备工作是否完成，把实施情况填写在表 9 - 1 的第 1 项处。

2. 检查安全防护工作

（1）按规定安装好五件套，即方向盘套、挂档杆套、手刹杆套、椅套、脚垫等。

（2）按规定安放好三角木。

（3）视情况需要，按规定安装好抽排气管。

检查结果：检查安全防护工作是否完成，把实施情况填写在表 9 - 1 的第 2 项处。

```
安全气囊（SRS）
系统警告灯亮
    ↓
  检查
维修前准备工作
    ↓
  检查
安全防护工作
    ↓
检查蓄电池电压 ──────异常──────→ 检修或更换
    ↓
检查安全气囊（SRS）
系统保险丝 ──────异常──────→ 检修或更换
    ↓
读取故障码对照故障码
表检修故障部位
    ↓ 有
检查左前气囊传感器和中央气
囊传感器总成之间的连接器 ──────异常──────→ 检修或更换
    ↓
检查左前气囊传感器电路
（断路和短路） ──────异常──────→ 检修或更换
    ↓
检查左前气囊传感器电路（对B+
短路和对搭铁短路） ──────异常──────→ 检修或更换
    ↓
检查左前气囊传感器 ──────异常──────→ 更换
    ↓
检查发动机室主线束 ──────异常──────→ 检修或更换
    ↓
功能操作确认 ──────异常──────→ 检修或更换
    ↓
  质检
    ↓
故障排除和结束
```

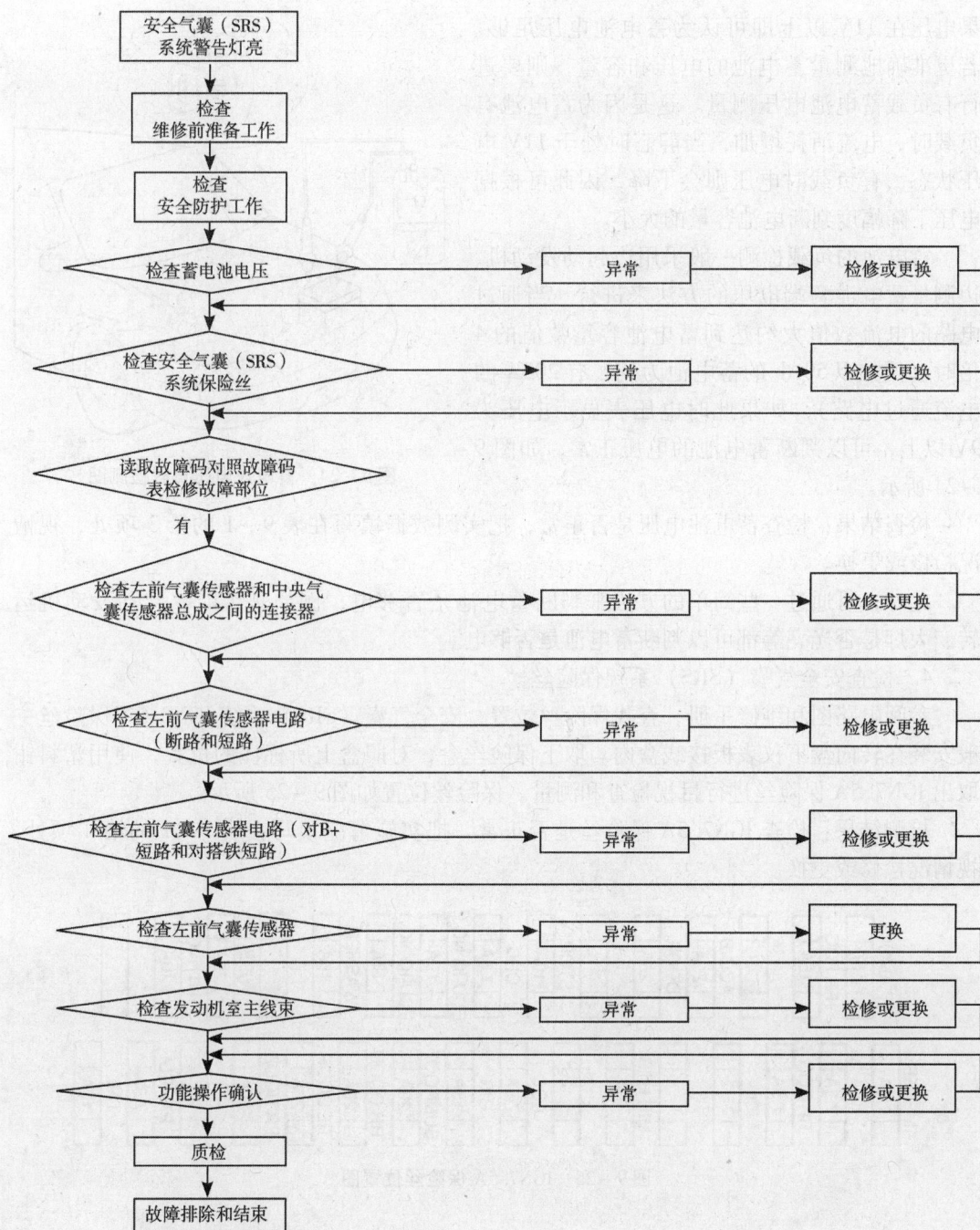

图 9-23　丰田卡罗拉轿车安全气囊（SRS）系统警告灯亮的故障诊断流程图

3. 检查蓄电池电压

检查蓄电池电压一般采用电压表测量蓄电池的两端桩头，进行无负载电压的检测，如果电压在 11V 以上即可认为蓄电池电压足够。若更准确地测量蓄电池的电压和容量，则要进行有负载蓄电池电压测量。这是因为蓄电池有负载时，电流消耗增加，当静态时处于 11V 电压状态，有负载时电压则会下降，因此可根据电压下降幅度判断电池容量的大小。

蓄电池的负载检测一般采用边起动发动机、边测量蓄电池两端电压的方法来进行。当通过电路的电流数值大约达到蓄电池容量数值的 4 倍时（例如以 50Ah 的蓄电池为例，有 200A 的电流通过电路），如果此时电压表显示电压为 9V 以上，可以判断蓄电池的电压正常，如图 9-24 所示。

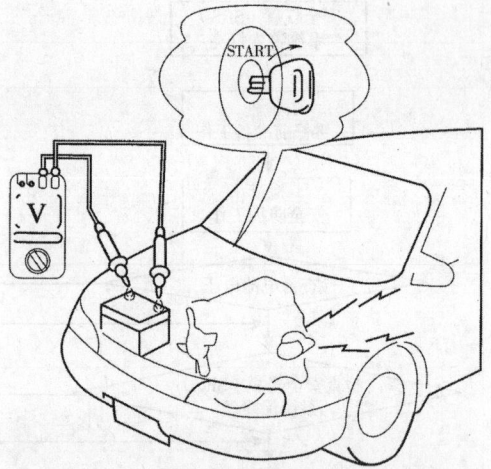

图 9-24　蓄电池电压负载检测图

检查结果：检查蓄电池电压是否正常，把实测数据填写在表 9-1 的第 3 项处，视情况检修或更换。

此外，可通过一些简单的方法来判断蓄电池是否够电，例如是否能够起动发动机运转、大灯是否光亮等都可以判断蓄电池是否够电。

4. 检查安全气囊（SRS）系统保险丝

参阅电路图和维修手册，查找保险丝位置，安全气囊（SRS）系统 IGN7.5A 保险丝一般安装在转向盘下仪表板接线盒内。取下保险丝盒，对照盒上所标注的位置，使用塑料钳取出 IGN7.5A 保险丝进行目视检查和测量。保险丝位置如图 9-25 所示。

检测结果：检查 IGN7.5A 保险丝是否正常，把实施情况填写在表 9-1 的第 4 项处，视情况检修或更换。

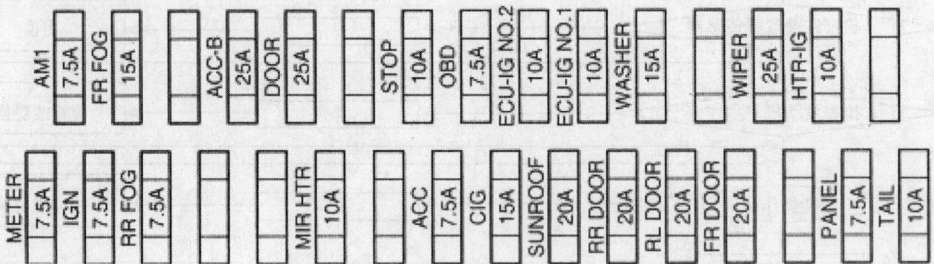

图 9-25　IGN7.5A 保险丝位置图

5. 读取故障码

使用智能测试仪读取故障码。例如连接型号为 KT600 手持式智能检测仪，对安全气囊 SRS 系统进行故障码检测。操作步骤按照手册资料指引（略）。

读取 DTC 代码 - B1617/84，为"左前气囊传感器失去通信"故障码，按照表 9-2 "诊断故障码表"（2010/09 - ）检修故障部位。

216

表9-2 诊断故障码表

DTC 代码	DTC 检测条件	故障部位
B1617/84 B1618/84	1. 中央气囊传感器总成收到左前气囊传感器电路线路短路信号、断路信号、对搭铁短路信号或对 B + 短路信号的时间持续 2s。 2. 左前气囊传感器故障 3. 中央气囊传感器总成故障	1. 仪表板线束 2. 发动机室主线束 3. 左前气囊传感器 4. 中央气囊传感器总成

检测结果：检查是否有故障码，把实施情况填写在表9-1的第5项处。

6. 检查左前气囊传感器和中央气囊传感器总成之间的连接器

左前气囊传感器电路如图9-26所示。

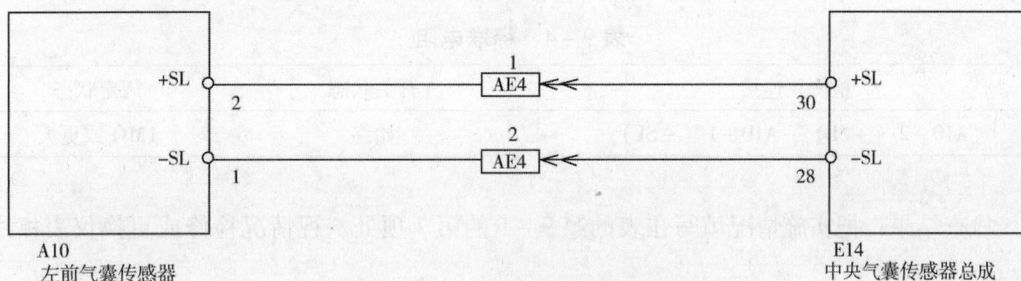

图9-26 左前气囊传感器电路图

（1）将点火开关置于"OFF"位置。

（2）断开蓄电池负极（-），等待至少90s。

（3）检查并确认连接器已正确连接到中央传感器总成和左前气囊传感器上，检查并确认发动机室主线束和仪表板线束的连接器连接正确。

检查结果：把实施情况填写在表9-1的第6项处。视情况检修或更换线束和连接器。

7. 检查左前气囊传感器电路（断路和短路）

左前气囊传感器线束电路如图9-27所示。

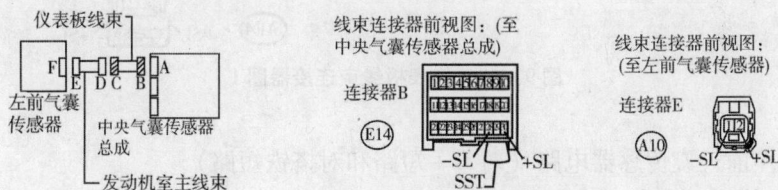

图9-27 左前气囊传感器线束电路图

（1）断路检查

1）连接发动机室主线束 D 和仪表板线束 C 的连接器。

2）使用 SST，连接连接器 B 的端子 30（+SL）和 28（−SL）。

3）参照表 9-3 测量电阻。

表 9-3　标准电阻

检测仪连接	开关状态	规定状态
A10-2（+SL）−A10-1（−SL）	始终	小于 1Ω

（2）短路检查

1）连接发动机室主线束 D 和仪表板线束 C 的连接器。

2）将 SST 从连接器 B 上断开。

3）参照表 9-4 测量电阻。

表 9-4　标准电阻

检测仪连接	开关状态	规定状态
A10-2（+SL）−A10-1（−SL）	始终	1MΩ 或更大

检查结果：把实施情况填写在表的第 9-1 的第 7 项处。视情况检修或更换仪表板线束。

检查仪表板线束有无断路和短路（略）。如图 9-28 所示。

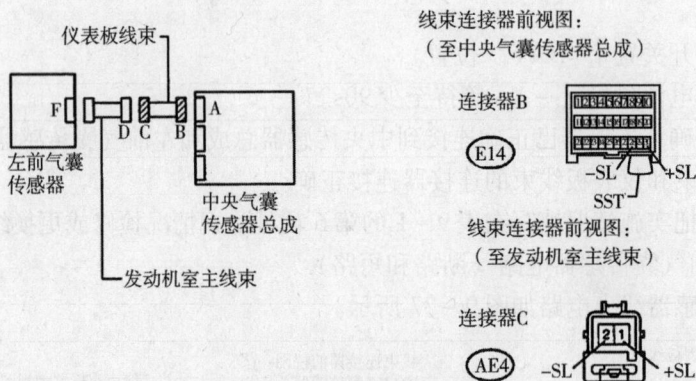

图 9-28　仪表板线束连接器图 1

8. 检查左前气囊传感器电路（对 B+短路和对搭铁短路）

左前气囊传感器线束电路如图 9-29 所示。

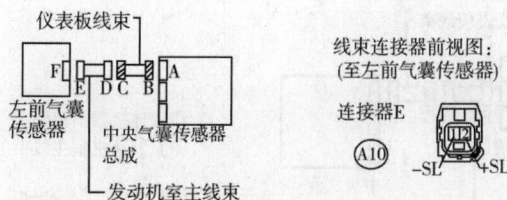

图9-29 左前气囊传感器线束电路图

（1）对B+短路

1）连接发动机室主线束D和仪表板线束C的连接器。

2）连接仪表板线束B和中央气囊传感器总成A的连接器。

3）断开发动机室主线束E和左前气囊传感器F的连接器。

4）将负极（-）电缆连接至蓄电池。

5）将点火开关置于"ON（IG）"位置。

6）参照表9-5测量电压。

表9-5 标准电压

检测仪连接	开关状态	规定状态
A10-2（+SL）-车身搭铁	点火开关于ON（IG）位置	低于1V
A10-1（-SL）-车身搭铁	点火开关于ON（IG）位置	低于1V

（2）对搭铁短路

1）连接发动机室主线束D和仪表板线束C的连接器。

2）连接仪表板线束B和中央气囊传感器总成A的连接器。

3）断开发动机室主线束E和左前气囊传感器F的连接器。

4）将点火开关置于"OFF"位置。

5）断开蓄电池负极（-）电缆，等待至少90s。

6）参照表9-6测量电阻。

表9-6 标准电阻

检测仪连接	开关状态	规定状态
A10-2（+SL）-车身搭铁	始终	1MΩ或更大
A10-1（-SL）-车身搭铁	始终	1MΩ或更大

检查结果：把实施情况填写在表的第9-1的第8项处。视情况检修或更换仪表板线束。

检查仪表板线束有无对B+短路和对搭铁短路（略）。如图9-30所示。

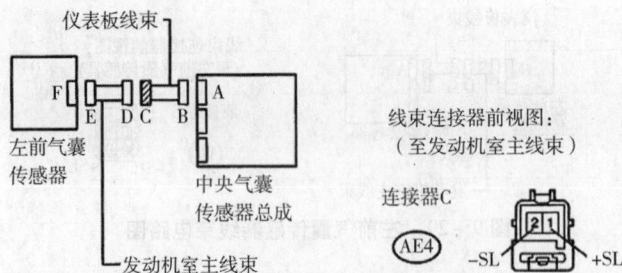

图 9 – 30 仪表板线束连接器图 2

9. 检查左前气囊传感器

右前气囊传感器电路如图 9 – 31 所示。

(1) 将点火开关置于"OFF"位置。

(2) 断开蓄电池负极 (–) 电缆,等待至少 90s。

(3) 将连接器连接到中央气囊传感器总成上。

(4) 互换右前、左前气囊传感器,并将连接器连接到这两个传感器上。

(5) 将负极 (–) 电缆连接至蓄电池。

(6) 将点火开关置于"ON (IG)"位置,等待至少 60s。

(7) 清除存储器中存储的 DTC。

(8) 将点火开关置于"OFF"位置。

(9) 将点火开关置于"ON (IG)"位置,等待至少 60s。

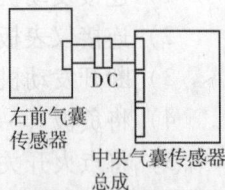

图 9 – 31 右前气囊传感器电路图

(10) 检查是否有 DTC。DTC 代码含义:B1612/83 – 与右前气囊传感器失去通信;B1613/83 – 右前气囊传感器初始化未完成;B1617/84 – 与左前气囊传感器失去通信;B1618/84 – 左前气囊传感器初始化未完成。

检查结果:把实施情况填写在表的第 9 – 1 的第 9 项处。视情况更换左前气囊传感器或者中央气囊传感器总成。

10. 检查发动机室主线束

检查结果:把实施情况填写在表 9 – 1 的第 10 项处。视情况检修或更换发动机室主线束。

11. 功能操作确认

(1) 安全气囊 SRS 警告灯的功能检查

安全气囊 SRS 警告灯如图 9 – 32 所示。

1) 将点火开关置于"ON (IG)"位置,检查并确认 SRS 警告灯亮起约 6s (初步检查)

2) 检查并确认点火开关置于"ON (IG)"位置大约 6s 后,SRS 警告灯熄灭 (常态检查)。

3) 如果在初步检查过程中检测到故障,即使在初步检查阶段 (约 6s) 后,SRS 警告

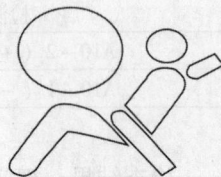

图 9 – 32 SRS 警告灯图

灯仍然保持亮起。

检查结果：检查安全气囊（SRS）系统警告灯是否正常，把实施情况填写在表 9 – 1 的第 11 项处。视情况检修或更换。

12.　质检

自检和互检。在排除故障后，各小组同学之间互相检查一下本系统和相关的车身系统有没有受到检修过程中的影响，导致不能正常工作。

检查结果：检查本系统和相关的车身系统是否正常工作，把实施情况填写在表 9 – 1 的第 12 项处。

13.　故障排除和结束

（1）装回所拆的零部件和附件，装回原位。

（2）收拾好所用的仪表、仪器、工具、量具、材料、资料等，物归原位。

（3）打扫、清洁实操场地。

检查结果：检查整理、清洁等工作是否完成，把实施情况填写在表 9 – 1 的第 13 项处。

项目拓展练习

请同学们自行根据某一车型轿车的安全气囊（SRS）系统警告灯亮的故障，制定一份完整而详细的解决方案，并对其进行全面而细致的说明。

_____

_____

_____

_____

_____

_____

_____

_____

_____

_____

_____

_____

_____

_____

_____

_____

参考文献

［1］阳红，刘太昌. 汽车车身电器设备检修［M］. 北京，中国劳动社会保障出版社，2011

［2］雷小勇，袁永东，李朝东. 汽车电气设备维修［M］. 北京，人民交通出版社，2011

［3］岑业泉. 汽车车身电控系统维修［M］. 北京，机械工业出版社，2011

［4］程丽群. 汽车车身电气系统检修［M］. 北京，国防工业出版社，2011

［5］栾琪文. 卡罗拉/花冠/威驰轿车快修精修手册［M］. 北京，机械工业出版社，2009

［6］一汽丰田卡罗拉维修手册. 丰田汽车有限公司，2011

［7］袁苗达. 实施汽车电子车身控制系统维修［M］. 北京，机械工业出版社，2009

［8］温国标. 汽车电气设备构造与检修［M］. 北京，机械工业出版社，2012